# 基于时空内容特征的地理科技论文关联网络构建

陈祖刚　杨雅萍　著

科 学 出 版 社
北　京

## 内 容 简 介

随着信息社会的深入发展，互联网上汇聚了海量的包含时间、空间和主题内容特征的数字资源，这些数字资源之间含有丰富的语义关系，挖掘这些资源之间的语义关系，建立它们之间的关联网络是知识挖掘的重要途径。本书以地理科技论文为研究案例，提出论文的时空特征自动化抽取方法、构建时空内容特征语义相似度算法、形成地理科技论文的定量化语义关联网络，实现论文的精准关联。并基于地理科技论文定量化语义关联技术，研发了地理科技论文时空语义检索系统和地理科技论文多维定量化语义关联和知识发现系统，为地理科技论文的准确检索和推荐、基于文献的知识服务和知识发现提供有效的方法和工具。

本书的读者对象为地理空间语义和知识挖掘领域的学者以及技术实践的工程人员，也可供高校从事相关专业研究的师生阅读使用。

**图书在版编目(CIP)数据**

基于时空内容特征的地理科技论文关联网络构建／陈祖刚，杨雅萍著．—北京：科学出版社，2021.9

ISBN 978-7-03-069514-7

Ⅰ.①基…　Ⅱ.①陈…②杨…　Ⅲ.①地理学-科学技术-论文-关联-研究　Ⅳ.①K90

中国版本图书馆 CIP 数据核字（2021）第 155998 号

责任编辑：刘　超／责任校对：樊雅琼
责任印制：吴兆东／封面设计：无极书装

科学出版社 出版
北京东黄城根北街 16 号
邮政编码：100717
http://www.sciencep.com

北京九州迅驰传媒文化有限公司印刷
科学出版社发行　各地新华书店经销

*

2021 年 9 月第　一　版　开本：720×1000　1/16
2025 年 1 月第三次印刷　印张：10 1/2
字数：210 000

**定价：128.00 元**

（如有印装质量问题，我社负责调换）

# 序　言

随着信息技术的发展，大量的科技文献等数字资源已经通过互联网共享。目前面临的问题不是访问不到这些科技文献，而是如何从海量的科技文献中快速、准确、全面地找到所需内容的同时发现新的知识。关联数据利用互联网创建不同数据源之间的具型链接，被认为是多源异构网络数据集成和发现的最佳方法。利用关联数据建立科技论文等数字资源的关联网络能有效提高科技论文的检索与推荐精度，实现基于文献的知识服务和知识发现，是当前学术界研究的前沿和热点之一。

《基于时空内容特征的地理科技论文关联网络构建》一书选取地理科技论文为研究对象，基于半结构化和非结构化文本，从文本中提取研究对象的时间、空间和主题内容特征，并创建这些特征的语义相关度算法，最终实现了地理科技论文在单个、两个和三个特征维度的定量化语义关联。地理科技论文的定量化语义关联网络不仅可以应用于地理科技论文的精准推荐与语义共享，还可以应用于基于地理科技论文的知识发现和知识服务，具有较强的理论和实践价值。

该书的研究内容丰富、研究过程叙述详细、创新点和亮点较多，是定量化关联数据领域少有的佳作。希望作者未来继续沿着这个方向深入研究，不断拓展关联数据网络中数字资源的类型、改进数字资源关联的方法、提高关联数据网络的质量、扩大关联数据的应用范围，争取为数据共享到知识共享的跨越发展做出更多贡献。

2021 年 7 月

# 前　　言

当前正处于科学数据共享走向知识共享的关键时期，知识关联是实现知识共享，构建知识枢纽的重要途径之一。地理科技论文反映了地球表层各个圈层相互作用关系及其空间差异与变化过程的大量信息。随着信息技术的发展和世界各国对科学研究持续地投入，互联网上汇聚了海量的地理科技论文资源。如何构建这些科技论文之间蕴含的关联关系是实现论文中隐含知识挖掘的重要途径，也是开展基于文献的知识服务的方法之一。

在此背景下，本书基于地理科技论文的时空内容特征（即研究主题内容、研究地理空间范围和时间范围特征），构建地理科技论文的定量化语义关联网络，实现论文的精准关联，从而为地理科技论文的准确地检索和推荐，以及基于文献的知识服务和知识发现提供有效的方法和工具。

全书各章重要内容如下。

第 1 章：绪论。分析科技论文关联的研究背景，阐述研究的重要意义，调研国内外的研究现状，并提出研究的方案。

第 2 章：地理科技论文空间范围特征提取与语义相关度计算。提出了从地理科技论文文本中提取空间范围实体的方法并构建了耦合尺度的地理实体语义相关度算法，基于地理实体间的拓扑关系，实现了地理科技论文在空间范围上的定量化语义关联。

第 3 章：地理科技论文时间范围特征提取与语义相关度计算。基于时间表达的模式，提出了从地理科技论文文本中提取时间范围实体的方法并构建了时间特征语义相关度算法，基于时间拓扑关系，实现了地理科技论文在时间范围特征上的定量化语义关联。

第 4 章：地理科技论文主题内容语义相关度计算及关联网络构建。首先利用地理科学叙词表，构建了基于知识库的地学专业词汇相关度算法；然后提出了基于专业知识库和统计方法相结合的科技论文关键词组和标题相关度算法；最后基于主题内容语义相关度算法实现了科技论文在主题内容上的定量化语义关联网络构建。

第 5 章：地理科技论文多维定量化语义关联网络构建。实现了地理科技论文在空间–时间，空间–主题，主题–时间，空间–时间–主题等 2 维或 3 维特征上的定量化语义关联网络构建。

第 6 章：应用案例。以地理科技论文时空语义检索系统和地理科技论文多维定量化语义关联和知识发现系统为例，应用本研究提出的算法和方法，证明本研究的实际应用价值。

第 7 章：结论与展望。对本书的研究成果进行总结，说明本研究的创新性，并对未来的研究进行展望。

本书的出版得到了国家重点研发计划项目（2020YFE0200700、2019YFE0126600）、国家对地观测科学数据中心建设和运维项目（2020000334）等项目的资助，得到了中国科学院空天信息创新研究院、中国科学院地理科学与资源研究所的支持。

由于著者水平有限，书中不足之处在所难免，敬请读者指正。

作　者

2021 年 8 月

# 目　录

# 第1章 绪　论

## 1.1 研究背景

### 1.1.1 海量在线科技论文的背景下的信息过载问题

科技论文在情报学中又称为原始论文或一次文献，它是科学技术人员或其他研究人员在科学实验（或试验）的基础上，对自然科学、工程技术科学，以及人文艺术研究领域的现象（或问题）进行科学分析、综合的研究和阐述，并进一步地进行一些现象和问题的研究，总结和创新另外一些结果和结论，并按照各个科技期刊的要求进行书面表达。自2003年以来，全球的科研投入呈现迅猛增长态势（Board，2016），与科研投入同步增长的还有研究人员发表的数量庞大的科技论文。

在互联网出现以前，科技论文主要通过纸质学术期刊公开发表，存在于各学术期刊中。但分散的科技文献不利于科学研究和工程技术人员创新和应用能力的发挥。随着现代信息技术的进步，国内外分散的科技文献资源不断地被整合、汇聚、开放和利用（张晓林，2005），大大小小的基于互联网的科技文献服务平台涌现而出。国外著名的科技文献服务平台如Web of Science，美国国家航空航天局（National Aeronautics and Space Administration，NASA）天体物理学数据系统（http://adswww.harvard.edu/），arXiv.org（http://arxiv.org/）等。国内代表性的平台包括：中国科学院国家科学数字图书馆（Chinese Science Digital Library，CSDL）、国家科技文献图书中心（National Science and Technology Library，NSTL）、中国高等教育文献资源保障体系（Chinese Academic Library and Information System，CALIS）等。此外，一些由企业运行的大型学术资源数据库也得到了广泛的应用，如Google学术、百度学术、万方数据库、维普数据库、CNKI期刊全文数据库、德国的施普林格集团的SpringerLink数据库、荷兰的爱思唯尔集团的ScienceDirect数据库、美国的约翰威立国际出版公司的Wiley Online Library、Scopus数据库等。

这些数据库中整合汇聚了海量的在线科技文献资源，截至 2018 年 7 月 31 日，CNKI 期刊全文数据库能检索到 9 659 537 篇地理学相关的学术论文，SpringerLink 能检索到约 68 万篇地理学相关的学术论文，Web of Science 能检索到约 10 192 999 篇地理学相关的论文。此外，各个学术期刊和学术团体也积极适应数字化出版的趋势，通过互联网提供在线论文库，如由中国地理学会主办的《地理学报》通过因特网（Internet）提供包含其出版的所有学术论文的数据库；中国工程科技知识中心地理资源与生态专业知识服务分中心提供地理、资源与生态学领域相关科技论文的下载服务（http://geo.ckcest.cn/scientific/literature/techdoc_v.html）。虽然科技文献共享平台上不断汇聚和增长的科技文献资源增加了其对工程科教人员的暴露度，但是海量科技文献资源反而使得用户越来越难查找到所需的文献，用户在进行科学研究之前的文献查找阶段花费的时间越来越长，面临着“信息过载”的问题（Eppler and Mengis，2004）。譬如，在 Web of Science 论文检索平台上输入“land use，China”关键词进行检索，平台返回约 20 000 个检索结果，这 20 000 个检索结果中只有很小一部分才是用户需要的文献，用户需花费相当长时间才能把他们甄别出来。

当前也有较多的科技文献服务平台通过论文的作者、机构、关键词等对论文进行了初步的关联以解决信息过载问题（Alexander and Adomavicius，2005）。譬如百度学术搜索系统对所有的论文进行了相似文献的关联和推荐，然而这种关联的准确性和全面性都较差，例如百度学术搜索系统对《基于高分一号影像的雄安新区土地利用分析》一文关联了大量标题中包含“高分一号”“影像”的相似学术论文，而关于“雄安新区”和“土地利用”的论文却被忽略。如何针对科技论文建立更加精准有效的关联是工程科教人员乃至社会大众在信息过载形式下的迫切需求。

### 1.1.2 定量化关联数据是地理科技论文精准推荐和语义共享的有效方法

海量的在线科技论文存储在不同的文献数据库中。文献数据库只记录某一论文自身的信息，如论文的标题、作者、摘要、关键词、基金项目、正文文本、参考文献等内容，并不记录此论文与其他论文的内在关系。而实际上，科技论文特别是地理科技论文之间存在着丰富的语义关系。譬如，在对雄安新区的地下水资源状况进行研究时，在研究前的文献查找阶段，如果直接以“雄安新区，地下水资源”为关键词在中国知网（http://www.cnki.net/）中进行搜索，只能找到非常少量的文献，而大量在空间上包含雄安新区的文献，如有关保定市、河北平原、河北省、京津冀地区的文献；在研究内容上与地下水资源高度相关的文献，如有关地表水资源、水资源、地下水资源、河流、湖泊、湿地、水库的文献，却不能被检索到。由此可以发现，在海量在线论文背景下，地理科技论文的语义共享是研究机构和个人及时、便利地从大量信息中获取相关论文的保障，是充分利用大量地理科技论文资源的关键。

关联数据是指利用互联网创建不同数据源之间的具型链接。它旨在将异构数据进行跨网域的整合，打破数据之间的壁垒，关联、发现和利用海量数据。关联数据采用 RDF（resource description framework，资源描述框架）数据模型（即用“主体、谓词、客体”三元组描述资源），利用 URI（uniform resource identifier，统一资源标识符）命名数据实体，在网络上发布和部署实例数据和类数据，从而可以通过 HTTP（hyper text transfer protocol，超文本传输协议）揭示并获取这些数据，使得分散异构的数据孤岛实现语义关联，被认为是多源异构数据集成和发现一种最好的方法（Bizer et al.，2009）。关联数据所采用的概念原则、URI 复用与发布机制增强了结构化数据的语义性、开放性与关联性，在此之上的 RDF 链接机制更是将数据内部蕴含的客观实体与抽象概念关联在一起，从而赋予关联数据以强大的网络构建能力，并能够为数据资源的语义整合与开放共享提供新的可能。

关联数据概念自 2006 年提出以来，已经广泛应用于地理信息、科学数据、百科词条、科技论文等资源的关联（欧石燕，2012）。与此同时，关联数据自身的模式也在不断完善。当前，关联数据模式改进的方向主要有两个：①关联关系（即关联谓词）的扩展。关联数据的关联关系从最初的无明确关系（Vilches-Blázquez et al.，2010），到 sameAs 等概略性的描述（Stadler et al.，2012），再到当前基于数据各种特征（如地理空间范围、主题内容、数据类别、时间范围、空间精度、数据类型、数据格式、数据来源等）内在语义关系的详细描述（Zhu et al.，2017a），其关联关系的数量和描述的精细程度在不断地增加。当前关联数据不仅仅建立了数据单个特征上关联关系，还建立了基于多个特征的综合性关联关系。丰富的语义关系为实现数据资源语义层次的充分共享提供了重要的保障。②关联的定量化。为了解决相同关联关系下数据的排序问题，关联数据由传统的语义关联模式发展为定量化语义关联模式，即由传统的“主体、谓词、客体”关联模式转变为“主体、（谓词、相关度）、客体”的关联模式（Zhu et al.，2017b）。这种定量化的语义关联模式，一方面要求明确数据之间的语义关系，譬如两空间数据的地理范围之间存在包含、被包含关系，另一方面要求给出这种关联关系强度的大小，譬如，“京津冀地区”和“北京市”与“海淀区”都存在空间上的包含关系，但是，定量化的关联数据模式要求进一步给出相关的程度，譬如“京津冀地区”和“北京市”相关度为0.77，“京津冀地区”和“海淀区”相关度为0.68。

关联关系的精细化和定量化为开展数据资源精准关联和推荐提供新的方法。这是因为，任一数据资源都可以由其若干特征进行表征，定量化关联数据模式在明确关于数据资源用户关心的一个或者多个特征间的关联关系条件下，同时要求给出关联强度，进而能把相关的数据资源按相关度大小排序并提供给用户，实现数据资源的精准推荐。例如，在地理科技论文查找时，用户通常需要主题内容、研究地理空间范围和研究时间范围都高度相关的论文。定量化关联数据模式在明确地理科技论文在单个特征上的关联关系、计算特征的相关度的基础上，形成这三个特征综合性的关联关系和相关度，那么可以根据这个综合性的相关度，为目标科技论文找到在三个特征上都高度相关的文献，并按相关度大小进行排序，从而实现地理科技论文准确、全面的查找与推荐。

由此可以发现，定量化关联数据模式是地理科技论文开展语义共享和精准推荐的有效方法，是解决当前海量在线科技论文背景下信息过载问题极具前景的方案，其研究的核心内容在于明确地理科技论文特征的内在语义关系和计算这些特征的相关度。

地理科技论文通常有明确的研究主题内容、研究地理空间范围和时间范围，即基本的“what，where，when”三元组。这些特征是揭示地球表层各圈层相互作用关系、空间差异与变化过程的知识表征，也是用户在进行论文查找时较为关注的信息。本书中将这三个特征称为地理科技论文的时空内容特征。由于这三个特征隐含在地理科技论文的标题、关键词、摘要或正文中，本书拟基于现有的信息抽取技术，从地理科技论文中抽取时空内容特征（主题内容、空间和时间范围特征），研究时空内容之间内在的关系，提出时空内容特征的语义相关度算法，以时空内容特征的内在关系为潜在关联谓词，以时空内容特征的相关度来表达关联的强度，建立地理科技论文的定量化的语义关联网络，从而为地理科技文献的准确、全面查找与推荐，以及基于地理科技论文的知识发现和知识服务提供新的技术和思路。

## 1.2 研究意义

### 1.2.1 促进海量地理科技论文的精准推荐与语义共享

科技文献反映了人们在一定社会历史阶段的知识水平，蕴含着重要的科技创新与科学发现，是人们获取知识的重要媒介（钱旭等，2017）。随着信息技术的发展，科研工作者可以方便地获取大量的数字科技文献。然而，目前面临的问题不是访问不到相关文献，而是如何从海量的科技文献中快速、准确、全面地找到自己所需的内容同时发现新的知识。随着信息抽取、关联数据技术的发展，挖掘科技论文内在特征和知识，并利用定量化关联数据模式建立科技论文的精准关联网络将是提高科技论文的检索与推荐精度，实现基于文献的知识服务和知识发现的重要手段。

地理科技论文包含反映地球表层各圈层相互作用关系及其空间差异与变化过程的大量信息，其通常具有明确的时空内容特征。地理科技论文的时空内容特征之间存在丰富的语义关系，如《青藏高原关键区域土地覆被变化及生态建设反思》一文和《基于优度评价法的西藏土地利用生态安全评价研究》一文，二者研究的主题内容分别为“土地覆被变化及生态建设”和“基于优度评价法的土地利用生态安全评价”，二者研究的地理空间范围分别为“青藏高原关键区域”和“西藏”，二者研究的时间范围分别为“1982～2009 年”和“2007 年”。它们的主题内容间存在高度相关的关系，地理空间范围间存在叠加关系，时间范围存在包含被包含关系。自动化的抽取地理科技论文的时空内容特征，计算这些特征间的相关度以及描绘这些特征间的语义关系，进而构建地理科技论文间的定量化语义关联网络，是实现地理科技论文语义共享的有效方法，也是解决海量在线地理科技论文的信息过载问题的新的途径。

本书致力于自动化的抽取地理科技论文的研究主题内容、研究的空间范围和时间范围信息，并建立地理科技论文这些特征之间的语义相关度算法和关联关系，进而构建地理科技论文间定量化语义关联网络。本书提出的定量化语义关联网络技术能应用于地理科技论文的检索和自动化推荐，能提高检索和推荐的准确率，从而满足研究机构和个人准确、全面地从海量的科技论文献中获取所需的论文的需求。

### 1.2.2　促进基于地理科技论文的知识服务和知识发现

随着知识交流的加深，文献服务平台除了提供大量优质、及时的文献资源，深化多元化的知识服务成为文献数据库技术新的发展方向。数据关联与计量可视化是知识服务技术应用的主要方向。本书提出的技术体系有助于实现地理科技文献在时空内容特征上的多维度、定量化的关联，全面提升文献服务平台的知识服务水平，促进文献服务平台服务水平的提升。

科学技术的快速发展使得人类的知识规模在近些年呈指数式的增长，相应的科研领域不断地细分，专业化程度越来越高。这种过度的专业化导致科学研究人员花费越来越多的精力掌握本研究领域内的知识，而对其他领域的发展关注相应减少，出现了所谓的“知识分裂”现象。单独的知识单元在产生时某种程度上是彼此独立的。尽管部分不同知识单元之间的逻辑关系非常明显，却不被人知晓，即所谓未发现的公开知识（undiscovered public knowledge）（Swanson，1986）。建立这些知识单元之间的关联，很有可能导致潜在的知识发现（田瑞强等，2013）。这类研究也称为基于文献的知识发现（literature based discover，LBD）。譬如 Swanson（1986）首次采用开放式关联文献的知识发现过程揭示了鱼油与雷诺氏病之间的关联。虽然基于文献的知识发现已经应用到医学、生物学、工程学（Kostoff et al.，2008）、社会学（Ittipanuvat et al.，2012），以及农业领域（黄水清和马俊岭，2009），但是尚未在地理学领域得到应用。本书通过建立地理科技文献研究主题内容、空间范围和时间范围之间的语义关联，预期能应用于基于地理科技文献的知识发现过程，促进地理学新知识的发现。

# 1.3 国内外研究现状

本书的内容涉及关联数据的模式、地理科技论文时空内容特征的抽取、关联关系的构建、特征相关度的计算，下面分别介绍这些内容的国内外研究进展。

## 1.3.1 关联数据研究进展

关联数据采用 RDF 模型，即用“主体、谓词、客体”三元组描述资源；利用 URI 命名数据实体，在网络上发布和部署实例数据和类数据，从而可以通过 HTTP 揭示并获取这些数据。关联数据应用的核心在于关联关系的构建。根据关联关系的不同，关联数据可以分为 4 个层次。

第一层次：仅仅实现了数据集的 RDF 化，数据集之间并没有相互连接。例如西班牙公共管理、水文和统计机构关联数据（Vilches-Blázquez et al.，2010），开放关联地理空间元数据（Reid et al.，2012），美国地质调查地图关联数据（Usery and Varanka，2012），西班牙气象关联数据（Atemezing et al.，2013）。Ngomo 和 Auer（2011）指出开放关联数据已经有超过 250 亿个 RDF 三元组，但是少于 5% 的 RDF 三元组包含知识基。

第二层次：实现了数据集之间的语义连接，但这些连接是不完整和不准确的。如 Haslhofer 和 Schandl（2008）用 owl：sameAs 连接不同的元数据，用 oai2lod：origin 连接元数据和数据源。Auer 等（2009）以及 Stadler 等（2012）用

owl：sameAs 实现了 LinkedGeoData、DBpedia、GeoNames，以及联合国粮农组织的数据关联。Ding 等（2011）用 owl：sameAs 连接开放链接政府数据（linked open government data）和其他数据源。Shvaiko 等（2012）使用 owl：sameAs 手动地建立了特伦蒂诺政府开放关联数据和 DBPedia 及 Freebase 数据的连接。Vilches-Blázquez 等（2014）使用 owl：sameAs 连接机构内部的数据集；利用 aemetonto：locatedIn 为机构内部的主题数据添加一个地理空间维度。Jaffri（2008）使用 owl：sameAs 等连接谓词的缺点是不容易区别两个地理空间数据，即使这两个数据的特征或内容不同。

第三层次：考虑数据的地理空间拓扑关系，以拓扑关系关联数据。Goodwin 等（2008）利用 isSpatiallyEqualTo、completelySpatialllyContains、tangentiallySpatiallyContains 和 borders 四种拓扑关系来关联英国行政区划数据。Yuan 等（2013）在关联数据中发布地理空间数据的出处，然后用拓扑关系 within，overlaps，contains 和 intersect 实现出处与关联开放数据集的链接。Yu 和 Liu（2013）创造了传感数据集间的 within、intersect、overlaps 和 near 空间关联，以及指向 DBPedia 的 owl：sameAs 连接。这些研究在一定程度上提升了开放链接地理空间数据关联的精度，但是并没有考虑地理空间数据其他方面的关联，如时间、主题分类、数据类型和时空精度等。这些方法也缺乏考虑数据所有特征的全面的关联。此外，现有的关联地理空间数据仅仅表达了数据关联的类型，缺乏这些关联的定量的相关度表达，这使得在相同的关联类型下，无法区分关联的强度。

第四层次：基于数据一个或多个特征的关联，并实现了关联强度的计算。如 Zhu 等（2017b）选取地理空间数据的 8 个特征作为基本关联的维度，这 8 个特征的组合作为全面关联的维度。考虑每个特征的内在关系，以某个特征的一种关系作为一个关联谓词，并以这种特征的相似度作为关联的强度，构建了具有 24 种基本谓词以及谓词之间的组合的语义关联网络。其基本的关联谓词如下表 1.1 所示。

**表 1.1　Zhu 等（2017b）构建的地理空间数据关联谓词**

| 数据特征 | 特征实例 | 关联谓词 |
| --- | --- | --- |
| Theme（数据主题） | Same theme | isSameTheme |
| | Similar theme | isRelatedTheme |
| Category（数据类别） | Same category | isSameCat |
| | Parent category | isParentCat |
| | Child category | isChildCat |
| | Sibling category | isSiblingCat |

续表

| 数据特征 | 特征实例 | 关联谓词 |
| --- | --- | --- |
| Spatial topology（空间范围） | Spatial equal | isSpatEqual |
| | Spatial contain | isSpatContain |
| | Spatial within | isSpatWithin |
| | Spatial overlap | isSpatOverlap |
| | Spatial touch | isSpatTouch |
| Temporal topology（时间范围） | Temporal equal | isTempEqual |
| | Temporal contain | isTempContain |
| | Temporal within | isTempWithin |
| | Temporal overlap | isTempOverlap |
| | Temporal touch | isTempTouch |
| Spatial precision（空间精度） | Same spatial precision | hasSameSPrecise |
| | Different spatial precision | hasDiffSPrecise |
| Temporal granularity（时间精度） | Same temporal granularity | hasSameTGran |
| | Different temporal granularity | hasDiffTGran |
| Type（数据类型） | Same type | hasSameType |
| | Different type | hasDiffType |
| Format（数据格式） | Same format | hasSameFormat |
| | Different format | hasDiffFormat |

这种方法既实现了地理空间数据在单维度上的关联也实现了在多维度上的关联以及关联强度的计算，把传统的“主体、谓词、客体”关联模式转变为“主体、(谓词、相关度)、客体”的关联模式，本书称这种关联模式为定量化关联数据模式。赵红伟等（2016a）选取主题内容、空间和时间作为地理空间数据的本质特征，构建了地理空间数据一维和多维的关联的网络，并以地理空间数据关联特征的相似度代表关联的强度，其构建的基本关联谓词一共有22个。

多维和定量化的关联模式提升了地理空间数据关联的质量，促进了关联数据的发展。然而，目前虽然有学者提出把关联数据的方法应用于科技论文的关联（周峰，2016），但其是基于传统方法的关联，目前尚未有把定量化关联数据模式应用到科技论文关联的案例。

## 1.3.2　时空信息抽取研究现状

信息抽取（information extraction）的主要功能是从文本中抽取出特定的事实信息，这些文本可以是结构化、半结构化或非结构化的数据。通常，信息抽取利用机器学习、自然语言处理（NLP）等方法从上述文本中抽取出特定的信息后，保存到结构化的数据库当中，以便用户查询和使用（李保利等，2003）。信息抽取能从海量数据中快速、准确地分析出真正有用的信息，显示出很好的应用前景。信息抽取涉及的任务主要有：命名实体识别、实体关系抽取、共指消解、事件探测等。其中，命名实体识别（named entity recognition，NER）是信息抽取的基础性工作，其任务是从文本中识别出诸如人名、组织名、日期、时间、地点、特定的数字形式等内容，并为之添加相应的标注信息，为信息抽取后续工作提供便利（张晓艳等，2005）。由于本书仅涉及从半结构化文本中抽取地理空间信息和时间信息，因此重点调研文本时空信息抽取和挖掘方面的研究进展。

### 1.3.2.1　文档地理空间信息抽取

文档地理空间信息抽取包含两个方面的研究内容，即地理空间命名实体识别和文档地理空间范围解析（geographic scope resolution）。地理空间命名实体识别是从文档中识别地名，它被认为是一个已经解决的问题，有较多研究者提出了不同的识别方法，如黄德根等（2003）使用从大规模地名词典和真实文本语料库得到的统计信息及针对地名特点总结出来的规则，通过计算地名的构词可信度和接续可信度从而识别中文地名。乐小虬等（2005）采用地理编码和汉语切分词相结合的方法对空间命名实体进行在线识别。俞鸿魁等（2006）提出了一种基于层叠隐马尔可夫模型（HMM）的中文命名实体识别方法，该方法首先在词语粗切分的结果集上采用底层 HMM 模型识别出普通无嵌套的人名、地名和机构名等，然后依次采用高层 HMM 模型识别出嵌套了人名、地名的复杂地名和机构名。周俊生等（2006）提出了一种新的基于层叠条件随机场模型的中文机构名自动识别算法。该算法在底层条件随机场模型中解决对人名、地名等简单命名实体的识别，将识别结果传递到高层模型，为高层的机构名条件随机场模型实现对复杂机构名的识别提供决策支持。鞠久朋等（2011）提出条件随机场（CRF）与规则相结合的地理空间命名实体识别方法。Twaroch 等（2008）利用人们提交到网络上的信息去探测地名。唐旭日等（2010a，b）由基于条件随机场和基于篇章地名关系的方法识别简单地名，以原始文本为输入，直接利用地名内部结构和相邻字信息进行地名识别和文本分词，然后利用篇章地名关系和地名性判断进一步处理，以简单地名识别结果为输入端，采用条件随机场识别复杂地名。张雪英等（2010）以大规模地名词典和地址数据库为数据源，通过系统分析地址要素的构词特征和句法模式，构建了各类地址要素的特征字库，提出了中文地址的数字表达方法，设计了 RBAI 中文地址要素解析算法，开发了相应的原型系统。唐旭日等（2010a，b）提出基于条件随机场和篇章地名关系的地名识别方法、基于局部模糊匹配的地名标准化及基于认知显著度的地理编码方法，并构建了地名解析原型系统。Davies（2013）利用潜在语义分析模型（latent semantic analysis，LSA）来发现和定位地名。何炎祥等（2015）为了识别文本中海量的地理命名信息，以 CRF 模型识别为基础，加入制定的规则，来提高 CRF 模型的召回率，从而提高整体的地理命名实体识别效果。仇培元等（2015）基于道路交通事件描述的语言特征构建模式库；继而以特征词词性序列的形式表达互联网文本和抽取模式，利用 DTW 距离度量序列相似度，实现抽取模式匹配，最后在匹配抽取模式和填补规则指导下获取结构化的道路交通信息。孙赫等（2016）利用特征资源库对微博进行特征标注，使用条件随机场模型识别地理位置实体。

以上这些研究都是针对如何从文本中抽取地理空间命名实体，对于一篇文档，它可能包含多个地理空间命名实体，但是只有一个地理空间命名实体是其相关的空间范围。国外有人提出“every document has a geographic scope”，即每篇文档都有一个相关的地理空间范围（Andogah et al.，2012）。文档相关的地理空间范围识别问题也即文档地理空间范围解析问题。Andogah 等（2012）提出了基于地名的地理范围解析策略，并把解析出的文档地理范围应用于地理信息检索和文档排序之中。Alexopoulos 和 Ruiz（2012，2013）提出一个基于本体的框架来在文本中正确鉴别地名，并把这些地名匹配到本体的唯一识别符，同时决定文本的地理空间范围，即这些文档相关的地理空间范围。Zong 等（2005）试图给网页指配一个地名，并把这个指配过程分为三个子任务，即地名抽取，地名消歧和地名指配。Vargas 等（2012）提出了 SpatialCIM 方法来识别文档在巴西境内的空间范围。Zhang 等（2012）提出 GeoRank 算法来进行地名消歧，然后用动态参数算法来决定网页的地理空间范围。Borges 等（2011）提出了一个本体驱动的方法来识别、抽取和编码部分或者全部的嵌入在文本中的地名。

可以发现，当前有很多文档地理空间范围解析算法被提出，但是尚未见到针对地理科技论文的地理空间范围解析的算法。由于地理科技论文独特的组织结构和表达逻辑，通用的地理空间范围解析方法必然对其效果不佳，因而亟需一套新的针对地理科技论文的空间范围解析算法。

#### 1.3.2.2 文档时间信息抽取

文档中时间信息抽取主要包括文档时间元数据抽取与文档相关的时间信息解

析两个方面（Campos et al., 2015）。

文档时间元数据即文档中的时间表达式。有关时间元数据信息抽取的研究，最早可以追溯到 1998 年的 Message Understanding Conference（MUC7）会议上，该会议首次在命名实体识别中加入对时间评测的要求，但是 MUC7 只对绝对时间进行了定义，而且将绝对时间分为日期、时间点、时间段三类。从宏观上来分，时间信息可分为显式时间信息、隐式时间信息与相对时间信息三类。显式时间信息表示某一具体时间点，其时态粒度可以是某年、某月或者具体某日，如表达式“2015 年”“2015 年 10 月”“2015 年 10 月 1 日”；隐式时间信息是一些借用假日或者事件名称表达时间信息，如“2016 年母亲节”；相对时间需借助参考时间信息（如文档内容或者文档创建时间）才能得知其所表达的具体时间信息，如表达式“今天”“上周一”。识别并标识隐式时间信息是时间信息抽取准确率提高的关键。Wu 等（2005）基于语法规则和限定规则通过规则匹配方法识别时间表达式。徐永东等（2007）为了解决中文文本中时间信息的形式表达、抽取及时间语义计算等一系列问题，提出了一种可以用于多种自然语言处理任务的时间信息处理系统。Strötgen 和 Gertz 等（2010）提出了一个基于规则的时间信息抽取和规范化系统 HeidelTime，该系统利用正则表达式模式抽取时间表达式，并且作为其规范化表达的语言知识资源，在 TempEval-2 中测试 $F$ 值达到了 86%。蔡华利等（2010）首先引入中文的时间关系理论；然后从突发事件 Web 新闻的时间构成、时间位置特征及时间常用词三个方面分析了突发事件 Web 新闻的表达特征；基于此，提出突发事件 Web 新闻的时间抽取方法，通过统计学习正确率较理想；最后，基于已抽取到的事件发生时间信息，实现了突发事件 Web 新闻排序。逯万辉和马建霞（2011）针对网络信息的时序性和多态性，提出基于条件随机场模型的复杂时间信息抽取研究模型，并通过实验验证该模型的可行性。朱莎莎等（2011）基于条件随机场模型，改善了传统时间短语识别方法存在中文文本时间短语边界定位不准确和长距离依赖的问题。张春菊等（2014）探讨了基于触发词汇和规则模型相结合的中文文本中时间信息解析方法。闫紫飞和姬东鸿（2015）提出一种基于条件随机场（CRF）的时间信息识别方法。李风环等（2015）提出一个面向主题事件的时间识别模型，该模型采用参考时间动态选择机制对时间表达式规范化，结合事件抽取和浅层语义分析，将浅层语义分析结果和时间表达式进行映射，将基于句子或短语的时间识别转化为基于篇章的时间识别，从而识别主题事件片段的时间。王升翔等（2017）通过动态确定隐式时间表达式的参考时间的方法来解析不同形式的隐式时间表达式，提出了利用分层树模型来构建时间信息内在的联系，在此基础上结合统计和位置方法完成主题事件时间的提取。马雷雷等（2017）提出了一种基于规则的时间表达式识别和规范化方法。首先对中文文本时间表达式进行分类，基于正则表达式制定规则，利用模式匹配方法识别时间表达式；然后介绍了基准时间的确定方法，基于推理思想详细分析了时间表达式的规范化过程。

文档相关时间信息是指文档内容所涉及的时间区间，主要通过识别与排序文档中时间表达式来获得。Strötgen 等（2012）综合考虑文档、数据集与查询等特征，为文档中时间表达式进行排序，以确定文档中与用户所查最相关的时间表达式。Kumar 等（2012）首先在维基百科任务自传数据集中利用监督式语言模型训练词随时间（年份）的分布概率，再以此识别非人物自传 Wikipedia 网页的相关时间。Jatowt 等（2013）借助新闻语料集合，采用时间熵与时间峰度两指标衡量文档中的词与一个新闻语料的相关度，最后将相关度最大的新闻语料时间作为该文档的相关时间。Jatowt 等（2015）通过利用新闻文档集合中的统计知识，提出了几个估算文档相关时间的方法。Zhao 等（2015）首先对新闻文档中时间表达式进行抽取与标准化处理，再提出关系模型（relation model）构建文档主题与时间表达式之间关系，以此识别新闻文档中的主题时间。沈思等（2017）归纳总结了学术文献常用时间词，并基于图书情报学题录信息完成文本时间词抽取，在此基础上利用标签主题模型 labeled-LDA 实现文本隐含时间标签的生成，以及基于时间维度的文本语义相似度计算。

综上，可以发现文本中时间信息抽取技术也较成熟，无论是基于规则的还是基于统计模型的方法现在都具有较高的精度。有较多学者对文档相关时间的解析进行了研究，其中，沈思等（2017）提取了科技论文相关的时间但只是从科技论文的标题、摘要中提取相关的时间，而不是从论文全文中提取相关时间。事实上，有一部分科技论文并不在标题和摘要中体现其相关的时间，因而现有的科技论文相关的时间解析算法的准确率还有进一步提升的空间。

### 1.3.3 科技论文关联关系的研究现状

面对多样的、海量的、半结构化和非结构化的科技论文资源，传统的文献数据库组织和管理模式已经不能满足用户日益增长的需求，新形势下的知识服务模式越来越成为当前学术界研究的热点。科技论文之间的关联关系构建是知识服务的重要内涵，许多学者已经开展了较多的研究。

每一篇科技论文都是由若干个特征（characteristics）组成，如作者、机构、主题词、关键词、期刊、基金、引文和载体类型等。这些特征是科技论文之间相互区别的重要特质。当前，科技论文之间关联围绕着科技论文的特征展开，现有的科技论文关联类型可以分为两大类。

#### 1.3.3.1 基于单个特征的关联

基于单个特征的关联是指科技论文基于作者、机构、主题词、关键词、期刊、引文或者国家等单个特征的关联。

**(1) 基于作者的关联**

作者关联可以是同作者的文献关联，或是相关作者的关联。同作者的文献关联，可反映某一作者所著的所有文献，从而了解某一作者的研究内容以及研究现状，是作者关联中最常见的模式。相关作者关联，即关联到某文献内容相关的其他文献的作者。这种相关性是基于合作、引证或内容相似等关系形成的。通过相关作者关联可以了解该研究领域内其他的研究人员，从而了解这些学者的具体研究内容以及关注点。例如，Newman（2004）提出将论文两两作者间合作论文数量和参与论文写作的其他作者作为权重系数加入网络，以估算合作联系的强度。邱均平和李佳靓（2010）从论文的合著这一角度来研究科研合作关系，以发文信息中的作者合作关系为研究对象，建立作者合作网络。姜春林等（2014）以图书情报学期刊为例，运用社会网络分析方法，解析联锁编委网络的结构和性质，找出网络中的核心子群并进行相关特征分析。

**(2) 基于主题词或者关键词的关联**

特征词关联主要有关键词关联和相关词关联。关键词关联的主要形式是基于相同关键词的文献关联，即关联到其他以该关键词标引的文献。相关词关联是指文献中包含的某些概念或相似概念都会被列举出来。这些概念往往都经过规范化处理。读者通过相关概念词，可关联到该概念的其他文献，从而形成论文的主题关联网络。这个网络有助于读者了解主题之间的关系，查阅与研究有关的文献整体概貌、提升数据库的知识服务水平。例如，Morris 等（2002）借助于共现矩阵相同特征词之间的关联，开发了交叉图和时间线技术并进行了应用。冷伏海等（2011）借鉴 DLG 关联挖掘算法，提出基于位向量的三元共词分析算法和基于坐标图的三元共词结果分析方法。滕立等（2013）在既考虑科技文献关键词所处的语境又考虑词所在网络中的位置特征基础上，以布鲁克斯的认知地图和知识计量学为基本理论，首次提出知识群内部的知识单元外部连接度的概念。李树青（2013）提出一种科技论文三词共现分析方法，并据此提出了三词有序共现对的概念，同时还说明了获取映入词和紧密环的方法，并利用这个三词共现分析方法来识别学者主要的研究兴趣特征。巴志超等（2016）针对共词分析方法中存在的共现词对“同量不同质”现象、词对关联计算缺乏语义性等问题，提出一种基于论文属性加权的关键词选择和基于词模型的语义相关性度量方法。施萧萧和张庆普（2017）运用共词分析法，以 Scopus 数据库于 1998 ~ 2015 年收录的 490 篇颠覆性创新研究文献为分析对象，绘制了该领域知识图谱和知识网络，分析了颠覆性创新领域的研究热点，研究主题及其演化趋势。

**(3) 基于期刊的关联**

通过期刊关联可以获得此期刊发表的所有论文，了解此期刊的关注领域和特征。如 1991 年，McCain（1991）首次提出期刊共被引分析，分析了经济学领域的学术期刊。学术期刊的共被引关系强弱反映了期刊的亲疏远近关系，通过共被引分析来挖掘学术期刊之间的关系并且进行期刊分类。Liu（2005）对 38 个城市研究期刊进行共被引分析，显示这些期刊的主题分化为主流城市研究、区域科学和城市经济、交通和房地产金融四个方面。Hu 等（2011）对 24 个中国图书情报核心期刊进行期刊同被引分析，把中国的图书情报期刊分为 4 类。

**(4) 基于引文的关联**

引文关联是指论文通过引用和被引的文献，相互关联起来，形成文献知识链。通过引文关联不仅可以追溯到文献的知识源头，还可以掌握课题知识领域发展的脉络和方向。1963 年 Kessler（1963）提出越是学科专业内容相近的论文，其参考文献中相同文献的数量就越多，相关度就越高。1973 年 Small（1973）发现两篇论文被相同文献引用的强度可以用来测度其内容相似程度。2002 年郑华川和崔雷（2002）提出两篇论文共同拥有相同关键词的数量越多，两篇论文的内容关联越强。

#### 1.3.3.2 基于多个特征的关联

多个特征之间的多维关联，譬如 Zhao 和 Strotmann（2008）提出一个“作者-引文”耦合的分析方法来获取活跃的研究者的研究活动，从而更能反映在一个研究领域内当前的真实状态。刘志辉和郑彦宁（2013）提出基于作者关键词耦合分析的方法，并证明了这个方法对于研究专业识别的有效性。刘萍等（2013）提出一种新的基于作者关键词网络的作者相似度计算方法，通过向量空间模型计算出关键词之间的关联度，再利用图结构相似度算法 P-Rank 挖掘出作者间的间接关联关系。Ding（2011）研究了信息检索领域中高产作者和高被引作者在合著倾向以及引用行为上的不同。陈卫静和郑颖（2013）探讨了利用作者关键词耦合分析法计算作者之间的相似度，并根据作者的相似度挖掘作者之间潜在的合作关系。张自立等（2011）用科研机构和关键词共现分析法，证明了科研单位发文数量是体现其学术能力、学术地位和媒介作用的重要指标，关键词的频次是衡量其表征研究热点的能力、重要程度和媒介作用的重要指标。孙海生（2012）构建“作者-关键词”共现网络，采用社会网络分析法和 Pathfinder Networks 算法，揭示了“作者-关键词”共现网络能够直接揭示作者的主要研究领域，反映出作者学术兴趣的多样性。王林和冷伏海（2012）提出施引关键词与被引作者的交叉共现分析方法，这个方法能够清楚地发现科学领域中学术流派及研究方向，以及流派中作者间关联的内容，发现在某一主题领域有重要贡献的研究人员。邱均平和宋艳辉（2011）运用 CiteSpaceII 提供的复杂混合网络的可视化方法，将研究热点、研究前沿与作者建立空间上和时间上的对应关系，从空间和时间两个维度揭示我国引文分析领域研究热点的作者分布，研究前沿的作者分布以及引领引文分析研究前沿的关键作者。Chen 等（2006，2010）人以文献共被引形成的知识网络表征具体研究领域的知识基础，在此基础上对文献共被引网络进行聚类，之后采用施引文献中的主题词等表征具体研究领域的研究前沿。奉国和和吴敬学（2011）利用信息可视化工具 CiteSpace 对 CSSCI 数据库收录的 2004 ~ 2010 年国内机构知识库研究文献进行分析：根据被引期刊确定领域的核心研究期刊，依据“作者-机构”共现分析寻找该领域主要研究力量和研究重点等。侯剑华（2012）基于科学合作领域研究相关的文献数据，绘制该领域“国家合作-主题词”混合网络知识图谱，对国际科学合作领域的国家合作情况进行可视化分析，揭示当前国际科学合作领域研究的国家地域分布，探测科学合作领域的主要研究力量布局。张金柱（2013）以论文中一阶引用和二阶引用作为知识关联方式。席运江等（2009）针对现有的单一特征模式的知识网络不能反映组织知识系统的复杂构成和整体结构，采用超网络的思想和方法，提出了组织知识系统的知识超网络模型。该模型由三种节点、六种边构成，可用于表示组织知识系统中的知识、人、存储载体等三类特征及其之间的复杂关系，因而可反映组织知识系统的复杂构成及结构形态。瞿辉和王菲菲（2015）提出了基于科技论文的文献作者、研究机构、期刊名等特征之间的关联。赵晓黎等（2016）提出了基于科技文献的引文关联、特征词关联以及内容扩展关联。Morris 等（2003）基于期刊的作者、引用、标题、期刊信息和发表时间绘制了不同时间段炭疽研究的前沿热点内容。此外还有国内外研究的前沿——叠加知识网络（Chen and Leydesdorff，2014）。

可以发现：①现有的科技论文之间的关联主要是基于论文现有特征的关联，也就是显性知识关联，如不同作者之间的合作关系、文献之间的引用关系、研究人员和机构之间的隶属关系等。然而，对论文之间隐性的知识关联，譬如对地理科技论文研究的时间范围、地理空间范围之间的关联，研究不足。②现有的关联缺乏对关联关系的语义揭示，如关键词主题上的高度相关关系，地理空间范围的包含关系，以及时间范围的先后关系等。③现有的关联关系没有实现定量化，相同关联关系下的内容无法按相关度进行排序，譬如如果两篇地理空间论文的研究范围存在空间上的相离关系，但是距离不同，现有方法不能按照距离的远近来进行排序，不利于科技论文的查找与知识发现。

### 1.3.4 时空内容特征相关度计算研究现状

相似度或相关度是人类认知过程中的基础内容，它是归类的准则、也是联想记忆和演绎推理的依据（Tversky，1977；Medin et al.，1993）。相关度在信息检索、信息集成和数据挖掘等领域有着重要应用（Rodríguez and Egenhofer，2003），因而国内外对不同对象的相似度或者相关度的研究较多。地理科技论文的时空内容特征指空间范围，时间范围和主题内容特征，下文分别详述这三种特征的相关度计算研究进展。

#### 1.3.4.1 地理空间实体相关度计算研究进展

由于一个地理空间范围文本可以映射为相应的地理空间实体，因而地理空间范围相关度计算可以看作是地理实体的相关度计算。

在地理信息检索（geographic information retrieval，GIR）和时空数据挖掘等领域，地理实体的空间相关度也是研究的基础问题（Rodríiguez and Egenhofer，2004）。地理实体的空间相关度指的是地理实体间的位置、距离、方位、形状和大小等几何属性的相关度程度。

已有的地理实体相关度算法主要分为两类：①基于空间关系的方法。空间关系包括拓扑关系、度量关系和方位关系（Egenhofer and Franzosa，1991）。如Budanitsky 和 Hirst（2006）和 Walker 等（1992）分别提出了基于面状空间要素重叠面积大小的地理实体相关度算法；Janée 和 Frew（2004）提出了基于Hausdorff 距离的算法；Beard 和 Sharma（1997）提出了基于度量关系和空间拓扑关系的算法；Li 和 Fonseca（2006）提出了一种综合利用拓扑关系，度量关系和方位关系计算地理实体相关度的模型；Frontiera（2004）提出一种利用空间拓扑关系和度量关系因子进行逻辑回归的实体相关度算法；国内学者如刘家骏（2015）对文本中以空间陈述形式存在的地理信息的模糊性因素进行分析，通过引入不确定场模型来描述参照对象和空间关系对模糊性的贡献程度，提出了空间相关性模糊度量的计算方法，赵红伟等（2016b）提出了利用地理空间拓扑关系、度量关系和专家打分给出的权重系数计算地理实体相关度的方法。②基于地名词典和本体的方法。如 Rodríguez 和 Egenhofer（2004）提出了一种匹配距离的实体类相似度计算方法；李红梅等（2009）以本体作为揭示实体深层次语义信息的方法论，提出了符合认知特性的地理实体类型语义相关度计算模型；杨娜娜等（2015）基于地理空间概念本体，加入深度、密度权重因子，提出了基于本体的地理实体相关度计算方法；Janowicz 等（2006a，b）提出了一种基于地理空间描述逻辑的 SIM-DL 模型计算实体相关度。

现有的地理实体相关度算法主要存在以下问题：①构建地理本体需要完整的概念体系和概念之间的空间关系，难度大、耗时长。②地名词典、地理语义目录不能够表达地理实体间的拓扑关系。③基于空间关系的实体相关度算法，大多只适合面状实体，对点状和线状实体支持不够，赵红伟等（2016b）提出了一种较为全面的算法，但其拓扑关系基于 4-交模型，能处理的拓扑关系种类有限。④所有的实体相关度算法都没有考虑空间尺度依赖性，在不同的空间尺度上使用同一种计算模型，计算出的实体相关度无差别，与人类的直觉不符。譬如，在全国尺度上，北京和广州两个点的相对距离较远，相关度较小；在全球尺度上，北京和广州的相对距离较近，其相关度理应比全国尺度上的相关度大，而目前所有的实体相关度算法均未考虑空间尺度的影响，计算出的数值是固定的。

#### 1.3.4.2 时间相关度计算研究进展

时间相关度计算一般使用基于时间拓扑关系的方法。时间在时间轴上的拓扑关系就是地理事件发生的同时、相接、在前、在后等关系。

刘凯等（2013）提出了事件线性时间拓扑关系的 9-交模型。Allen（1983）提出了时间区间代数理论，以时间段为基元，总结了 Before、After 等 13 种基本的时间拓扑关系。基于以上拓扑关系，赵宏伟等（2016b）提出了一种结合时间度量关系的时间相关度计算算法。Zhu 等（2017a）提出了一种结合时间粒度和时间拓扑关系的时间相关度计算方法。

当前虽然有学者提出了判定时间点和时间段拓扑关系和计算它们相关度的方法，但是尚未见到准确判定复合时间拓扑关系和计算其相关的算法。而地理科技论文研究的时间范围，部分情况下是复合时间，因而需要提出新的判定复合时间拓扑关系和计算其相关的算法。

#### 1.3.4.3 主题内容相关度计算研究进展

相似度依赖于对象间相似的关系和属性的多少，而相关度基于对象间关系的多少（Rada et al., 1989）。相似度是相关度的子集，即所有相似的对象一定相关，而相关的对象不一定相似（Ballatore et al., 2014）。例如，“河流”和“溪流”是相似的，同时也是相关的，但是“河流”和“小船”是相关的，但不相似。相似度或者相关度测量被用来解决一系列的问题，如自然语言处理、知识工程、语义网和关联数据（Harispe et al., 2015）、信息检索、人工智能（Li et al., 2003）等。

地理科技论文的主题内容是通过论文的标题、关键词、摘要和正文内容表达的。地理科技论文的主题内容特征的相似度或者相关度计算本质上是词语和文本内容的相似度或者相关度的计算。

**（1）词语相似度或相关度研究进展**

计算词语之间的相关程度是实现智能信息处理的基础。在不同的应用中，词语相似度计算有着不同的用途：在信息检索中，词语相似度计算主要反映用户查询与文档结果集信息匹配的符合程度，被认为是改进检索效果的最好方法之一；在基于实例的机器翻译中，词语相似度计算主要用于衡量文本中词语的可替换程度；在自动问答系统中，词语相似度计算主要用于计算用户问句和领域文本内容的相似度。此外，词语相似度计算还广泛地应用于文本分类（黄承慧等，2011）、文本摘要的自动生成、词义排歧等。

汉语词语相似度计算的方法主要分为两类，一类是基于语言知识库的计算方法；另一类是基于语料库的计算方法（康司辰和刘扬，2017）。基于语言知识库的方法包括基于《同义词林》、叙词表、“知网”和词网、本体、百度百科和维基百科的方法等。

1）同义词林方法。陈宏朝等（2016）提出了基于路径深度的同义词词林词语相似度计算方法，该方法与国际上普遍采用的 Miller&Charles 英语普通名词数据集相似度的人工判定值有着 0.856 的相关度系数。田久乐和赵蔚（2010）基于同义词词林，从词语的语义出发，根据词语的义项在同义词词林的位置和编码，提出了一种计算词语相似度的方法。该算法与人们思维中的相似度值基本一致。

基于同义词林的方法存在专业词汇偏少，词汇间的语义关系种类较少从而导致在专业领域应用前景有限的问题。

2）叙词表方法。Čerba 和 Jedlička（2016）基于 AGROVOC、EuroVoc、General Multilingual Environmental Thesaurus、Linked Thesaurus Framework for Environment/Environmental Applications Reference Thesaurus、The National Agricultural Library’s Agricultural Thesaurus、OECD（Organisation for Economic Cooperation and Development）Macrothesaurus、STW（Standard Thesaurus Wirtschaft）Thesaurus for Economics 7 种叙词表计算了单个概念与其上位词、下位词、相关词、同义词的相似度。赖院根和王娜（2009）提出了基于叙词表和距离的概念语义相似度计算模型，并对模型中的参数取值进行了详细的讨论。韩其琛和李冬梅（2016）利用叙词表的词间关系，提出了一种计算叙词间语义相似度的方法，提高了语义检索的查询效果。高碧红和吴雯娜（2013）提出了一种叙词表中概念树相似度的计算方法。Tsatsaronis 等（2010）提出了一种基于叙词表的词语相似度计算方法。

基于叙词表的词语相似度计算方法存在着概念间的关系较少的问题，此外，当前基于叙词表的词语相似度计算方法不能实现叙词表中任意两个词汇之间相似的计算。

3）“知网”和词网方法。“知网”（HowNet）知识库是由我国著名机器翻译专家董振东设计和开发的。他提出应首先建立一种可以被称为知识系统的常识性知识库。它以通用的概念为描述对象，建立并描述这些概念之间的关系。“知网”是一个各类概念为描述对象的知识系统，它是把概念与概念之间的关系以及概念的属性与属性之间的关系形成一个网状的知识系统。“知网”中的词汇语义知识非常丰富，在自然语言处理和机器翻译等方面发挥了巨大的作用。刘群和李树建（2002）提出了基于“知网”的词汇语义相似度计算方法，随后又有不同的研究者（王小林和王义，2011；刘青磊和顾小丰，2010；张沪寅等，2015；王小林等，2014；魏韡和向阳，2015；张小川等，2018）提出基于“知网”的改进的词汇相似度算法。秦添轶等（2015）提出了基于分类和语义网的实体间相似度计算方法，利用“知网”的语义网络资源，提出了自己的义原间相似度，词语间相似度，短文本间相似度表达式。

WordNet是由美国普林斯顿大学的心理学家、语言学家和计算机工程师联合设计的一种基于认知语言学的英语词典（Miller，1995）。它不仅把单词以字母顺序排列，还按照单词的意义组成一个“单词的网络”。WordNet由名词、动词、形容词和副词组成，各自形成自己的同义词的网络。在WordNet 3.0版本中，共包含117 659个概念节点，其中名词性概念节点共有82 115个，占据了约70%。WordNet中包含了多种语义关系，包括同义关系（synonymy）、反义关系（antonymy）、上位/下位关系（hypernymy&hyponymy）、部分整体关系（meronymy）等，其中最常用的是上位/下位关系，大概占据了所有语义关系的80%（张思琪等，2017）。杨家奇和哈斯（2016）提出了一种以WordNet is_ a分类树为基础的概念间语义相似度算法。王桐等（2013）提出一种基于WordNet的综合概念语义相似度计算方法。该方法不仅集成了传统的基于语义距离的算法和基于信息内容的算法，而且引入了深度、密度因子和语义重合度来进行综合分析，并针对综合算法中权值难以确定的问题，引入主成分分析改进权值分配方法。石杰等（2016）提出一种基于WordNet的中泰文跨语言文本相似度的计算方法。张思琪等（2017）提出了一种基于WordNet本体，改进信息量IC计算模型，进而提出了两种混合式的语义相似度的计算方法。Stanchev（2014）基于WordNet生成了概念间相似度的图。Ahsaee等（2014）考虑在WordNet词网中，边距离根节点越近，边对计算相似度的影响越小，进而设计了一种边权重的单词相似度计算方法。Zhang等（2014）提出了一个综合利用WordNet，HowNet以及FrameNet的词语相似度算法。

基于知网和词网的词语相似度计算方法简单、容易理解、精度也比较高。但存在着专业领域词汇不足问题。

4）本体方法。本体（ontology）作为一种能在语义和知识层次上描述信息系统的概念模型建模工具，自提出以来就引起了国内外众多科研人员的关注。目前国内外已有大量研究者对本体概念语义相似度计算进行研究，并形成了多种成熟的相似度计算方法。主要包括 4 种：①基于信息内容的计算方法（Batet et al.，2014；Kim et al.，2015；Sánchez and Batet，2013）。基于信息内容的计算方法通过一个给定本体中两个概念之间的共享信息内容来确定概念之间的相似度（Zhang et al.，2014）。②基于距离的方法（刘龙历等，2016；Giray and Unalir，2013；Gao et al.，2017）。基于距离的计算方法通过本体树中两个概念词的几何距离来计算它们的语义距离。Wu（Wu and Palmer，1994）算法与 Leacock 算法（Wei et al.，2011）是基于语义距离的两种经典算法。③基于属性的计算方法（姚佳岷和杨思春，2013；徐英卓和贾欢，2017；Solé-Ribalta et al.，2014）。本体概念通过属性来表明概念特征，基于属性的计算方法通过统计概念所具有的公共属性的个数来获得概念的相似度。概念的相似度与概念拥有的公共属性个数成正比。Tversky（1977）提出基于属性最经典的语义相似度计算方法。④综合性的方法（张沪寅等，2015；韩学仁等，2017；贺元香等，2013；杨娜娜等，2015；索俊锋等，2017；索俊锋和刘勇，2016；李鹏等，2014；Ghafourian et al.，2013；Taieb et al.，2014；Cross et al.，2013）。综合性的方法就是根据本体的内容、距离、属性的相似度计算本体总的相似度。如郑志蕴等（2016）引入本体层次结构，给出基于信息内容、距离、属性的语义相似度改进计算方法，并采用主成分分析法，提出一种自适应本体概念相似度综合加权计算方法。如郑晓洁和张琳（2013）提出了一种首先计算概念对之间的相关度，通过一个提前设定的阈值，选择具有较大相关性的概念来加入一个候选概念对集，然后对候选概念对集中的概念对进行综合性相似度计算的方法。

基于本体的词语相似计算方法算法相对简单且精度高，但建立本体是一个极其耗时、费力的工作，目前尚没有能覆盖一个学科领域的、公认的、完善的和实用的本体。

5）百度百科和维基百科的方法。基于百度百科和维基百科的关键词相似度是利用表征词条的解释内容的相似度进而计算词条的相似度。如詹志建等（2013）利用百度百科的百科名片、词条正文、开放分类和相关词条 4 个描述项的相似度计算了词条的相似度。盛志超和陶晓鹏（2011）基于维基百科的页面网络的链接信息，并结合了改进的 TF-IDF 技术，计算了词语之间的语义相似度。彭丽针和吴扬扬（2016）提出一种基于维基百科社区挖掘的词语语义相似度计算方法。黄岚和杜友福（2016）利用机器学习技术，提出了一种新的基于多种维基百科资源的词语相关度算法。Jabeen 等（2014）则通过选取维基百科不同的特征组合计算相应的概念的相似度。Taieb 等（2013）利用维基百科的正文、分类、类别分类图、参考链接四个特征计算了词语之间的相似度。Yazdani 等（2013a）利用维基百科的正文和链接特征计算了词语的相似度。Jiang 等（2015）则比较了现有基于维基百科的词语相似度方法的不足，提出了基于维基百科规范化表达要素的相似度计算架构。Aouicha 等（2016）提出了一种利用维基百科加权分类图多层知识表达结构计算词汇相似的方法。Jiang 等（2015）提出了基于维基百科的信息内容的概念相似度计算方法。Shirakaw 等（2015）提出了一种利用改进的贝叶斯方法加和基于维基百科实体的多个特征相似度作为概念总体相似度的方法。Yazdani 和 Belis（2013b）提出了基于维基百科抽取的知识的语义相似度计算方法。该方法首先抽取维基百科中描述项，组建一个概念网络，然后利用基于访问概率的随机游走模型计算节点之间的距离，最后根据节点之间的距离计算概念的语义相似度。

由于百度百科和维基是众包完成的知识库，其对概念的描述存在着准确性和规范性的问题，因而基于百度百科和维基百科的方法存在着难以抽取表达概念统一的特征表达项的问题。

6）语料库的方法。基于语料库的词语相似度计算方法多是选取概念的上下文特征，用向量来表征词语，再利用这些特征向量进行词语之间相似度的计算。如典型的统计语料库有 COBUILD、ACL/DCI 语料库等。Brown 等（1991）采用相同信息量来计算词语之间的相似度。胡俊峰等（2002）利用上下文的词汇向量空间模型来近似地描述词汇的语义，在此基础上定义词汇的相似关系。石静等（2013）基于大规模语料库，系统地比较分析了上下文特征权值的选择、向量相似度计算方法、基于窗口和基于依存关系的表征形式、新闻语体和网络语体的差异。费洪晓等（2013）通过引入树状语料库，精确定义、计算词汇相似度，对局域抽取关键词序列的中文短语相似度算法做进一步改进。Iosif 和 Potamianos（2013）基于互联网爬取的语料，提出了语义临近的概念，并提出了 3 种基于语义临近的词语相似度算法。

基于语料库的词语相似度计算方法的计算结果依赖语料库的质量，且存在数据稀疏问题。

7）以上方法的综合性方法。如基于 WordNet 和维基百科概念相似度计算方法（Aouicha et al., 2014），朱新华等（2016）提出的基于知网和同义词林的词语语义相似度计算方法，张硕望等（2017）提出的融合知网和搜索引擎的词汇语义相似度计算方法。Bateta 等（2016）利用高精度的本体和大规模语料库计算的词语相似度。

**（2）文本的相似度的研究进展**

句子和段落文字的相似度计算也就是文本相似度计算。文本相似度计算在信息检索、文本分类和聚类、文本摘要自动生成、自动问答系统研究（王振振等，2013）中具有重要的作用。文本相似度计算方法根据文本的长短主要分为两种：

第一种是短文本相似度的计算方法，包括：①基于词项最长公共子序列（LCS）的方法，如动态规划（Dynamic Programming）的方法（Dan，1997）、广义后缀树（Generalized Suffix Tree）算法（Inenaga et al.，2008）和基于后缀数组（Suffix Array）的方法（张毅超，2007），以及这些方法的改进算法（周丽杰等，2016；王开云等，2013）。基于词项最长公共子序列的方法没有考虑序列词汇的内在语义关系。②其他方法，如詹志建和杨小平（2014）通过使用复杂网络表征短文本，提出了一种新的短文本相似度量方法。该方法首先对短文本进行预处理，然后对短文本建立复杂网络模型，计算短文本词语的复杂网络特征值，再借助外部工具计算短文本词语之间的语义相似度，然后结合短文本语义相似度定义计算短文本之间的相似度。秦添轶等（2015）分析“知网”义原网络和词语相似度的关系，提出了短文本间语义相似度部分和短文本分类部分相结合的实体描述短文本间相似度计算方法。Croft 等（2013）提出了一种微权重语义相似度方法，该方法结合词汇语义相似度和向量模型相似度的方法。Konaka 和 Miura（2015）提出了一种基于欧几里得和编辑距离的短文本相似度计算方法。

第二种是较长文本相似度计算方法，包括：概率模型、基于本体的方法及其他方法。

1）概率模型（probabilistic model）。①向量空间模型（vector space model，VSM）（Salton et al.，1975），它用 TF-IDF（term-frequency inverse-document-frequency）将文档转化为特征词的频度向量形式，然后在向量空间中计算文本相似度。欧阳宁和罗艳（2012）提出了一种改进的特征选择方法。该方法利用特征词在不同类别之间的表征差异建立领域特征词（即最能表现一个领域的信息的一系列词）从而可以对用互信息建立的特征集进行再次选择，这样既减少了特征的维数又使特征表示更有效。同时，还设计了一个文本相似度计算系统，系统中改进了传统的 TF-IDF，进而计算文本相似度。李连等（2012）考虑文本相同特征词对文本相似度的影响，提出了一种改进的 VSM 文本相似度计算算法。彭京等（2011）提出的融合词网和 VSM 模型的文本相似度计算方法。王秀红和鞠时光（2012）在文本文档相似特征的基础上构造了新的核函数 S_Wang 核函数。结合文本相似度计算过程中的实际情况，将待比对的文本表示成向量，考虑通过两个向量间的乘积和欧氏距离来描述向量之间的相似程度，从而构造了适合文本相似度计算的新核函数，并根据 Mercer 定理证明了所构造函数可以作为核函数。华秀丽等

(2012) 提出了一种新颖的文本相似度量方法，该方法首先对文本进行预处理，然后挑选 TF-IDF 值较高的词项作为特征项，再借助 HowNet 语义词典和 TF-IDF 方法对特征项进行语义分析和词频统计相结合的文本相似度计算。Rahutomo 和 Aritsugi（2014）提出了一种 Econo-ESA 算法，以提高传统向量空间模型中概念特征抽取和相似度计算时的效率。②LDA（latent dirichlet allocation）模型。LDA 模型是 Blei 等（2003）提出的一种对离散数据集（如文档集）建模的概率主题模型。程蔚等（2017）基于双语主题模型思想分析双语文本相似性，提出基于双语 LDA 跨语言文本相似度计算方法。张超等（2016）提出了一种 PST_LDA（词性标注潜在的狄利克雷模型）中文文本相似度计算方法。首先，对文本中的名词、动词和其他词进行词性标注；其次，分别对名词、动词和其他词建立相应的 LDA 主题模型；最后，按照一定的权重比例综合这三个主题模型，计算文本之间的相似度。

基于 TF-IDF 的向量空间模型中，仅仅以词汇出现的频度来衡量文本的相似度，没有考虑词汇之间内在的语义关系，影响了结果的准确性。LDA 的词袋方法没有考虑词与词之间的顺序，简化了问题的复杂性，虽然有较高精度，但还存在一定改进空间。

2）基于本体的方法。刘宏哲（2013）利用本体概念与句子中关键词之间建立的语义索引，构建句子与本体间的直接和间接语义联系，据此提取描述句子的语义向量，从而计算句子间的语义相似度。

3）其他方法。晋耀红（2004）把文本内容抽象成领域、情景、背景三个侧面，在预警架构的基础上，实现了文本相似度的计算。詹志建和杨小平（2014）对文本建立语言网络，计算网络节点综合特征值，选取 TOP 比例特征词表征文本，有效降低文本表示维度。计算 TOP 比例特征词间的相似度，以及这些词的综合特征值所占百分比以计算文本之间的相似度。张佩云等（2014）从大量的特征空间中选择出具有代表性的元数据特征向量元素，以降低向量空间的维度；构建领域概念树并设计基于领域概念树的文本相似度算法，对领域概念中广泛存在的同义词进行处理，提高了文本之间语义相似度度量的性能。肖和等（2016）利用神经网络构建词义表示模型，结合局部和全局上下文信息学习词语在实际语境下的表示；通过句法分析，得到文本的依存关系，并依此构建组合关系树，使用组合语义模型得到整个文本的语义表示，通过计算两个语义表示结果之间的相似性来计算文本的语义相似度。Martinez-Gil（2016）利用模糊逻辑的方法把概念的分项的相似度聚合为概念总体相似度。Amir 等（2016）提出了一种基于由主语，动词和宾语组成的语义核的方法计算语义相似度。

# 1.4 研究方案

## 1.4.1 研究目标

本书拟针对海量在线地理科技论文的信息过载问题，从地理科技论文的时空内容特征角度，构建地理科技论文的定量化语义关联网络，从而为地理科技文献的准确、全面的查找与推荐，基于地理科技论文的知识发现和知识服务提供新的技术和思路。

## 1.4.2 研究思路与内容

本书旨在把定量化关联数据模式应用到地理科技论文的关联中，为海量的地理科技论文构建定量化的关联网络，定量化关联数据模式和传统的关联数据模式的区别如图 1.1 所示。

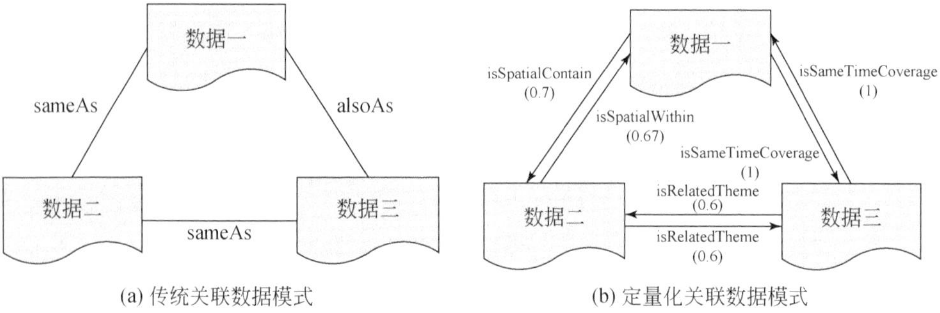


图 1.1　传统关联数据模式和定量化关联数据模式

传统的关联数据仅仅给出了数据之间的关联关系（谓词），如果一个数据与另外多条数据之间都是相同的关联关系，无法区分这些数据之间关联的强度，从而无法对这些数据进行排序。新的定量化关联模式不仅给出数据之间明确的关联关系（谓词），同时还计算了关联关系的强度，大大提高了关联数据的精度。

地理科技论文的特征可以分为两类：即时空内容等内在特征和外在特征。时空内容特征是指基本的“what，where，when”三元组，即研究主题内容、地理空间范围和时间范围信息，这些特征是用户在进行论文查找时较为关注的信息。地理科技论文的外在特征指的是论文的作者、机构、期刊、基金、引文和载体类型等特征，这些特征不是用户在查找地理科技文献和获取地理知识时关心的核心信息，仅仅是作为论文内容相关的背景信息。本书提出以时空内容特征为维度对地理科技论文进行关联，按照定量化关联数据模式的要求，涉及 4 个方面的具体任务，①地理科技论文时空内容特征的提取。②关联关系的构建。③特征相关度的计算。④定量化语义关联网络构建。

1）地理科技论文时空内容特征的提取。地理科技论文的主题内容特征较为容易获取，可以通过论文的标题和关键词体现，但是地理科技论文的空间特征和时间特征隐含在论文中，需要用一定的方法抽取出来。因而，本书需要提出地理科技论文的空间范围解析方法和时间范围解析方法。

2）关联关系的构建。地理科技论文在主题内容、空间范围和时间范围上进行关联，关联关系可以通过这些特征之间的关系进行表征。譬如，由于地理实体间存在有包含、被包含、叠加、相接和相离的关系，在空间范围维度，地理科技论文之间的关联关系可以设定为包含、被包含、相互叠加、相接和相离的关系。本书需要厘清地理科技论文时空内容特征之间的内在关系，把这些特征之间的关系作为地理科技论文之间的关联关系，并确定相应的关联谓词。

3）特征相关度的计算。在明确地理科技论文之间的关联关系之后，需要进一步计算此种关联关系下地理科技论文之间的相关度。具体包含三个方面的研究内容，即地理科技论文主题内容语义相关度算法、地理空间范围相关度算法和时间范围相关度算法。

4）基于以上地理科技论文实体、论文的时空内容特征、特征的关联关系、特征的相关度，构建地理科技论文关于单个特征和所有特征的全面的定量化语义关联网络。

根据以上研究任务，本书的具体的研究内容包括以下 5 个方面。

1）地理科技论文研究空间范围提取与语义相关度算法。针对地理科技论文的组织结构和表达逻辑，在地理命名实体识别与抽取算法的基础上，解析地理科技论文研究的地理空间范围，通过把地理空间范围映射到相应的地理实体，借助地理实体之间的拓扑关系和度量关系，构建地理科技论文研究空间范围的相关度算法。

2）地理科技论文研究时间范围提取与语义相关度算法。针对地理科技论的组织结构和表达逻辑，在时间信息命名实体识别与抽取算法的基础上，解析地理科技论文研究的时间范围。通过把时间范围信息标准化，借助时间实体之间的拓扑关系和度量关系，提出科技论文研究的时间范围语义相关度算法。

3）地理科技论文主题内容语义相关度算法。拟利用地理科技论文的标题和关键词（剔除时间和空间信息）代表其主题内容，利用地理本体，《地理科学叙词表》，“知网”数据库等知识基，建立地理科技论文主题语义相关度算法。

4）地理科技论文多维定量化语义关联网络构建。基于地理科技论文主题、时间和空间语义相关度算法以及其内在的关系，建立地理科技论文在主题内容、时间范围和空间范围一维的定量化语义关联网络，进而构建二维和三个维的定量化关联网络。

5）地理科技论文多维定量化语义关联网络应用系统。利用提出的地理科技论文定量化关联网络技术，分别构建地理科技论文时空语义检索系统和地理科技论文定量化语义关联和知识发现系统，实现关联技术的应用。

### 1.4.3 技术路线

本书研究的技术路线如图 1.2 所示。

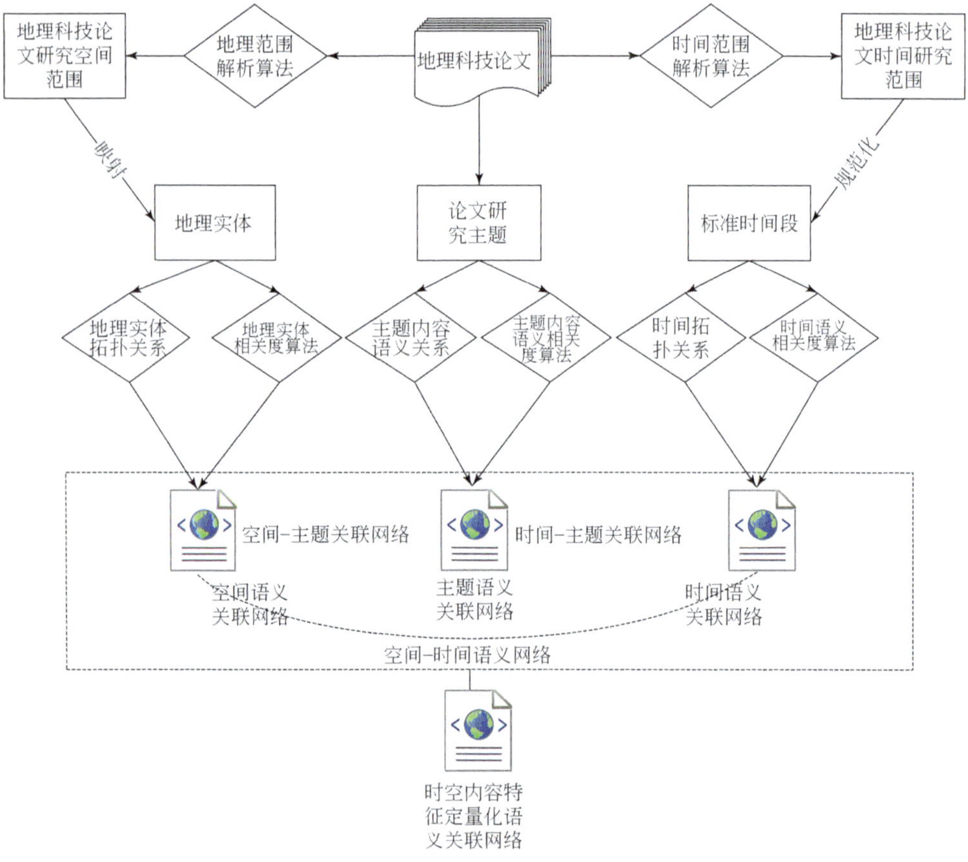


图 1.2　本书研究的技术路线

### 1.4.4 数据来源

《地理学报》《地理研究》《地理科学进展》《地理科学》《地球信息科学学报》《自然资源学报》《资源科学》等期刊是我国地理学及其相关领域知名的学术期刊，这些学术期刊都被中国科学引文数据库（Chinese Science Citation Database，CSCD）收录，这些期刊上发表的论文都有较为规范的格式和优良的写作。本书收集这些期刊 2010 ~ 2018 年发表的学术研究论文 9113 篇（不包括专题报告、学术会议报道、研究院所介绍和书刊讯等文章）。每一篇学术论文均有相应的元数据，如论文的标题、摘要、关键词、作者、作者单位、期刊名称、出版年份，卷期号和起始页码，论文 PDF 文件的存储地址等。这些元数据存储在 MySQL 数据库中，被称为本研究的总体数据集；为了方便本研究的开展，本书从这九千多篇科技论文中挑选出涉及农业、气候、灾害、土地利用/覆被、环境、人口、遥感、资源等不同主题的论文 292 篇，作为研究的样本数据集；此外，为了验证本书研究提出的地理科技论文空间范围解析算法和时间范围解析算法的精度，选取了《地理学报》2015 年出版的 150 篇论文作为验证数据集。

为了实现地名与相应的地理空间实体实现一一映射，还建立了一个基础地理空间数据库，包含行政区划、交通、河流水系、湖泊、气象站点等矢量数据。这些数据主要来源于国家地球系统科学数据共享服务平台（http://www.geodata.cn/），也有少量数据来源于美国国家航空航天局（NASA）的社会经济应用数据中心（http://sedac.ciesin.columbia.edu/data/sets/browse）。这些矢量数据都具有统一的空间参考坐标系，其属性表中建立一个统一的“NAME”字段，字段中填入地理实体要素的名称，对于有多个名称的地理实体，名称之间用分号分割，如“河南省；河南；豫;”，基础地理空间数据库中一共存储约 64 000 个地理实体要素。

# 第 2 章　地理科技论文空间范围特征提取与语义相关度计算

## 2.1 引　言

地理科技论文通常具有非常强的地理空间位置相关性。譬如《基于格点数据的 1961～2012 年祁连山面雨量特征分析》（强芳等，2015）和《1999～2013 年中国耕地复种指数的时空演变格局》（丁明军等，2015）两篇论文，其相关的空间位置分别是“祁连山”和“中国”。如何从海量的地理科技论文中自动地抽取出地理科技论文的空间范围，对于地理科技论文的地理索引建立、查询扩展、地理排序、地理过滤和文档分类等具有重要意义（Monteiro et al.，2016）。

地理科技论文中可能包含很多的地理空间位置，识别这些地理命名实体，属于地名识别的研究范畴；而地理科技论文的地理范围是指与论文内容相关的地点或者区域的集合（Andogah et al.，2012），属于地理范围解析（geographic scope resolution）的研究范畴。

从本书第 1 章国内外研究现状可知，当前已有较多的地理空间命名实体识别方法和地理空间范围解析方法，其中地理命名实体识别问题被认为是一个已经解决的问题。但是，目前地理空间范围解析方法主要是针对网络文本（Zong et al.，2005；Zhang et al.，2012），尚未见到针对地理科技论文的地理空间范围解析方法的提出。由于地理科技论文有着独特的组织结构（譬如，包含标题、摘要、关键词、正文、参考文献）和相对固定的表达逻辑（譬如，正文一般是由研究背景、研究现状、数据来源与资料介绍、研究方法、研究结论和未来展望等部分组成），现有的地理空间范围解析算法可能对地理科技论文的识别准确率不高或者识别的效率低下，因而有必要针对地理科技论文提出新的地理空间范围解析方法。

## 2.2 地理科技论文研究空间范围解析

地理空间范围解析问题也被称为地名指配问题（place name assignment problem）

(Amitay et al., 2004) 和地理定位问题 (GeoReferencing) (Zubizarreta et al., 2008)。地理空间范围解析过程通常分为三个子任务：①地理命名实体识别，即找到在一篇文档或者一段文字中所有的地名。②指代消解，即消除找到的地理命名实体中的歧义，排除无关的地名，解决同名异地和异名同地的问题。③实现地理定位，即获取无歧义的地名的地理空间坐标位置或者地理包络多边形，进而获取文档的地理空间范围。

### 2.2.1 地理科技论文空间范围解析方法

总结地理科技论文的写作规律，可以发现，有较多作者会在论文的关键词部分指明文章的研究范围，譬如《京津冀生产性服务业空间分工特征及溢出效应》一文的关键词为“区域产业分工，生产性服务业，空间溢出效应，空间面板计量，京津冀”，“京津冀”为此文的研究的地理空间范围；部分论文的作者会直接在标题中指明研究的地理空间范围，譬如《陕西省碳足迹时空变化研究》（赵先贵等，2013）中的“陕西省”；此外还有少量论文的地理空间范围会在摘要和论文正文的研究区概况或者数据资料来源介绍部分予以呈现。对《地理学报》2015 年出版的 150 篇论文进行统计，论文的地理空间范围信息在论文各个部分出现的频率如表 2.1 所示。

**表 2.1　验证数据集中地理空间范围在论文各个部分出现的频率**

| 类别 | 空间范围出现位置 | 出现频率 |
| --- | --- | --- |
| 有地理空间范围的论文 | 关键词 | 118 篇 |
| | 标题 | 12 篇 |
| | 摘要 | 5 篇 |
| | 正文的研究区概况或者数据资料来源介绍章节 | 2 篇 |
| | 其他位置 | 1 篇 |
| 无地理空间范围的论文 | — | 12 篇 |

根据以上规律，本书提出一个四层的地理科技论文研究范围解析方法。即在地理科技论文的关键词中，通过命名实体识别方法和工具，判断地理科技论文的关键词中是否有地名。如果有，这个地名即为该论文的研究范围名称并停止继续解析（有些情况下，论文的关键词中会包含两个或者多个地名，这些地名暂时都作为论文的研究范围，2.3.1 节会做进一步处理）；如果没有，在论文的标题中判断是否有地名。如果有，这个地名则为本文的地理空间范围名称并停止继续解析（同理，如果有多个地名，这些地名暂时都作为论文的研究范围，2.3.2 节会

做进一步处理)；如果没有则从论文的摘要中判断是否有地名。如果有，把出现频率最高的地名作为本文的地理空间范围名称并停止继续解析；如果没有，则使用正则表达式从论文正文中提取研究区和数据资料来源介绍部分的文本，再从这个文本中判断是否有地名。如果有，把出现频率最高的地名为本文的地理空间范围名称并停止继续解析。如果以上所有部分都没有出现地名，说明此文可能是属于技术性或者综述性的论文，不包含地理空间范围。具体流程，如图 2.1 所示。

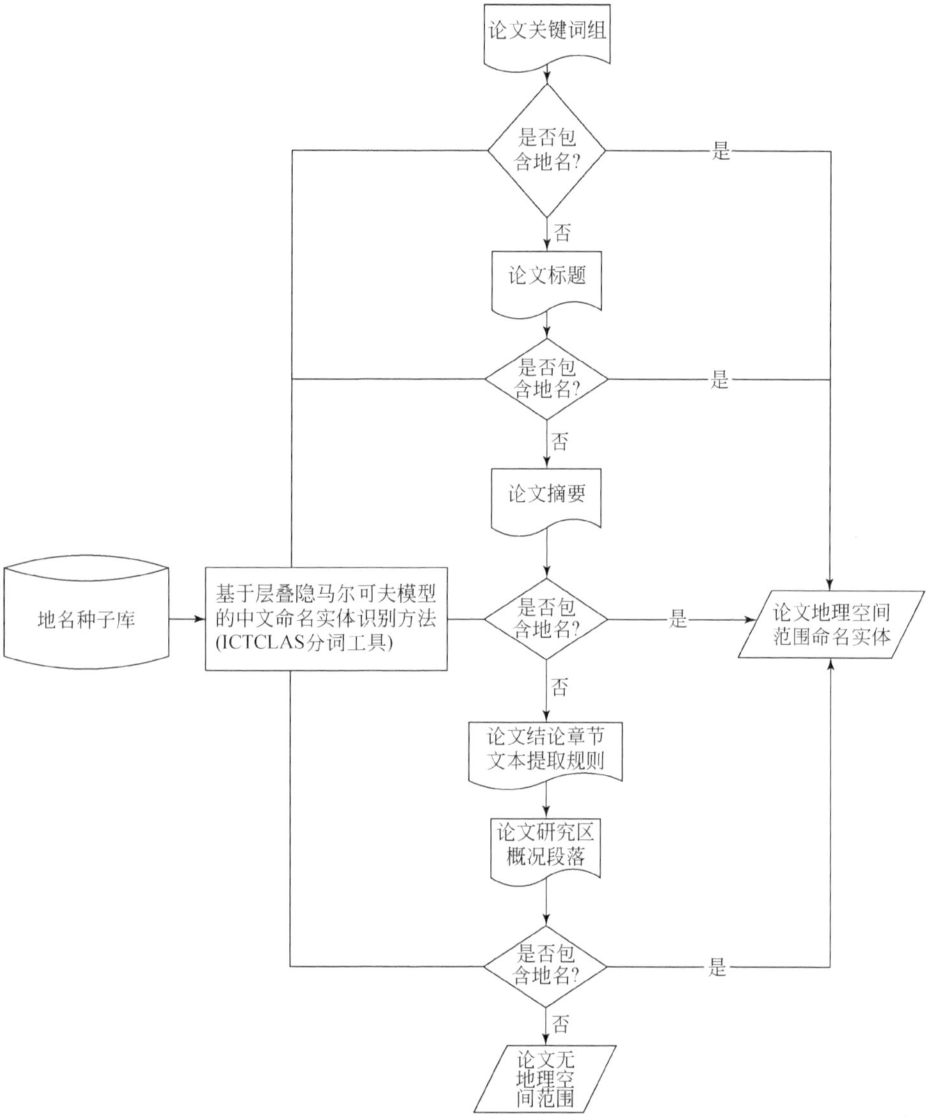


图 2.1　中文地理科技论文研究地理空间范围信息四层解析模型

NLPIR 汉语分词系统（又名 ICTCLAS），由中国科学院计算技术研究所张华平博士等人在多年研究工作积累的基础上研制而成。目前已经升级 6 次，在相关成果国际国内测评中获取第一名的成绩。其主要功能包括中文分词；词性标注；命名实体识别（具有人名、地名的识别功能）；新词识别；同时支持用户词典(刘群等，2004)。

本书提出的地理科技论文研究范围解析方法的具体步骤如下。

第一，把建立的基础地理空间数据中所有要素的名称提取出来，建立地理名称库，并把其当做用户词典，添加到 NLPIR 分词系统中，作为地名种子库。种子库的作用是使 NLPIR 在分词时，优先把种子库中的地名分割成一个词。

第二，利用 NLPIR 分词工具，对地理科技论文的关键词进行命名实体识别，把包含地名的关键词作为论文的地理空间范围；如《2013 年北京市 $PM_{2.5}$的时空分布》一文的关键词为“北京 | $PM_{2.5}$ | 时间分布 | 空间分布 | 前体物 | 大气氧化性”，其 NLPIR 工具分词、词性标注及命名识别的结果为图 2.2 所示，其中/n 是指名词，/ns 指地名，/w 是标点符号，/f 是方位词，/vg 是动词性语素，/ng 是名词性语素，/vi 是不及物动词。把词性标注为/ns 的关键词（“北京”）作为此文的地理空间范围名称。

```
北京/ns |/w PM2.5/n |/w 时间/n 分布/vi |/w 空间/n 分布/vi |/w 前/f 体/ng 物/ng |/w 大气/n 氧化/vi 性/ng
```

图 2.2　NLPIR 对关键词词性标注及命名实体识别结果案例

第三，如果论文关键词中不包含地名，则从标题中识别地名，并作为论文的地理空间范围。

第四，如果标题中也不包含地名，则从摘要中识别地理空间范围名称，由于摘要中可能出现多个地名，本书把出现频率最高的地名作为研究的地理空间范围名称。

第五，如果以上位置均没有地名出现，则使用 PDFbox 和 iText 等 PDF 文件读取工具，读取论文的全文文本，使用正则表达式提取论文研究区域和数据资料来源介绍段落的文本，并从这些文本中识别地名，把出现频率最高的地名作为研究的地理空间范围。提取地理科技论文研究区概况和数据资料来源部分文本的正则表达式创建的原理是：首先根据文本是否是以列表编号开头而判断这段文字是否是地理科技论文的小标题。进而从小标题中，利用关键词——“区域概况”、“研究区”、“数据”或“资料”匹配到研究区概况和数据资料来源部分的小标题。然后截取本小标题和下一个小标题之间的文本，把这些文本连接起来作为论文地理空间范围识别的资料。此正则表达式及地理科技论文研究区概况和数据资料来源部分文本提取的 Java 语言代码如图 2.3 所示。

```java
/**
 * 从pdf文本中提取研究区概况介绍和数据资料来源介绍部分
 * @param pdfText 从pdf中提取的文本
 * @return 关于取研究区概况介绍的文本
 */
private static String readResearhAreaIntroductionPartsFromPdf(String pdfText)
{
    String regularExpressInitial="(?:^|\n)\\d(?!\\w)(?:\\.\\d){0,5}\\s.*(?:区域概况|研究区|数据|资料)";///这个正则表达式用来提取pdf
    String dataResult=null;
    Set<String> results=new TreeSet<String>();
    Pattern pt=Pattern.compile(regularExpressInitial,Pattern.CASE_INSENSITIVE);
    Matcher matcher=pt.matcher(pdfText);
    while (matcher.find())
    {
        String matched=matcher.group();
        results.add(matched);///把匹配的结果添加到TreeSet中，以防止有重复的。
    }
    Integer sectionNumber=0;
    Iterator<String> values=results.iterator();
    String[] dataSectionNames=new String[results.size()];////用来排序
    while (values.hasNext())
    {
        String s=values.next();
        ////统计点的数量.
        if (s!=null) {
            dataSectionNames[sectionNumber]=s;
            sectionNumber=sectionNumber+1;
        }
    }
    for (int i = 1; i < dataSectionNames.length; i++)
    {
        String  sectionName = dataSectionNames[i];
        int j=i-1;
        while(j>=0&&dataSectionNames[j].split("\\.").length>sectionName.split("\\.").length)
        {
            dataSectionNames[j+1]=dataSectionNames[j];
            j--;
        }
        dataSectionNames[j+1]=sectionName;
    }
    ///已经按照章节的深度进行排序了，最深的排在了最后，取出最深的
    for (int i = dataSectionNames.length-1; i >=0; i--)
    {
    String string = dataSectionNames[i];
    Integer stringlevel=-1;//这个是几级标题
    stringlevel=string.split("\\.").length;//这个是几级标题
    Integer stringformerlevel=-1;
    if (i-1>=0)///选择
    {
        String stringformer=dataSectionNames[i-1];
        stringformerlevel=stringformer.split("\\.").length;
    }
     ////直接取出最深的那一段，把这一段提取出来
    String beginRegularstring=string.replace(".", "\\.");
    String regularExpressionNextSection=beginRegularstring+"[\\s\\S]*?(?:^|\n)\\d(?!\\w)(?:\\.\\d){0,5}\\s.+";
    Pattern ptnn=Pattern.compile(regularExpressionNextSection,Pattern.CASE_INSENSITIVE);
    Matcher matchernn=ptnn.matcher(pdfText);
    while (matchernn.find())
    {
        dataResult=dataResult+matchernn.group();
    }
    if (dataResult!=null&&dataResult!=""&&stringlevel!=stringformerlevel)
    {
        return dataResult;///直接返回匹配结果
    }
   }
    return dataResult;
}
```

图 2.3　中文地理科技论文研究区概况和数据资料来源章节文本提取代码

例如，《山区土地流转对缓解耕地撂荒的作用》一文的标题、关键词和摘要部分均无地名出现，但是在这篇文章的正文里却包含区域概况、数据收集和数据分析章节，并在这些章节中提到了研究的地理空间范围。如图 2.4 所示。

**1.1 区域概况**

样区石柱县地处渝鄂边陲的武陵山区（107°59′22″~108°34′45″E，29°39′29″~30°32′45″N），幅员 3012.24 km²（图 1）。在四川省地貌区划中属巫山大娄山中山区、川东褶皱带，有北东—南西近平行排列的七跃山、方斗山纵贯，带有“两山夹一槽”的地貌格局，中、低山为主要的地貌单元。气候属亚热带湿润季风气候区，年均气温 16.5 ℃，年均降水量 1103.0 mm，立体气候明显。土壤以黄壤、黄棕壤、紫色土、水稻土等为主。水系除长江外，集雨面积在 100 km²以上的河流有 11 条。植被属亚热带常绿阔叶林和落叶阔叶林区，以马尾松、杉木为主，森林覆盖率 52.8%。

截至 2011 年底，样区共辖 32 个乡（镇），229 个村，总人口 54.45 万人，人均国内生产总值 1.94 万元，农村人均纯收入 5981 元，外出务工劳动力占总劳动力的 43.34%。在农村劳动力“析出”的过程中，耕地流转 12239.72 hm²，占总承包地面积的 17.14%，实行耕地适度规模经营 17609.13 hm²（户均≥ 10 亩），占总承包地面积的 24.66%。耕地流转及适度规模经营，大大优化了耕地资源在不同使用者间的配置，提高了耕地的利用率和单位面积的劳动生产率。当然，受地块坡度、耕作距离和农业生产比较劣势的影响，耕地撂荒 11575.87 hm²，占总承包地面积的 16.18%[9]。

**1.2 数据收集**

本研究涉及地块和村级两个尺度：在地块尺度上，主要查明样区耕地的耕作条件（包括现耕种耕地与撂荒耕地）及其空间分布。在村级尺度上，着重分析耕地流转、耕地撂荒与耕作条件间的相互关系，尤其是要弄清耕地撂荒和耕地流转在村样本的差异是否由耕作条件所决定。

为此，在数据收集上，要考虑地块和村级两个尺度：在地块尺度上，样区 2011 年 1:1 万耕地资源空间分布图，直接使用前期借助 2.5 m 分辨率 SPOT-5 影像、2002 年矢量化地形图和 2002-2008 年退耕还林分布图的解译和叠加结果[9]；同期，农村居民点空间分布图、村级行政边界图来源于石柱县国土局；30 m 分辨率 DEM 来源于中国西部数据中心。将上述图形数据统一投影到村级行政边界上，并与之叠加即可得到村样本耕地流转、耕地撂荒与耕作条件的状况。

在村级尺度上，耕地流转面积主要由参与式农村评估和实地踏勘所获得。2014.5.15-2014.6.3 作者及所在课题其他成员连续 19 天以村为单元对样区 32 个乡（镇）开展参与式农村评估和实地踏勘，并访谈 163 户耕地流转主体（其中，一般农户 93 户、种田大户 51 户、专业合作社 12 个和公司 7 个）。具体操作流程是，调查人员依托各乡（镇）首先召集所辖各村村干部和乡（镇）分管领导集中于乡（镇）政府办公室，对照各村农业经济报表，统一进行由乡（镇）、村参与的村样本 2011 年耕地流转面积的参与式农村评估，并在 1:1 万耕地资源分布图上标明流转面积≥ 2.0 hm²的发生地；其次，下村再随机抽取不同流转主体（如一般农户、种田大户、专业合作社和公司）进行参与式农村评估，并实地踏勘部分流转所发生的区域（记录 GPS 坐标），以对已收集的数据进行验证和补充。

**1.3 数据分析**

（1）耕作条件表征

依据前期研究结果，认为对样区耕地撂荒影响最大的因素就是耕地的耕作条件，主要有地块坡度、地块耕作距离和地块与居民点间的相对高差三大因子（图 2），且均为负相关关系[9]。为此，本研究将耕作条件简单地表征为上述三者的乘积：地块坡度×地块耕作距离×地块与居民点间的相对高差，且地块坡度、耕作距离和相对高差越大，三者乘积越大，耕作条件越差，反之亦然。

地块坡度和综合地形位指数使用前期研究计算的结果。地块与居民点间的相对高差表达为：每一地块的质心海拔—地块所在村居民点质心海拔算数平均值的绝对值。使用样区 DEM 提取每一地块及所在村居民点的质心点，借助 Extract Value to Points 工具提取地块及所在村居民点质心点的海拔数值，再计算村内居民点质心海拔的算数平均值，两

图 2.4 论文《山区土地流转对缓解耕地撂荒的作用》的区域概况、数据收集和数据分析章节内容（部分）

利用图 2.3 中的正则表达式及函数，提取了这篇论文的这三个部分的文本，利用 NLPIR 工具识别其中的地名，并进行频率统计，结果如表 2.2 所示。从表中可以发现，石柱县是此文的地理空间范围。

**表 2.2 “图 2.4”文本中包含的地理实体名称及出现频率**

| 编号 | 地理实体名称 | 出现频率 |
|---|---|---|
| 1 | 武陵 | 1 |
| 2 | 长江 | 1 |
| 3 | 川东 | 1 |
| 4 | 重庆市 | 1 |
| 5 | 中国西部 | 1 |
| 6 | 方斗山 | 1 |
| 7 | 巫山 | 1 |
| 8 | 石柱县 | 3 |
| 9 | 四川省 | 1 |

### 2.2.2 空间范围解析方法精度验证

为了验证本书提出的地理科技论文空间范围解析方法的精度，用其对《地理学报》2015 年出版的 150 篇论文进行研究的地理空间范围识别。同时请地理学专家人工判断这 150 篇科技论文的地理空间范围，把算法自动识别的结果和专家识别的结果进行对比，判定本算法的准确率，部分结果如表 2.3 所示（全部的数据集请见 https://github.com/czgbjy/DoctorThesis/地理空间范围识别精度验证数据 v1.0.xlsx）。

**表 2.3 中文地理科技论文四层地理空间范围解析模型精度验证数据集**

| 编号 | 论文标题 | 专家识别位置 | 四层识别法位置 | 是否正确 |
|---|---|---|---|---|
| 1 | 地理学相关影响类论文的写作 | 无 | 三峡水库； | 错误 |
| 2 | 天山地区大气降水氧同位素的影响因素及其对西风环流变化的指示意义 | 天山地区； | 乌鲁木齐；<br>天山地区； | 部分正确 |
| 3 | 1977～2014 年江苏中部滨海湿地演化与围垦空间演变趋势 | 江苏； | 江苏； | 完全正确 |

续表

| 编号 | 论文标题 | 专家识别位置 | 四层识别法位置 | 是否正确 |
|---|---|---|---|---|
| 4 | 郧县盆地风成黄土—古土壤与汉江 I 级阶地形成年龄研究 | 郧县; | 郧县; | 完全正确 |
| 5 | 中国中东部植被景观观赏季划分的物候学基础 | 中国中东部; | 中国; | 部分正确 |
| 6 | 用创新思维破解风沙运动机理——两种理论体系核心的剖析 | 无 | 无 | 完全正确 |
| 7 | 基于第二次冰川编目的中国冰川现状 | 中国; | 中国; | 完全正确 |
| 8 | 黄河冲积扇发育研究述评 | 黄河冲积扇; | 黄河冲积扇; | 完全正确 |
| 9 | 2013 年北京市 $PM_{2.5}$ 的时空分布 | 北京; | 北京; | 完全正确 |
| 10 | 基于河流健康及国际法的跨境水分配关键指标及阈值 | 无 | 无 | 完全正确 |
| 11 | 中国环境规制、地理区位与企业生产率增长 | 中国; | 中国; | 完全正确 |
| …… | …… | …… | …… | …… |
| 140 | 珠江三角洲地区未来海平面上升及风暴潮增水的耕地损失预测 | 珠江三角洲; | 珠江三角洲; | 完全正确 |
| 141 | 新疆塔河流域洪水量级、频率及峰现时间变化特征、成因及影响 | 塔里木河; | 塔里木河; | 完全正确 |
| 142 | 近 50 年来祁连山冰川变化——基于中国第一、二次冰川编目数据 | 祁连山; | 祁连山; | 完全正确 |
| 143 | 横断山区典型海洋型冰川物质平衡研究 | 横断山; | 横断山; | 完全正确 |
| 144 | 河流纵剖面陡峭指数对庐山构造抬升的指示 | 庐山; | 庐山; | 完全正确 |
| 145 | 20 世纪末中国中东部耕地扩张对表面气温影响的模拟 | 中国中东部; | 中国中东部; | 完全正确 |
| 146 | 清代中期江苏省土地利用格局网格化重建 | 江苏; | 江苏; | 完全正确 |
| 147 | 桂西地区地质遗迹与民族文化资源的空间关系及成因机理 | 桂西地区; | 桂西地区; | 完全正确 |
| 148 | 洞庭湖流域植被动态变化的小波多分辨率分析 | 洞庭湖流域; | 洞庭湖流域; | 完全正确 |
| 149 | 气候变化和人类活动对耕地格局变化的贡献归因综述 | 无 | 大都; | 错误 |
| 150 | 国际地理学期刊的主要特征 | 无 | 无 | 完全正确 |

通过与专家研判的地理科技论文的研究空间范围做对比，本书提出的四层空间范围解析模型抽取的空间范围完全正确的论文数量为 133 篇，部分正确的数量为 8 篇，完全错误的数量为 9 篇。本书提出的模型针对验证数据集的准确率达 88.7%，部分准确率达 94%。结果如表 2.4 所示。

表 2.4　中文地理科技论文研究空间范围自动解析模型的精度

| 类型 | 论文篇数/篇 | 百分比/% |
| --- | --- | --- |
| 完全正确 | 133 | 88.7 |
| 部分正确 | 8 | 5.3 |
| 完全错误 | 9 | 6.0 |

本书提出的中文科技论文地理空间范围自动解析模型是针对地理科技论文的空间范围自动解析的模型，本模型的精度较高，可以应用于中文地理科技论文的研究空间范围解析中。

# 2.3　地理空间范围语义相关度计算

经过 2.2 节的方法获取到了地理科技论文的空间范围名称文本，需要把空间范围名称文本与相应的地理实体进行匹配，才能实现文本的空间定位，也即文档空间范围解析的地理定位过程，进而才能利用地理空间实体，实现精确的空间范围语义相关度计算。

## 2.3.1　空间范围名称与地理实体的映射

本书拟利用基础地理空间数据库，实现空间范围名称和地理实体的映射。由于本书在基础地理空间数据库中的行政区划、交通、河流水系、湖泊、气象站点等矢量数据的属性表中建立了一个统一的“NAME”字段，这个字段中填入矢量地理实体要素的名称，譬如“河南省；河南；豫”。因而，只需把地理科技论文的空间范围名称与基础地理空间数据库中的实体要素的名称用字符串匹配的方法一一对应即可实现映射。由于在地理空间范围解析阶段，某一地理科技论文可能有两个或者多个范围名称，地理科技论文最终的空间范围用如下方法确定：先要把地理科技论文的范围名称逐一与基础地理空间数据库中的地理实体进行匹配。①如果只有一个范围名称，那么这个范围名称对应的地理实体，则是论文的空间范围实体。②如果有两个范围名称，分别找到这两个范围名称对应的地理实体，然后判断这两个地理实体的拓扑关系，如果是包含或者被包含关系，则被包含的地理实体是论文的空间范围实体；如果是叠加、相接、相交和相离的关系，则这两个地理实体合并（即 GIS 空间分析的 Union 操作）后的新的地理实体是论文的空间范围实体。这是因为本书提出的四层地理空间范围解析方法获取的两个存在包含和被包含关系的空间范围名称。多数情况下是由于 NLPIR 分词工具把一个地名分割成了两个地名，例如《风景名胜城市土地利用动态变化及与旅游发展的互动机理研究——以广西壮族自治区阳朔县》一文的空间范围被识别为“广西壮族自治区”和“阳朔县”。实际上“阳朔县”才是研究的空间范围，但是此时这两个空间范围存在包含被包含关系；但当解析出的多个地理范围不是包含和被包含关系时，多个范围合并后的地理实体才是研究论文对应的空间范围，例如《上海和北京城市创新空间结构的时空演化模式》一文，解析的空间范围为“北京”和“上海”，很显然这两个范围都是研究的地理空间范围。③如果地理科技论文有三个或者三个以上的范围名称，采用步骤②中的方法，先处理其中两个范围对应的地理实体，再用生成结果与第三个范围对应的实体进行处理，直到获取最终的论文的空间范围实体。在获取到地理空间范围名称对应的地理实体之后，拟利用地理实体的拓扑关系和空间度量关系实现论文地理空间范围的语义相关度计算。

## 2.3.2 地理实体相关度计算

尺度一般是指时间的长短或空间范围的大小，即所谓时间尺度和空间尺度；地学研究中常采用狭义的尺度概念，即空间尺度（Hill，1990）。空间尺度的定义较为模糊，其内涵包括认知尺度、空间细节层次、地图比例尺、空间粒度、空间范围等（李霖和应申，2005）。研究过程和研究结论依赖于特定空间尺度的特点，称为尺度依赖性。20 世纪 50 年代，Robinson（2009）最早发现地学和社会学研究中的尺度依赖性问题，他们发现在某一尺度下得出的结论不能无差别的适用于另一尺度；随后 Openshaw 和 Taylor 等（1979）提出的可变元面积（modifiable areal unit problem，MAUP）问题，Goodchild（1979）、Dudley（1991）、Marceau 等（1994）研究了 MAUP 对于统计模型和地学分析的影响，证实此类地学模型的尺度依赖性。

本书拟基于地理实体的空间关系，考虑空间尺度对实体相关度的影响，建立适合不同空间尺度和不同实体类型的相关度算法体系，构建地理实体空间相关度问题的新解决方案。

### 2.3.2.1 相关理论与研究思路

地理实体的空间相关度只考虑地理实体的几何属性。以线状的公路和河流为例，地理实体空间相关度只考虑公路和河流的空间位置、长度和形状等，而不考虑其自然属性的差别（公路和河流）。地理实体的空间相关度取值范围可以设为[0，1]，其中 0 代表两个地理实体的几何属性完全不相关，1 代表两个地理实体的几何属性完全等同。如果一条河流和一条公路在空间上完全重叠并等同，它们的空间相关度为 1。

人类靠直觉感知地理实体的空间相关度，主要受到 3 个方面因素的影响：空间拓扑关系、空间度量关系、方位关系（Bruns and Egenhofer，1996）。拓扑关系用来描述两个空间对象是否相交、相接、包含，相等或者重叠等（Clementini and Felice，1996）。空间度量关系包括面积、周长、长度、形状、密度、分布模式等，能被用来描述单个的实体或实体间的关系，例如两个面之间的距离或者重叠的面积等。空间方位关系指的是指两地理实体的方向关系，如东、西、南、北等。人类感知地理实体空间相关度的过程受以下两个定理支配（Frontiera et al.，2008）。

定理一（地理学第一定理）：任何事物都是相关的，但是距离较近的事物相关性更高（Tobler，1970）；

定理二：在地理空间中，拓扑关系被认为是决定地理实体相关度最重要的信息，而度量关系，如距离和形状，只是相关度的改进因素（Egenhofer and Herring，1990）。

由于空间方位关系对实体的相关度影响较小，本书只考虑空间拓扑关系和空间度量关系来计算地理实体的相关度。空间度量关系常用的关系为距离关系，地理实体间的距离关系分为绝对距离关系和相对距离关系。绝对距离表示两个空间对象在某一度量单位下的距离；相对距离通过与第 3 个对象的比较，间接表示两个对象间的距离（赵红伟等，2016a）。本书把“空间尺度”定义为指定的地理空间范围，以空间尺度为第三方比较对象，以相对距离作为地理实体间距离关系的度量方法。

综上，本书计算地理实体空间相关度的具体思路如下：以空间尺度为第三方比较对象，以相对距离为地理实体间的距离关系度量方法，以拓扑关系作为空间相关度的决定因子，以度量关系作为空间相关度的改进因子，构建地理实体的空间相关度算法。

#### 2.3.2.2 地理实体相关度计算模型

与自然语言表达中的地名不同，地理实体是通过语义清晰并且表达明确的方法对地理区域和实体的位置进行编码，并用能投影到地理空间中的地理坐标（如经纬度）或者二维平面坐标进行表达的。因而计算地理实体的相关度，可以基于任意两个具有统一空间参考的地理实体，考量其拓扑关系、度量关系以及其所属的空间尺度，利用这三个因子建立相关度的计算公式。

拓扑关系是指拓扑变换下的不变量，它表达了空间对象之间固定的、不随观察角以及放大缩小变化的性质，是空间实体间一种最稳定的关系（黄茂军，2005）。为了区分不同的拓扑关系，用数学和逻辑的方法对拓扑关系进行描述。目前，得到公认的拓扑关系描述模型主要有两大类：Randell 等（1992）提出的区域连接演算（region connection calculus，RCC）理论和 Egenhofer（1989）提出的求交模型。区域连接演算理论（RCC），是以 Clark（1985）提出的基于连接的个体演算理论为基础，由 Randell 等（1992）提出的一种用于描述空间关系的一阶逻辑理论。它包含 RCC-8 和 RCC-5 两种基本拓扑关系集合。RCC 理论所做的拓扑区分比较符合人类对空间拓扑关系的认知，缺点是拓扑关系的表达能力有限。

求交模型分为 4-交模型和 9-交模型。4-交模型的思想是将两个二维的简单空间实体 $X$，$Y$ 分为内部 $X^0$，$Y^0$ 和边界 $\partial X$，$\partial Y$ 两个点集，可由边界与内部之间的关系确定 $X$，$Y$ 之间的拓扑关系。9-交模型是 Egenhofer 和 Herring（1990）以点集拓扑学为理论依据，基于 4-交模型提出的一种拓扑关系表达框架。它通过考察空间对象的内部、边界以及外部的相交情况，来区分各种拓扑关系。9-交模型可描述一切可能的空间几何对象间的空间关系，但存在冗余度大的问题，有多种拓扑关系并没有实际意义。

由于基于 RCC 理论和 4-交模型的拓扑模型能表达拓扑关系种类有限，如 RCC 理论和 4-交模型无法表达或者区分线和线的相交关系与重叠关系，本书选取 9-交模型作为实体拓扑关系的表达模型，并把一些类似或者在进行相关度计算具有相同影响的拓扑关系进行归纳合并，总结梳理出表 2.5 中的多点-多点；点-线，点-面，线-线，线-面，面-面的拓扑关系类型。

空间度量关系能被用来描述单个地理实体或者地理实体之间的关系。如重叠比例、空间距离等。空间尺度的概念比较模糊，其一般包括空间范围和粒度两种含义（马蔚纯等，2015），本书中的空间尺度指的是包含所有要研究的地理实体的空间范围。相关定义如下。

定义 2.1，空间重叠比例：几何实体重叠部分的面积/长度/数量与实体总面积/长度/数量的比值。

定义 2.2，空间距离：空间实体主要涉及点、线、面三种几何形态，点-点、点-面、面-面的距离指其几何中心的欧氏距离；点-线、线-面的距离指点和面的几何中心到线的最短距离；线-线的距离指线的最短距离。

定义 2.3，空间尺度长度：指定的包含所有研究对象（地理实体）的地理空间范围的边界上任意两点间的最大距离。

定义 2.4，耦合尺度的空间距离比：两个实体的空间距离与空间尺度长度的比例。

表 2.5　地理实体空间拓扑关系表

| 拓扑 | 点-点 | 点-线 | 线-点 | 点-面 | 面-点 | 线-线 | 线-面 | 面-线 | 面-面 |
|---|---|---|---|---|---|---|---|---|---|
| 相等 |  | *** | *** | *** | *** |  | *** | *** | 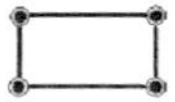 |
| 包含 |  | *** |  | *** |  |  | *** | 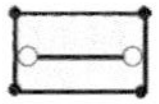 | 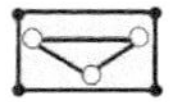 |
| 被包含 | 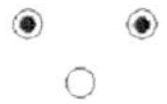 |  | *** | 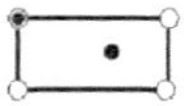 | *** |  | 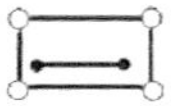 | *** | 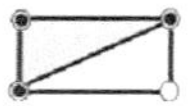 |
| 重叠 |  | *** | *** | *** | *** |  | *** | *** | 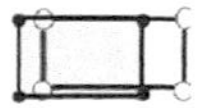 |
| 相交 | *** | *** | *** | *** | *** |  | 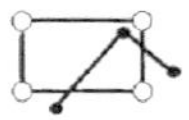 | 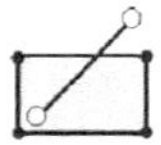 | *** |
| 相接 | *** |  |  |  | 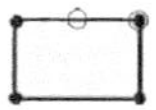 |  |  |  | 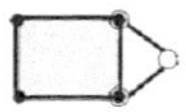 |
| 相离 |  |  |  | 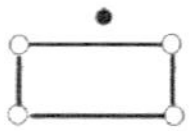 |  |  |  |  | 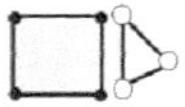 |

点一：●；点二：○；线一：●—●；线二：○—○；面一：；面二：；*** 代表不存在拓扑关系

定义 2.5，相关度基本权重：两空间实体在某一拓扑关系时专家所给予的相关度的最小值。

定义 2.6，相关度控制权重：两空间实体在某一拓扑关系下，空间度量关系能决定的相关度变化的最大值。

根据定理二，拓扑关系决定地理实体的相关度的基本大小，而度量关系是实体间的相关度的调节因素。地理实体的相关度用以下公式计算：

$$R(A,B)=W_{Ti}+W_{TiC}*M_{AB} \tag{2.1}$$

式中，$R(A,B)$ 是实体 $A$ 和 $B$ 之间的空间相关度，$W_{Ti}$是两空间实体在某一拓扑关系下，相关度的最小值，即相关度基本权重，其对实体的相关度大小具有决定作用。$W_{TiC}$是相关度控制权重，$M_{AB}$是空间实体的度量关系大小，不同类型的地理实体之间的度量关系计算公式不同，下面分别予以讨论。

**（1）点和点实体相关度**

本书以多点（multi-point）$A$ 和多点 $B$ 之间的空间关系代表点和点实体的空间关系，如表 2.5 所示，多点和多点之间有 5 种拓扑关系，即相等、包含、被包含、重叠和相离。当两实体相等时，其相关度为 1。本书不对包含和被包含两种拓扑关系予以区分，当两多点实体的空间拓扑关系为包含/被包含和叠加时，其相关度受两个因素的影响，一是重叠点的数量占实体的点的总数的比例，二是两实体之间的空间距离。当点和点之间的拓扑关系为相离时，其相关度只受空间距离的影响。考虑不同的空间尺度对相关度的影响，相关度用如下公式计算。

$$R(A,B)=W_{T1}+W_{T1C}\times\frac{P(A\cap B)}{Max(P(A),P(B))}\times\left(1-\frac{D(A,B)}{S(A,B)}\right)\quad \text{当} A \text{与} B \text{包含\被包含} \tag{2.2}$$

$$R(A,B)=W_{T2}+W_{T2C}\times\frac{P(A\cap B)}{Max(P(A),P(B))}\times\left(1-\frac{D(A,B)}{S(A,B)}\right)\quad \text{当} A \text{与} B \text{叠加} \tag{2.3}$$

$$R(A,B)=W_{T4}+W_{T4C}\times\left(1-\frac{D(A,B)}{S(A,B)}\right)\quad \text{当} A \text{与} B \text{相离} \tag{2.4}$$

式中，$W_{Ti}$是指定拓扑关系下的相关度基本权重，$W_{TiC}$是相应的相关度控制权重，$P(A\cap B)$ 代表重叠点的数量，$P(A)$，$P(B)$ 分别代表多点 $A$、$B$ 中点的数量，$D(A,B)$ 代表 $A$ 和 $B$ 的空间距离，$S(A,B)$ 代表空间尺度长度。

**（2）点和线实体相关度**

如表 2.5 所示，点和线或者线和点实体（$A$ 和 $B$）之间存在 3 种拓扑关系，即包含/被包含、相接和相离。当被包含时，点和线的空间距离是 0，由于本书只考虑实体的几何属性，且认为线内部是均质的，此时点和线实体的相关度只与线本身的长度有关。当点和线的拓扑关系是相接（Touches）时，点和线实体的相关度也只与线本身的长度有关。当点和线的拓扑关系是相离（Disjoints）时，点和线实体的相关度只与其空间距离有关，考虑空间尺度的作用，相关度的计算公式如下：

$$R(A,B)=W_{T2}+W_{T2C}\times(1-\frac{L(A,B)}{S(A,B)+L(A,B)})\quad \text{当} A \text{与} B \text{包含/被包含} \tag{2.5}$$

$$R(A,B)=W_{T3}+W_{T3C}\times\left(1-\frac{L(A,B)}{S(A,B)+L(A,B)}\right)\quad \text{当} A \text{与} B \text{相接} \tag{2.6}$$

$$R(A,B)=W_{T4}+W_{T4C}\times\left(1-\frac{D(A,B)}{S(A,B)}\right)\quad \text{当} A \text{与} B \text{相离} \tag{2.7}$$

式中，$W_{Ti}$是指定拓扑关系下相关度基本权重，$W_{TiC}$是相应的相关度控制权重，$L(A,B)$ 是指线的长度，$D(A,B)$ 代表 $A$ 和 $B$ 的空间距离，$S(A,B)$ 代表空间尺度长度。

**（3）点和面实体相关度**

点和面或者面和点实体（$A$ 和 $B$）也存在 3 种拓扑关系，即包含/被包含、相接、相离。当点和面实体的拓扑关系为包含/被包含时，空间实体相关度主要受面的面积大小和点在面的内部位置影响；当点和面的拓扑关系为相接时，实体的相关度主要受面的面积和点与面的空间距离的影响；当点和面的拓扑关系为相离时，相关度主要受空间距离的影响。考虑空间尺度的作用，其计算公式如下：

$$R(A,B)=W_{T2}+W_{T2C}\times\left(1-\frac{A(A,B)}{S_A(A,B)+A(A,B)}\right)\times\left(1-\frac{D(A,B)}{S(A,B)}\right)$$
$$\text{当} A \text{与} B \text{包含/被包含} \tag{2.8}$$

$$R(A,B)=W_{T3}+W_{T3C}\times\left(1-\frac{A(A,B)}{S_A(A,B)+A(A,B)}\right)\times\left(1-\frac{D(A,B)}{S(A,B)}\right)$$
$$\text{当} A \text{与} B \text{相接} \tag{2.9}$$

$$R(A,B)=W_{T4}+W_{T4C}\times\left(1-\frac{D(A,B)}{S(A,B)}\right)\text{当} A \text{与} B \text{相离} \tag{2.10}$$

式中，$A(A,B)$ 是指面的面积，$S_A(A,B)$ 是指空间尺度的面积，$D(A,B)$ 是实体 $A$ 和 $B$ 的空间距离，$W_{Ti}$是相关度基本权重，$W_{TiC}$是控制权重。

**（4）线和线实体相关度**

线和线（$A$ 和 $B$）实体之间存在 7 种拓扑关系，即相等、包含、被包含、叠加、相接、相交和相离。当线和线实体相等时，其相关度为 1；当线和线实体是包含/被包含或者叠加关系时，其相关度与空间重叠比例有关，也与线自身的长度有关；当线和线实体是相接或者相交关系时，其几何相关度与相交的点数有关，也与线自身的长度有关；当线和线实体是相离关系时，其相关度与空间距离有关。考虑空间尺度的作用，其计算公式如下：

$$R(A,B)=W_{T1}+W_{T1C}\times\left(\frac{L(A\cap B)}{\text{Max}(L(A),L(B))}\right)\times\left(1-\frac{\text{Max}(L(A),L(B))}{S(A,B)+\text{Max}(L(A),L(B))}\right)$$

当 $A$ 与 $B$ 包含/被包含 (2.11)

$$R(A,B)=W_{T2}+W_{T2C}\times\left(\frac{L(A\cap B)}{\text{Max}(L(A),L(B))}\right)\times\left(1-\frac{\text{Max}(L(A),L(B))}{S(A,B)+\text{Max}(L(A),L(B))}\right)$$

当 $A$ 与 $B$ 叠加 (2.12)

$$R(A,B)=W_{T3}+W_{T3C}\times\frac{P(A\cap B)}{1+P(A\cap B)}\times\left(1-\frac{\text{Max}(L(A),L(B))}{S(A,B)+\text{Max}(L(A),L(B))}\right)$$

当 $A$ 与 $B$ 相交或相接 (2.13)

$$R(A,B)=W_{T4}+W_{T4C}\times\left(1-\frac{D(A,B)}{S(A,B)}\right)\quad \text{当 } A \text{ 与 } B \text{ 相离} \tag{2.14}$$

式中，$L(A\cap B)$ 是指 $A$ 和 $B$ 空间重叠长度，$L(A)$，$L(B)$ 分别指 A 和 B 的长度，$S(A,B)$ 是指空间尺度长度，$P(A\cap B)$ 是指 $A$ 和 $B$ 相交或者相接的点的数量，$D(A,B)$ 指 $A$ 和 $B$ 的空间距离。$W_{Ti}$是相关度基本权重，$W_{TiC}$是控制权重。

**(5) 线和面实体相关度**

线和面或者面和线实体（$A$ 和 $B$）之间存在 4 种拓扑关系，即包含/被包含、相交、相接和相离。当线和面实体是包含/被包含和相交关系时，空间相关度与线的长度和面的周长比例有关，也与线和面的空间距离有关；当线和面实体是相接关系时，空间相关度与线的长度和空间距离有关；当线和面实体是相离关系时，空间相关度与空间距离有关，考虑空间尺度的作用，计算公式如下：

$$R(A,B)=W_{T2}+W_{T2C}\times\left(\frac{L(A\cap B)}{\text{Max}(L(A),L(B))}\right)\times\left(1-\frac{D(A,B)}{S(A,B)}\right)\quad \text{当 } A \text{ 与 } B \text{ 包含/被包含} \tag{2.15}$$

$$R(A,B)=W_{T3}+W_{T3C}\times\left(\frac{L(A\cap B)}{\text{Max}(L(A),L(B))}\right)\times\left(1-\frac{D(A,B)}{S(A,B)}\right)\quad \text{当 } A \text{ 与 } B \text{ 相交} \tag{2.16}$$

$$R(A,B)=W_{T5}+W_{T5C}\times\left(1-\frac{L(A,B)}{S(A,B)+L(A,B)}\right)\times\left(1-\frac{D(A,B)}{S(A,B)}\right)\quad \text{当 } A \text{ 与 } B \text{ 相接} \tag{2.17}$$

$$R(A,B)=W_{T6}+W_{T6C}\times\left(1-\frac{D(A,B)}{S(A,B)}\right)\quad \text{当 } A \text{ 与 } B \text{ 相离} \tag{2.18}$$

式中，$L(A\cap B)$ 是指线和面叠加的线的长度，$L(A)$，$L(B)$ 分别指线的长度和面的周长，$D(A,B)$ 是指 A 和 B 的空间距离，$S(A,B)$ 是指空间尺度长度，$L(A,B)$ 是指线的长度，$W_{Ti}$是基本权重，$W_{TiC}$是控制权重。

**(6) 面和面实体相关度**

面和面（$A$ 和 $B$）实体存在 6 种拓扑关系，即相等、包含、被包含、叠加、相接和相离。当面和面实体相等时，空间相关度为 1，当面和面是包含或被包含和叠加关系时，其空间相关度主要与空间重叠比例相关，也受到空间距离的影响；当面和面是相接和相离关系时，空间相关度主要受空间距离影响，考虑空间尺度的作用，其计算公式如下：

$$R(A,B)=W_{T1}+W_{T1C}\times\left(\frac{A(A\cap B)}{\mathrm{Max}(A(A),A(B))}\right)\times\left(1-\frac{D(A,B)}{S(A,B)}\right)\quad \text{当 } A \text{ 与 } B \text{ 包含/被包含} \tag{2.19}$$

$$R(A,B)=W_{T2}+W_{T2C}\times\left(\frac{A(A\cap B)}{\mathrm{Max}(A(A),A(B))}\right)\times\left(1-\frac{D(A,B)}{S(A,B)}\right)\quad \text{当 } A \text{ 与 } B \text{ 叠加} \tag{2.20}$$

$$R(A,B)=W_{T3}+W_{T3C}\times\left(\frac{L(A\cap B)}{\mathrm{Max}(L(A),L(B))}\right)\times\left(1-\frac{D(A,B)}{S(A,B)}\right)\quad \text{当 } A \text{ 与 } B \text{ 相接} \tag{2.21}$$

$$R(A,B)=W_{T4}+W_{T4C}\times\left(1-\frac{D(A,B)}{S(A,B)}\right)\quad \text{当 } A \text{ 与 } B \text{ 相离} \tag{2.22}$$

式中，$A(A\cap B)$ 是 $A$ 与 $B$ 重叠的面积，$A(A)$，$A(B)$ 是指 $A$ 和 $B$ 的面积，$L(A\cap B)$ 是 $A$ 和 $B$ 相接时重叠的边长，$L(A)$，$L(B)$ 是 $A$ 和 $B$ 的周长，$D(A,B)$ 是 $A$ 和 $B$ 的空间距离，$S(A,B)$ 是指空间尺度长度。$W_{Ti}$ 是相关度基本权重，$W_{TiC}$ 是控制权重。

权重系数可以由多位专家打分求取平均值给出。专家打分需遵循以下基本原则：①对于点和点、点和线、点和面、面和面类型的实体，包含/被包含关系下的实体相关度不得大于相等关系（如果存在，下同）下的实体相关度；叠加关系下的实体相关度不得大于包含/被包含关系下的实体相关度；相接关系下的实体相关度不得大于叠加关系下实体相关度；相离关系下实体相关度不得大于相接关系下的实体相关度。②基本权重和控制权重之间的关系。具体如下：

1）当拓扑关系为“包含/被包含”：“包含/被包含”的极限为“外部、边界、内部的点完全相同”，即相等，也就是当度量关系的值为 1（$M_{AB}=1$）时，$W_{T1}+W_{T1C}=1$；

2）当拓扑关系为“重叠”时，“重叠”的极限是“包含/被包含”，也就是当 $M_{AB}=1$ 时，$W_{T1}=(W_{T2}+W_{T2C})$；

3）当拓扑关系为“相接”时：“相接”的极限为“具有共同的内部点”，即叠加，也就是当 $M_{AB}=1$ 时，$W_{T2}=(W_{T3}+W_{T3C})$；

4）当拓扑关系为“相离”时：“相离”的极限为“具有共同的边界点，内部点不相交”，即相接，也就是当$M_{AB}=1$ 时，$W_{T3}=(W_{T4}+W_{T4C})>W_{T4}$（权重系数均为非负实数）；

对于线和线实体，把线和线的相交关系与相接关系视为等同，其权重系数关系也符合以上原则。

同理，对于线和面实体类型：相交关系下的实体相关度不得大于包含/被包含关系下的相关度，相接关系下的实体相关度不得大于相交关系下的实体相关度，相离关系下的实体相关度不得大于相接关系下的实体相关度。权重系数存在关系：$1=(W_{T1}+W_{T1C})>W_{T1}=(W_{T2}+W_{T2C})>W_{T2}=(W_{T3}+W_{T3C})>W_{T3}=(W_{T5}+W_{T5C})>W_{T5}=(W_{T6}+W_{T6C})>W_{T6}$；

因此，地学专家只需根据以上原理给出各种拓扑关系下地理实体空间相关度的基本权重值，相关度的控制权重值可由权重值间的关系求取。

空间尺度可以根据需要指定，其最小范围必须包含要研究的所有空间实体。例如研究河南省范围内的空间实体相关度，空间尺度最小范围需指定为河南省，但也可以指定为中国或者亚洲等。

#### 2.3.2.3 结果与分析

基于以上不同类型的实体间相关度的计算方法，本书邀请地学专家对不同拓扑关系下的基本权重进行评分，把多位专家的评分值在删除最大值和最小值后，求取平均值，获取基本权重和控制权重的取值（表 2.6），然后选取区域和全国两个尺度，分别计算地理实体在不同空间尺度上的相关度。

此外，赵红伟等（2016）提出了一种基于 4-交模型的点、线、面实体之间的拓扑关系和度量关系的地理实体空间相关度的算法，这种算法可以作为传统的基于绝对距离的地理实体空间相关度算法的代表。本书用本文提出的算法和赵红伟等（2016）提出的算法做对比分析，比较两种方法优劣。

选取河南省范围内的村庄、道路、行政区以及经济概念区实体，构成不同类型和不同拓扑关系的点线面组，分别以河南省和全国行政区划范围为空间尺度，应用 2.3.2.2 小节的公式，同时使用赵红伟等（2016）提出的方法计算地理实体的空间相关度。

**表 2.6 耦合尺度的地理实体相关度权重系数取值表**

| 基本权重 | 值 | 控制权重 | 值 |
|---|---|---|---|
| $W_{T1}$ | 0.667 | $W_{T1C}$ | 0.333 |
| $W_{T2}$ | 0.5 | $W_{T2C}$ | 0.167 |
| $W_{T3}$ | 0.333 | $W_{T3C}$ | 0.167 |
| $W_{T4}$ | 0 | $W_{T4C}$ | 0.333 |
| $W_{T5}$ | 0.167 | $W_{T5C}$ | 0.166 |
| $W_{T6}$ | 0 | $W_{T6C}$ | 0.167 |

经计算得到的实体相关度如下表 2.7 所示。

**表 2.7　不同尺度上和方法下地理实体空间相关度对比表**

| 实体一 | 实体二 | 类型 | 拓扑关系 | 相关度（全国尺度） | 相关度（区域尺度） | 相关度（传统算法） |
|---|---|---|---|---|---|---|
| 漯河南街村 | 漯河南街村 | 点-点 | 相等 | 1.000 | 1.000 | 1.000 |
| 河南特色小镇（2016） | 许昌神垕镇 | 多点-点 | 包含/被包含 | 0.749 | 0.744 | * |
| 河南十佳美丽乡村（2014） | 河南特色小镇（2016） | 多点-多点 | 重叠 | 0.533 | 0.531 | * |
| 焦作陈家沟村 | 信阳郝堂村 | 点-点 | 相离 | 0.311 | 0.134 | $9.760\times10^{-7}$ |
| 开封杜良收费站 | G220（河南） | 点-线 | 包含/被包含 | 0.659 | 0.617 | 1.000 |
| 封丘县赵寨村村道 | 封丘县赵寨村 | 点-线 | 相接 | 0.499 | 0.496 | * |
| 郑州西泰山村 | 封丘县赵寨村村道 | 点-线 | 相离 | 0.327 | 0.284 | $3.965\times10^{-6}$ |
| 南阳化山村 | 河南省南阳市 | 点-面 | 包含/被包含 | 0.664 | 0.624 | 0.667 |
| 新乡市封丘县 | 封丘县东柳园村 | 点-面 | 相接 | 0.499 | 0.494 | * |
| 漯河南街村 | 河南省许昌市 | 点-面 | 相离 | 0.330 | 0.308 | $2.650\times10^{-5}$ |
| 东郑线 | 东郑线 | 线-线 | 相等 | 1.000 | 1.000 | 1.000 |
| G220（河南） | 东郑线 | 线-线 | 包含/被包含 | 0.721 | 0.707 | 0.528 |
| 023 乡道 | 齐边线 | 线-线 | 重叠 | 0.50209 | 0.50208 | 0.502 |
| G220（河南） | G310（河南） | 线-线 | 相接 | 0.411 | 0.383 | 0.333 |
| S32 | G45（河南段） | 线-线 | 相交 | 0.411 | 0.387 | * |
| G220（河南） | S32 | 线-线 | 相离 | 0.328 | 0.292 | $4.840\times10^{-6}$ |
| 齐边线 | 县级开封市 | 线-面 | 包含/被包含 | 0.50175 | 0.50174 | 0.670 |
| G220（河南） | 河南省开封市 | 线-面 | 相交 | 0.357 | 0.356 | 0.385 |
| 开柳公路 | 县级开封市 | 线-面 | 相接 | 0.333 | 0.328 | 0.333 |
| 河南省漯河市 | G220（河南） | 线-面 | 相离 | 0.163 | 0.133 | $4.099\times10^{-6}$ |
| 郑州大都市区 | 郑州大都市区 | 面-面 | 相等 | 1.000 | 1.000 | 1.000 |
| 河南省郑州市 | 郑州市中牟县 | 面-面 | 包含/被包含 | 0.728 | 0.723 | 0.531 |
| 郑州大都市区 | 郑洛新自主创新示范区 | 面-面 | 重叠 | 0.553 | 0.548 | 0.600 |
| 河南省洛阳市 | 河南省郑州市 | 面-面 | 相接 | 0.495 | 0.461 | 0.357 |
| 河南省洛阳市 | 河南省漯河市 | 面-面 | 相离 | 0.320 | 0.221 | $3.470\times10^{-6}$ |
| 河南省洛阳市 | 河南省信阳市 | 面-面 | 相离 | 0.310 | 0.122 | $1.810\times10^{-6}$ |

*代表无法处理此种类型的拓扑关系。传统算法指的是赵红伟等（2016）提出的算法

分析表 2.7 可以发现，本算法能以拓扑关系为主要区分依据，计算点、线、面实体之间的空间相关度。相同拓扑关系下，空间距离越近的实体，其相关度越高。另外，在不同的空间尺度下，两个实体的相关度是不同的，譬如焦作市陈家沟村和信阳市郝堂村，在区域尺度上，其相关度为 0.134，在全国尺度上其相关度为 0.311。随着空间尺度的增大，两实体的相关度也是增大的（相同的空间实体除外），这与人类通常的直觉是相符的。

传统的基于绝对距离的地理实体空间相关度算法在不同的空间尺度上的计算结果不变，而且其能处理的地理实体的类型有限（譬如，不能计算多点和多点类型实体的相关度），其能处理的拓扑关系种类也有限（譬如，不能计算线和线相交关系下的实体相关度）。此外，传统地理实体空间相关度算法计算出的地理实体的相关度的数值的连续性差，在拓扑关系渐变的情况下，传统算法计算的实体相关度数值出现跳跃性的变化，与人类通常的直觉不符（如拓扑关系为相接的洛阳市和郑州市的空间相关度为 0.357，而拓扑关系为相离的洛阳市和漯河市的空间相关度变为 $3.47\times10^{-6}$，相关度跳跃了 $10^5$ 个数量级）。

本书针对现有地理空间实体相关度算法存在的问题，建立了一套适合不同空间尺度、不同实体类型和不同拓扑关系的实体相关度计算方法。从区域和全国两个尺度上，验证了本方法的适用性。本算法计算出的地理实体相关度数值分布均匀，区分度良好；且具可拓展性。如在某些情况下，地理空间实体的相关度要求具有方向性，本算法作轻微改动，如把 Max 函数改成取某一值即可满足需求。本算法可以在定量化关联数据中得到重要应用：把地理实体之间的拓扑关系作为数据在地理空间维度上关联的谓词，同时把空间相关度作为关联的强度，实现数据在空间维度的定量化关联。

## 2.4 地理科技论文在地理空间范围上的定量化语义关联

基于以上提出的地理科技论文空间范围解析方法和地理实体相关度算法，构建地理科技论文在空间维度上的定量化语义关联网络。

### 2.4.1 地理空间范围关联关系实例构建

由于地理空间实体之间的相关度是在一定拓扑关系下的相关度，且地理科技论文的空间范围可以和地理空间实体一一映射，因而可以把地理实体间的拓扑关系作为科技论文地理空间范围的关联关系，每种关联关系都建立相对应的关联谓词，如表2.8所示。

**表2.8 地理科技论文空间范围关联关系类型及关联谓词**

| 编号 | 特征名称 | 关联关系 | 关联谓词 | 相关度 |
|---|---|---|---|---|
| 1 | 多点(P)-多点（P） | 相同范围 | IsEqualGScope | 1 |
| 2 | 多点（P）-多点（P） | 范围包含 | IsContainGScope | [0.667，1) |
| 3 | 多点（P）-多点（P） | 范围被包含 | IsWithinGScope | [0.667，1) |
| 4 | 多点（P）-多点（P） | 范围重叠 | IsOverlapGScope | [0.5，0.667) |
| 5 | 多点（P）-多点（P） | 范围相离 | IsDisjointGScope | [0，0.333) |
| 6 | 点（P）-线（L） | 范围包含 | IsContainGScope | [0.5，0.667) |
| 7 | 点（P）-线（L） | 范围被包含 | IsWithinGScope | [0.5，0.667) |
| 8 | 点（P）-线（L） | 范围相接 | IsTouchGScope | [0.333，0.5) |
| 9 | 点（P）-线（L） | 范围相离 | IsDisjointGScope | [0，0.333) |
| 10 | 点（P）-面（A） | 范围包含 | IsContainGScope | [0.5，0.667) |
| 11 | 点（P）-面（A） | 范围被包含 | IsWithinGScope | [0.5，0.667) |
| 12 | 点（P）-面（A） | 范围相接 | IsTouchGScope | [0.333，0.5) |
| 13 | 点（P）-面（A） | 范围相离 | IsDisjointGScope | [0，0.333) |
| 14 | 线（L）-线（L） | 相同范围 | IsEqualGScope | 1 |
| 15 | 线（L）-线（L） | 范围包含 | IsContainGScope | [0.667，1) |
| 16 | 线（L）-线（L） | 范围被包含 | IsWithinGScope | [0.667，1) |
| 17 | 线（L）-线（L） | 范围重叠 | IsOverlapGScope | [0.5，0.667) |
| 18 | 线（L）-线（L） | 范围相交 | IsCrossGScope | [0.333，0.5) |
| 19 | 线（L）-线（L） | 范围相接 | IsTouchGScope | [0.333，0.5) |
| 20 | 线（L）-线（L） | 范围相离 | IsDisjointGScope | [0，0.333) |
| 21 | 线（L）-面（A） | 范围包含 | IsContainGScope | [0.5，0.667) |
| 22 | 线（L）-面（A） | 范围被包含 | IsWithinGScope | [0.5，0.667) |
| 23 | 线（L）-面（A） | 范围相交 | IsCrossGScope | [0.333，0.5) |
| 24 | 线（L）-面（A） | 范围相接 | IsTouchGScope | [0.167，0.333) |
| 25 | 线（L）-面（A） | 范围相离 | IsDisjointGScope | [0，0.167) |
| 26 | 面（A）-面（A） | 相同范围 | IsEqualGScope | 1 |
| 27 | 面（A）-面（A） | 范围包含 | IsContainGScope | [0.667，1) |
| 28 | 面（A）-面（A） | 范围被包含 | IsWithinGScope | [0.667，1) |
| 29 | 面（A）-面（A） | 范围重叠 | IsOverlapGScope | [0.5，0.667) |
| 30 | 面（A）-面（A） | 范围相接 | IsTouchGScope | [0.333，0.5) |
| 31 | 面（A）-面（A） | 范围相离 | IsDisjointGScope | [0，0.333) |

从表 2.8 中可以发现地理科技论文的空间范围之间有 7 种关联关系类型，有 7 个不同的关联谓词，即 IsEqualGScope，IsContainGScope，IsWithinGScope，IsOverlapGScope，IsCrossGScope，IsTouchGScope，IsDisjointGScope。

### 2.4.2 地理科技论文空间范围定量化语义关联网络构建

基于本章提出的地理科技论文空间范围解析方法，利用基础地理空间数据库，实现地理科技论文范围名称与相应的地理实体的一一映射；再根据 2.3 节的地理实体空间相关度计算方法，在全球尺度上计算地理科技论文空间范围的相关度，并根据表 2.8 来确定地理科技论文在空间维度上的关联关系类型以及关联谓词。在样本数据库中，与《雄安新区的人口与水土资源承载力》和《西藏自治区水土资源承载力监测预警研究》论文在空间范围上有关联的论文分别如表 2.9 和表 2.10 所示。

**表 2.9　论文《雄安新区的人口与水土资源承载力》在地理空间范围维度上定量化语义关联网络（部分）**

| 编号 | 论文标题 | 论文研究范围 | 关联谓词 | 相关度 |
|---|---|---|---|---|
| 1 | 雄安新区的人口与水土资源承载力 | 雄安新区； | IsEqualGScope | 1 |
| 2 | 雄安新区建设水安全保障面临的问题与挑战 | 雄安新区； | IsEqualGScope | 1 |
| 3 | 雄安新区资源环境承载力评价和调控提升研究 | 雄安新区； | IsEqualGScope | 1 |
| 4 | 雄安新区：如何建成生态与创新之都 | 雄安新区； | IsEqualGScope | 1 |
| 5 | 雄安新区生态安全格局识别与优化策略 | 雄安新区； | IsEqualGScope | 1 |
| 6 | 雄安新区土地利用空间特征及起步区方案比选研究 | 雄安新区； | IsEqualGScope | 1 |
| 7 | 河北雄安新区建设的区域地表本底特征与生态管控 | 雄安新区；<br>京津冀城市群； | IsEqualGScope | 1 |
| 8 | 雄县水资源综合治理措施 | 雄县； | IsContainGScope | 0.7758 |
| 9 | 河北平原地下水资源与可持续利用 | 河北平原； | IsWithinGScope | 0.6710 |
| 10 | 1965—2005 年河北省降水量变化的小波分析 | 河北省； | IsWithinGScope | 0.6698 |
| 11 | 河北省粮食产量空间格局差异变化研究 | 河北省； | IsWithinGScope | 0.6698 |
| 12 | 河北省能源消费、碳排放与经济增长的关系 | 河北省； | IsWithinGScope | 0.6698 |
| 13 | 基于 CI 指数的河北省近 50 年干旱时空分布特征 | 河北省； | IsWithinGScope | 0.6698 |
| 14 | 基于区间数多目标规划的河北省水资源与产业结构优化 | 河北省； | IsWithinGScope | 0.6698 |
| 15 | 基于虚拟水理论的河北省水足迹时空差异分析 | 河北省； | IsWithinGScope | 0.6698 |
| 16 | 集成多源遥感数据的 $PM_{2.5}$ 浓度空间分布制图 | 京津冀地区； | IsWithinGScope | 0.6694 |
| 17 | 面向空间开发利用的土地资源承载力评价技术 | 京津冀地区； | IsWithinGScope | 0.6694 |

续表

| 编号 | 论文标题 | 论文研究范围 | 关联谓词 | 相关度 |
|---|---|---|---|---|
| 18 | 2000-2015 年华北平原土地利用变化对粮食生产效率的影响 | 华北平原; | IsWithinGScope | 0.6683 |
| 19 | 基于单位面积价值当量因子的生态系统服务价值化方法改进 | 中国; | IsWithinGScope | 0.6671 |
| 20 | 基于生态系统服务价值评估的我国集中连片重点贫困区生态补偿研究 | 中国; | IsWithinGScope | 0.6671 |

**表 2.10　论文《西藏自治区水土资源承载力监测预警研究》在地理空间范围维度上定量化语义关联网络（部分）**

| 编号 | 论文标题 | 论文研究范围 | 关联谓词 | 相关度 |
|---|---|---|---|---|
| 1 | 西藏自治区水土资源承载力监测预警研究 | 西藏自治区; | IsEqualGScope | 1 |
| 2 | 基于 MODIS 的西藏高原土地覆盖分类研究 | 西藏高原; | IsEqualGScope | 1 |
| 3 | 基于生态地理分区的青藏高原植被覆被变化及其对气候变化的响应 | 青藏高原; | IsWithinGScope | 0.8210 |
| 4 | 近 50 a 气候变化背景下青藏高原冰川和湖泊变化 | 青藏高原; | IsWithinGScope | 0.8210 |
| 5 | 近 50 年青藏高原气候变化及其对农牧业的影响 | 青藏高原; | IsWithinGScope | 0.8210 |
| 6 | 青藏高原近 40 年来气候变化特征及湖泊环境响应 | 青藏高原; | IsWithinGScope | 0.8210 |
| 7 | 基于单位面积价值当量因子的生态系统服务价值化方法改进 | 中国; | IsWithinGScope | 0.7069 |
| 8 | 基于生态系统服务价值评估的我国集中连片重点贫困区生态补偿研究 | 中国; | IsWithinGScope | 0.7069 |
| 9 | 中国生态用地及生态系统服务价值变化研究 | 中国; | IsWithinGScope | 0.7069 |
| 10 | 1990 ~ 2010 年中国土地利用变化对生物多样性保护重点区域的扰动 | 中国; | IsWithinGScope | 0.7069 |
| 11 | 2000 ~ 2010 年中国退牧还草工程区土地利用/覆被变化 | 中国; | IsWithinGScope | 0.7069 |
| 12 | 2001 ~ 2012 年中国三大城市群土地利用效率评价研究 | 中国; | IsWithinGScope | 0.7069 |
| 13 | 2010 ~ 2015 年中国土地利用变化的时空格局与新特征 | 中国; | IsWithinGScope | 0.7069 |
| 14 | 21 世纪初中国土地利用强度的空间分布格局 | 中国; | IsWithinGScope | 0.7069 |
| 15 | 旅游地乡村聚落演变与土地利用模式——野三坡旅游区三个旅游村落案例研究 | 中国; | IsWithinGScope | 0.7069 |
| 16 | 中国区域土地利用/覆被变化对陆地碳收支的影响 | 中国; | IsWithinGScope | 0.7069 |

续表

| 编号 | 论文标题 | 论文研究范围 | 关联谓词 | 相关度 |
|---|---|---|---|---|
| 17 | 1990～2010 年中国土地覆盖时空变化特征 | 中国； | IsWithinGScope | 0.7069 |
| 18 | 1949～2015 年中国典型自然灾害及粮食灾损特征 | 中国； | IsWithinGScope | 0.7069 |
| 19 | 2005～2010 年中国自然灾害救助应急响应的区域分异特征 | 中国； | IsWithinGScope | 0.7069 |
| 20 | 历史时期中国重大自然灾害时空分异特征 | 中国； | IsWithinGScope | 0.7069 |

从表 2.9 和表 2.10 可以发现，本书的方法能自动提取出地理科技论文的研究范围，找到与目标地理科技论文在空间范围上相同或者高度相关的论文，并且能给出研究范围之间明确的关联关系和此种关系下的相关度，为基于研究的地理空间范围的科技论文查找与发现提供新的途径。与传统的关联数据模式相比，定量化的关联模式能区分相同关联关系下关联的强度，例如，《雄安新区的人口与水土资源承载力》一文的研究地理空间范围和《河北平原地下水资源与可持续利用》以及《1965～2005 年河北省降水量变化的小波分析》两篇论文的研究地理空间范围的关系都是"被包含（IsWithinGScope）"的关系，但本书的方法能进一步给出此种关系下的相关度（分别为 0.6710 和 0.6698），从而实现同种关联关系下的论文按照相关度进行排序，为用户在海量的地理科技文献中快速发现所需内容提供便利。

此外，基于本书研究提出的地理科技论文在研究范围上的定量化关联方法，对总体数据，提取每一篇论文的研究范围，构建论文两两之间在研究范围上的关联网络，统计每个研究范围"IsEqualGScope"论文的数量。发现了基于《地理学报》《地理研究》《地理科学进展》《地理科学》《地球信息科学学报》《自然资源学报》《资源科学》等杂志在 2010～2018 年 6 月发表的论文中包含的十大热点研究区域，如图 2.5 所示。

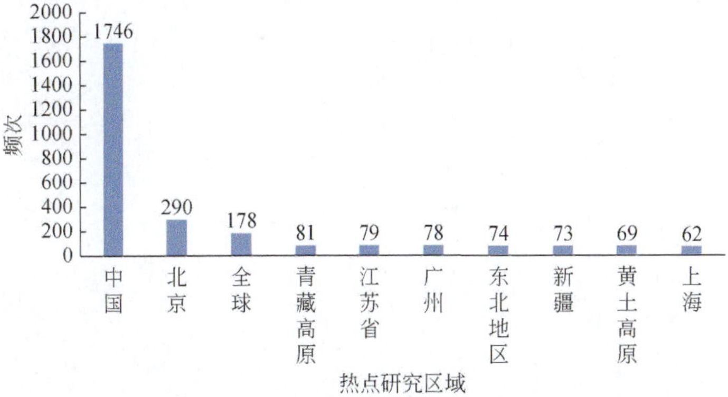


图 2.5 总体数据中十大热点研究区域

可以发现，从总体数据库来看，2010~2018 年我国地理学十大热点研究区是中国、北京、全球、青藏高原、江苏省、广州、东北地区、新疆、黄土高原、上海。这个结果说明：地理科技论文时空内容特征语义关联网络也能应用于基于文献的知识发现过程。

## 2.5 本章小结

本章基于 NLPIR 分词及命名实体识别工具，根据地理科技论文的组织结构与表达逻辑特征，提出了地理科技论文空间范围解析方法，较为准确的抽取的论文相关的研究地理空间范围。针对现有地理实体空间相关度算法的缺陷，提出了一种新的耦合尺度的地理实体空间相关度算法，这个算法具有适用的地理实体类型全面，生成的数据连续性好等特点。进而利用建立的基础地理空间数据库，实现地理科技论文的研究范围和相应地理实体的一一映射，用地理实体间的拓扑关系作为地理科技论文之间空间范围的关联关系，构建了地理科技论文在研究地理范围上的定量化语义关联网络，并通过案例说明了其在基于研究的地理空间范围的科技论文查找与发现的作用。此外，还把这种定量化的关联方法应用于总体数据库，发现了中国地理学十大热点研究区域，成功的利用地理科技论文关联网络进行了知识发现研究。

# 第3章　地理科技论文时间范围特征提取与语义相关度计算

## 3.1 引　　言

时间信息贯穿于事物发生、发展、消亡的整个过程中，反映地理实体的状态和演变过程（吴信才和曹志月，2002），时间信息是地理信息的内涵之一。地理科技论文一般情况下都有明确的时间研究范围，譬如《基于格点数据的1961～2012年祁连山面雨量特征分析》（强芳等，2015），《1999～2013年中国耕地复种指数的时空演变格局》（丁明军等，2015）等。挖掘科技论文研究的时间范围，对于科技论文的检索、基于科技文献的知识发现及基于时间的分类具有重要意义。

当前的文献服务平台大多把科技论文的发表日期作为检索查询的字段（Llidó et al.，2001），科技论文的发表日期多数情况下与其研究内容的时间范围不同，因而对于反映科技论文内在的知识价值有限。本书拟梳理中文地理科技论文中常用的时间表达方式，构建时间信息提取模式库，并根据地理科技论文组织结构与表达逻辑的特点，利用时间信息提取模式库，提取地理科技论文研究的时间范围；并基于时间拓扑关系和时间度量关系，构建地理科技论文的时间范围语义相关度算法，实现地理科技论文在时间范围维度下的定量化语义关联网络构建。

## 3.2 时间范围特征自动提取

### 3.2.1 中文地理科技论文中常用的时间表达方式

中文的时间表达有很多种方式，如公元纪年、历史纪年、天文纪年、地质纪年等。由于科技论文是经过同行评审的对科学研究成果规范性表达的半结构化文本，其时间表达有相对固定的规范，本书仅对中文地理科技论文中经常使用的时间表达方式进行研究，从而提取地理科技论文研究的时间范围。

#### 3.2.1.1 公元纪年法时间表达模型

公元纪年，原称基督纪年，又称西历，即格里历，又译为国瑞历、格列高利历、格里高利历，亦称西元，是意大利医生兼哲学家里利乌斯（Aloysius Lilius）对《儒略历》加以改革而编制成的一种历法，它以耶稣出生之年作为起算点。公元纪年是目前世界多数国家通行的纪年法则。公元纪年是历史年轮演进的顺序代码，是一个无限延伸的数字序号。公元前的纪年，通常以 B. C. （英文 Before Christ 的缩写）表示；公元后的纪年定为公元某年，通常以 A. D. （拉丁文 Anno Domini 的缩写）表示，前、后分界不设 0 年。与公元纪年相关的概念有“世纪”和“年代”。“世纪”一词来源于拉丁文，意思是 100 年，即一个世纪为 100 年。按照常规，公元 1 年至公元 100 年为一世纪，公元 101 年至公元 200 年为第二世纪。由于没有公元 0 年，公元一世纪是公元 1 年至公元 99 年共计 99 年，从二世纪起每个世纪才是 100 年。这是因为历法业界已经形成的习惯，就是把每个 00 年作为下一个世纪的第一年，所以，公元二世纪是从公元 100 年至公元 199 年，三世纪是公元 200 年至公元 299 年，公元 2000 年至公元 2099 年为 21 世纪，以此类推。在公元纪年的世纪中，又分为早期或者初期、中期、晚期或者末期，或者分为前半期、后半期等。早期，即一个世纪的前 30 年；中期，则指一个世纪中间的 50 年；晚期，是一个世纪的后 20 年；前半期和后半期就是指一个世纪的前、后各 50 年。“年代”是指一个世纪中的某一个 10 年，但是，历法业界已经习惯把每个世纪的前 20 年（公元前、后一个世纪均为前 19 年）称为某世纪初年；把 20 ~ 29 年称为 20 年代，30 ~ 39 年称为 30 年代，以此类推，90 ~ 99 年称为 90 年代，由此可知，每个世纪实际上又可分为 1 个初年，8 个年代。在世界上，对相隔久远的年代还有千年代的说法，即 1000 年为一个千年代。

计算跨公元前、后连续纪年总数的方法为：因为公元前、后的分界点不设 0 年，故公元前的纪年数是按绝对值由大到小的顺序排列，绝对值最小的是公元前 1 年。从公元前 2000 年（含）到公元前 1 年（含），总年数是 2000 年，同理，公元纪年按绝对值由小到大依次排列，从公元 1 年（含）到公元 2000 年（含），也是整 2000 年。最简单的方法就是将公元前、后两个积年总数直接相加即得。如果在数轴上计算跨公元前、后的连续纪年总数，则不同于数学中正负数绝对值相加的计算方法，正确的计算方法是：自公元前某年起至公元某年之总数减 1。因为在数轴上是贯通公元前、后连续计数的，包含了数轴原点“0”，所以要减去 1 年。如公元前 1525 年至公元 2015 年的总年数为 3541 年，减去 1 后实际为 3540 年。

基于公元纪年法的时间表达模型是日常生活中以及中文地理科技论文中最常

用的时间表达方法。其表达模式具有一定的规律性：①时间表达式通常由基本的时间元素组合而成，且时间元素在上下文中的距离跨度很小，如“2012 年 8 月 12 日下午 5 点 18 分 56 秒”，可以分解为［2012 年］［8 月］［12 日］［下午］［5 点］［18 分］［56 秒］等独立的时间元素。②时间信息描述通常与表达时间单位的触发词汇紧密结合，如“1997 年 7 月 1 日”中的“年”“月”“日”。③相同的时间可能会有不同的表达形式，如“2016 年 7 月 28 日”可表达为“2016/7/28”或“2016-7-28”等。

结合汉语中时间信息描述特点，将地理科技论文中时间信息描述分为时间点和时间段两种。时间点表示一个时间轴上一个点，如“2016 年 7 月 28 日下午 5 点”。时间段表示时间轴上的一段时间，如“2012 年 7 月 ~2016 年 9 月”。时间点和时间段是相对的，它们可以在不同的时间尺度下相互转换（Zhu et al., 2017a），例如，在“时”尺度下，“2016 年 7 月 28 日下午 5 点”是一个时间点，但是在“分”尺度下，“2016 年 7 月 28 日下午 5 点”等同于“2016 年 7 月 28 日下午 5 点 0 分 ~2016 年 7 月 28 日下午 5 点 59 分”，是一个时间段。由于地理学研究时间尺度通常较大，本书以“日”作为最小的时间尺度，大于“日”的尺度，通过时间降尺度，小于“日”的尺度，通过时间升尺度，统一为“日”尺度。表 3.1 总结了中文科技论文中常用的基于公元纪年法的时间表达模式。

**表 3.1　中文地理科技论文中常用的基于公元纪年法的时间表达方式**

| 时间类型 | 时间表达模式(非精确) | 样例 | 备注 |
|---|---|---|---|
| 时间点 | yyyy 年 mm 月 dd 日 | 2015 年 7 月 28 日 | 无 |
| 时间点 | yyyy-mm-dd | 2014-7-28 | 无 |
| 时间点 | yyyy/mm/dd | 2009/12/11 | 无 |
| 时间段 | yyyy(年)(mm(月)(dd(日)))[~//-//到//至//和](yyyy 年)(mm 月)(dd 日) | 2012 年 7 月 9 日-2014 年 9 月 27 日；1998 年 5 月-1999 年 3 月；1986 年-2009 年；1990 年 3 月-5 月；2016 年 5 月 3 日-10 日；1999-2008 年 | 括号‘()’表示可有可无，//表示“或”，[]表示任选其一 |
| 时间段 | yyyy(-mm(-dd))[~//-//到//至//和]yyyy(-mm(-dd)) | 2004-2008 | 同上 |
| 时间段 | yyyy(.mm(.dd))[~//-//到//至//和]yyyy(.mm(.dd)) | 2008.3.20-2012.4.29； | 同上 |
| 时间段 | yyyy(/mm(/dd))[~//-//到//至//和]yyyy(/mm(/dd)) | 2007/9/23-2015/8/30；<br>2004-2009 | 同上 |
| 时间段 | yyyy 年 mm 月(dd 日)(((、,)mm 月)*((、,)dd 日)*) | 2000 年 5 月、7 月、9 月；<br>2003 年 4 月 11 日,15 日,18 日 | 同上，* 代表可以重复多次 |

续表

| 时间类型 | 时间表达模式(非精确) | 样例 | 备注 |
|---|---|---|---|
| 时间段 | cc 世纪(yy 年代)[ ~//-//到//至//和](cc 世纪)(yy 年代) | 20 世纪;20 世纪 50 年代;20 世纪 50 年代-70 年代;18 世纪-20 世纪 | 同上 |
| 时间段 | cc 世纪 yy 年代(((、,)yy 年代) * ) | 19 世纪 30 年代、40 年代;<br>19 世纪 50 年代,70 年代; | 同上 |
| 时间段 | yyyy s [ ~//-//到//至//和 ] yyyy s | 1980s-1990s;1980s 和 2010s | 同上 |
| 时间段 | cc AD//BC ([ ~//-//到//至//和]cc AD//BC) | 13 AD-15AD;5 BC-2 BC | 同上 |
| 时间段 | (距今//公元//公元前)yyyy(年)[ ~//-//到//至//和]((距今//公元//公元前)yyyy 年) | 距今 3590 年;公元 223-235 年;公元前 367 年 | 同上 |

#### 3.2.1.2 地质年代的时间表达模型

地质年代是指地球上各种地质事件发生的时代，它包含两方面的含义。

1）根据生物演化及岩石、地质构造等特征，把整个地质历史划分为一系列不同级别的历史阶段，即地质年代单位，借以展示岩石、地质事件等在时间上的顺序和包含关系，称为相对地质年代。相对地质年代时间表述单位有宙、代、纪、世、期、时；“宙”“代”“纪”“世”分别指地质年代分期的第一级、第二级、第三级、第四级。地质年代分期的第一级——“宙”，可以分为“太古宙”、“元古宙”和“显生宙”，“太古宙”开始于约 46 亿年前，结束于约 25 亿年前。包含“冥古代”“始太古代”“中太古代”“新太古代”四个代。“元古宙”开始于约 25 亿年前，结束于约 5.42 亿年前，包含“古元古代”、“中元古代”和“新元古代”三个代。“显生宙”开始于约 5.42 亿年前，可分为“古生代”、“中生代”和“新生代”三个代。各个“代”下面可以进一步细分为“纪”，“纪”又可以进一步细分为“世”等等。此外地质年代还可以通过地层自然形成的先后顺序来表达，称为年代地层表述。其表述单位有宇、界、系、统、阶、带。年代地层单位和地质时代单位存在着对应的关系，如“显生宙”形成的地层称为“显生宇”，“古生代”形成的地层称为“古生界”。表 3.2 展示了地质年代表和相应的年代地层表的前四级的内容。

**表 3.2　地质年代表和地层表前四级分类内容**

| 宙/宇 | 代/界 | 纪/系 | 世/统 |
|---|---|---|---|
| 太古宙（宇） | 冥古代（界） | | |
| | 始太古代（界） | | |
| | 古太古代（界） | | |
| | 中太古代（界） | | |
| | 新太古代（界） | | |
| 元古宙（宇） | 古元古代（界） | 滹沱纪（系） | |
| | | 长城纪（系） | |
| | 中元古代（界） | 蓟县纪（系） | |
| | 新元古代（界） | 青白口纪（系） | |
| | | 南华纪（系） | 上南华世（统） |
| | | | 中南华世（统） |
| | | | 下南华世（统） |
| | | 震旦纪（系） | 上震旦世（统） |
| | | | 下震旦世（统） |
| 显生宙（宇） | 古生代（界） | 寒武纪（系） | 芙蓉世（统） |
| | | | 第三世（统） |
| | | | 第二世（统） |
| | | | 纽芬兰世（统） |
| | | 奥陶纪（系） | 上奥陶世（统） |
| | | | 中奥陶世（统） |
| | | | 下奥陶世（统） |
| | | 志留纪（系） | 普利多利世（统） |
| | | | 拉德洛世（统） |
| | | | 文洛克世（统） |
| | | | 兰多弗里世（统） |
| | | 泥盆纪（系） | 上泥盆世（统） |
| | | | 中泥盆世（统） |
| | | | 下泥盆世（统） |
| | | 石炭纪（系） | 上石炭世（统） |
| | | | 下石炭世（统） |

续表

| 宙/宇 | 代/界 | 纪/系 | 世/统 |
|---|---|---|---|
| 显生宙（宇） | 古生代（界） | 二叠纪（系） | 乐平世（统） |
| | | | 阳新世（统） |
| | 中生代（界） | | 船山世（统） |
| | | 三叠纪（系） | 上三叠世（统）//早三叠世（统） |
| | | | 中三叠世（统） |
| | | | 下三叠世（统）//晚三叠世（统） |
| | | 侏罗纪（系） | 上侏罗世（统）//早侏罗世（统） |
| | | | 中侏罗世（统） |
| | | | 下侏罗世（统）//晚侏罗世（统） |
| | | 白垩纪（系） | 上白垩世（统）//早白垩世（统） |
| | | | 晚白垩世（统）//下白垩世（统） |
| | 新生代（界） | 古近纪（系） | 古新世（统） |
| | | | 始新世（统） |
| | | | 渐新世（统） |
| | | 新近纪（系） | 中新世（统） |
| | | | 上新世（统） |
| | | 第四纪（系） | 更新世（统） |
| | | | 全新世（统） |

2）绝对地质年代是以绝对的天文单位“年”来表达地质时间的方法，绝对地质年代学可以用来确定地质事件发生、延续和结束的时间。绝对地质年代也称为同位素地质年龄，是指利用放射性元素的蜕变规律来测定的地质事件发生时刻距今（公元1950年）的单位时间值（Laxton et al.，2010；刘德良，2011）。在表述地质年龄时，必须同时包含样品和测年方法等内容。因为对同一样品，采用不同的元素和方法测定的年龄及其误差是存在差异的。如 1.5 cal Ma B.P. 表示经过矫正的用放射性碳素（$^{14}C$）测年法测得的距今 1.5 个百万年的时间，大约在地质年代的早更新世。

地质年代表（年代地层表）是地质年代的主要内容载体和表现形式。目前，不同的国家或组织有不同版本的地层表，它们在年代单位命名和时间划分方面不尽相同，比较常用的有《国际年代地层表》（章森桂，2013），《中国地层表》（王泽九等，2014）等。

地质年代与时空上分布的地质事件、地层等都存在密切关系，对地学各领域、全球变化研究及地质信息化建设等都具有十分重要的理论和实际意义（陈宣华等，2009；Cox and Richard，2005）。地质年代以专业术语、绝对数值、符号等多种方式普遍存在于地球科学基础数据集中和学术论文中。本书以《中国地层表》为地质年代的时间术语来源，总结在地理科技论文中常用的地质年代的时间表达方式，如表 3.3 所示。

**表 3.3　中文地理科技论文中常用的基于地质年代的时间表达模式**

| 时间类型 | 时间表达模式(非精确) | 样例 | 备注 |
|---|---|---|---|
| 时间段 | ss 宙//宇//代//界//纪//系//世//统 | 第四纪;中生代;显生宙;下侏罗世 | 括号‘( )’表示可有可无,//表示“或” |
| 时间段 | ss 宙//宇//代//界//纪//系//世//统[ ~//-//到//至//和 ] ss 宙//宇//代//界//纪//系//世//统 | 上新世到全新世;二叠纪至白垩纪 | [ ]表示任选其一 |
| 时间点 | dddd( cal//CAL) ( ma//ka//a) (BP//B. P. //bp//b. p. ) | 1. 5 cal Ma B. P. | 同上 |
| 时间段 | dddd( cal//CAL) ( ma//ka//a) (BP//B. P. //bp//b. p. )( ~//-//到//至) dddd ( cal//CAL) ( ma//ka//a ) ( BP//B. P. //bp//b. p. ) | 1. 5 cal Ma B. P. ~ 0. 75 cal Ma B. P. | 同上 |

#### 3.2.1.3　基于历史朝代的时间表达模型

我国从约公元前 2070 年至今有大约 20 多个朝代，由于每个朝代基本都有明确的建立时间和灭亡时间，因而被经常的用作时间范围的表达方法，如北宋、元朝、清代等。历史地理相关的学术论文中经常出现以历史朝代为表达方法的时间范围，如“清代山东地区的人口、耕地与粮价变迁”（孙百亮和孙静琴，2006）一文。本书对中国主要朝代的名称以及简称进行了梳理，并总结了地理科技论文中常用的基于历史朝代的时间表达模型，分别如表 3.4 和表 3.5 所示。

**表 3.4　中国历史朝代表及其简称**

| 一级朝代名称 | 二级朝代名称 | 简称 |
|---|---|---|
| 夏朝（代） | 夏朝 | 夏 |
| 商朝（代） | 商朝 | 商 |

续表

| 一级朝代名称 | 二级朝代名称 | 简称 |
|---|---|---|
| 周朝（代） | 西周 | 周 |
| | 东周 | |
| | 春秋 | |
| | 战国 | |
| 秦朝（代） | 秦朝 | 秦 |
| 汉朝（代） | 西汉 | 汉 |
| | 东汉 | |
| 三国 | 曹魏 | 魏 |
| | 蜀汉 | 蜀 |
| | 东吴 | 吴 |
| 晋朝（代） | 西晋 | 晋 |
| | 东晋 | |
| 十六国 | 十六国 | |
| 南北朝 | 南朝 | |
| | 北朝 | |
| 隋朝（代） | 隋朝 | 隋 |
| 唐朝（代） | 唐朝 | 唐 |
| 五代十国 | 五代十国 | |
| 宋朝（代） | 北宋 | 宋 |
| | 南宋 | |
| 辽国 | 辽国 | 辽 |
| 大理国 | 大理国 | |
| 西夏 | 西夏 | |
| 金国 | 金国 | 金 |
| 元朝（代） | 元朝 | 元 |
| 明朝（代） | 明朝 | 明 |
| 清朝（代） | 清朝 | 清 |
| 中华民国 | 中华民国 | 民国 |

**表 3.5 地理科技论文中常用的基于历史朝代的时间表达模式**

| 时间类型 | 时间表达模式(非精确) | 样例 | 备注 |
|---|---|---|---|
| 时间段 | 夏朝//夏代//商朝//周朝//西周//东周//春秋//战国//秦朝//汉朝//汉代//西汉//东汉//三国//曹魏//蜀汉//东吴//晋朝//晋代//西晋//东晋//十六国//南北朝//南朝//北朝//隋朝//隋代//唐朝//唐代//五代十国//宋朝//宋代//北宋//南宋//西夏//元朝//元代//明朝//明代//清朝//清代//中华民国//民国 | 清朝;北宋 | //表示"或" |
| 时间段 | 夏//夏朝//夏代//商//商朝//周朝//周//西周//东周//春秋//战国//秦朝//秦//汉朝//汉代//汉//西汉//东汉//三国//曹魏//蜀汉//东吴//晋朝//晋代//晋//西晋//东晋//五胡十六国//南北朝//南朝//北朝//隋朝//隋//唐朝//唐代//唐//五代十国//宋朝//宋代//宋//北宋//南宋//辽//大理//西夏//金//元朝//元//元代//明朝//明代//明//清朝//清代//清//中华民国//民国([、//,]夏//夏朝//夏代//商//商朝//周朝//周//西周//东周//春秋//战国//秦朝//秦//汉朝//汉代//汉//西汉//东汉//三国//曹魏//蜀汉//东吴//晋朝//晋代//晋//西晋//东晋//十六国//南北朝//南朝//北朝//隋朝//隋//唐朝//唐代//唐//五代十国//宋朝//宋代//宋//北宋//南宋//辽//大理//西夏//金//元朝//元//元代//明朝//明代//明//清朝//清代//清//中华民国//民国)* | 元、明、清 | 括号'( )'表示可有可无;[ ]表示任选其一;*表示可以重复多次 |
| 时间段 | 夏//夏朝//夏代//商//商朝//周朝//周//西周//东周//春秋//战国//秦朝//秦//汉朝//汉代//汉//西汉//东汉//三国//曹魏//蜀汉//东吴//晋朝//晋代//晋//西晋//东晋//五胡十六国//南北朝//南朝//北朝//隋朝//隋//唐朝//唐代//唐//五代十国//宋朝//宋代//宋//北宋//南宋//辽//大理//西夏//金//元朝//元//元代//明朝//明代//明//清朝//清代//清//中华民国//民国[-//—//到//至//和](夏//夏朝//夏代//商//商朝//周朝//周//西周//东周//春秋//战国//秦朝//秦//汉朝//汉代//汉//西汉//东汉//三国//曹魏//蜀汉//东吴//晋朝//晋代//晋//西晋//东晋//十六国//南北朝//南朝//北朝//隋朝//隋//唐朝//唐代//唐//五代十国//宋朝//宋代//宋//北宋//南宋//辽//大理//西夏//金//元朝//元//元代//明朝//明代//明//清朝//清代//清//中华民国//民国) | 战国-清;明和清 | 同上 |

此外，还有年号纪年法以及干支纪年法等纪年法，由于其在地理科技论文中出现的频率较低，本书就不一一进行研究。

### 3.2.2 中文地理科技论文研究时间范围自动提取

地理科技论文以地球表层各圈层相互作用关系，及其空间差异与变化过程为研究内容的科技论文。地理学科技论文通常有明确的研究时间范围。地理科技论文的研究时间范围是指其研究对象和内容在时间轴上的跨度，以研究数据的时间区间和研究成果的时间区间表达。

中文地理科技论文正文通常由标题、作者、摘要、关键词、前言、材料与方法、结果、讨论、结论等部分组成，论文中任何一个部分均可能出现时间信息，但根据地理科技论文的写作习惯，如果标题中出现了时间信息，这个时间信息通常就是该研究的时间范围；摘要部分出现的时间信息也有很大的概率是该研究的时间范围；中文地理科技论文一般会在材料与方法（有时也叫作数据与方法，数据来源与方法，资料来源与方法等）部分，用一个小的章节（以下统称数据介绍章节）详细介绍该研究使用的数据，因而这部分出现的时间信息常常也是该研究的时间范围；此外，论文的结论部分是对该研究成果的总结，这部分出现的时间信息常常是研究成果的时间范围，也是研究的时间范围。对《地理学报》2015年出版的150篇论文进行统计，论文的时间范围信息在论文各个部分出现的频率如表3.6所示。从表中可以发现，论文的关键词和其他位置出现论文的时间范围的概率非常小，因而在本书研究中不予考虑。

**表3.6 验证数据集中时间范围在论文各个部分出现的频率**

| 类别 | 时间范围出现位置 | 频率 |
|---|---|---|
| 有时间范围的论文 | 关键词 | 1篇 |
| | 标题 | 24篇 |
| | 摘要 | 64篇 |
| | 正文的研究区概况或者数据资料来源介绍章节 | 29篇 |
| | 结论部分 | 8篇 |
| | 其他位置 | 5篇 |
| 无时间范围的论文 | — | 19篇 |

根据以上假设，本书提出一个四层的地理科技论文研究时间范围提取模型。这个模型基于3.2.1小节中总结的中文地理科技论文中常用的时间表达方式，采用时间触发词和规则模型相结合的方式实现中文地理科技论文中时间信息的解析。本书提出的这个四层模型是一个基于经验的概率模型，其内容如图3.1所示。

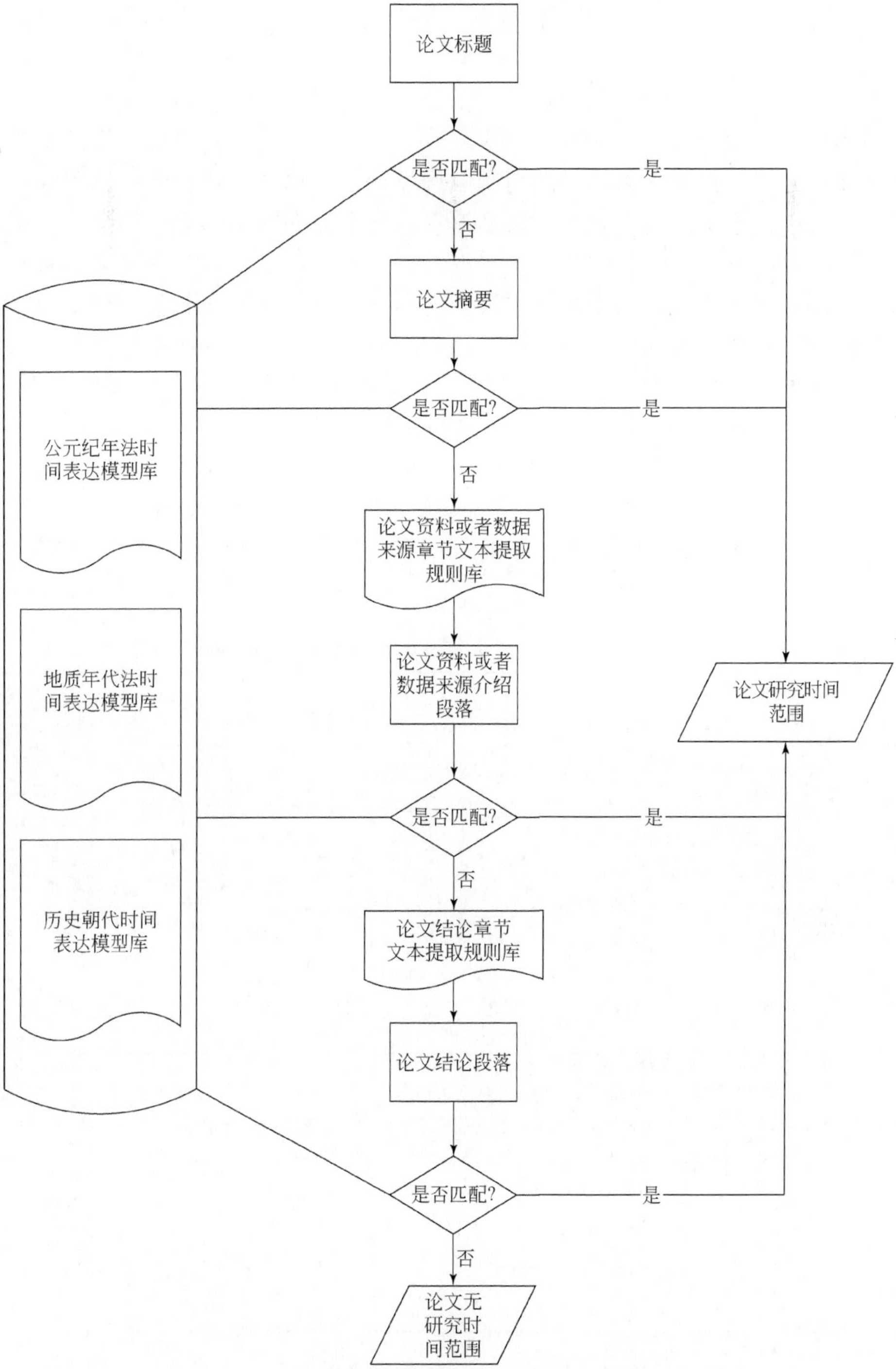


图 3.1　中文地理科技论文研究时间范围信息四层抽取模型

正则表达式，又称为规则表达式，被用来检索、替换那些符合某个模式(规则)的文本。如“\d{4}”用来匹配一段文本中的4位数字。中文地理科技论文研究时间范围信息四层抽取模型首先根据表3.1、表3.3和表3.5中总结的中文地理科技论文中常用的时间表达模式，利用正则表达式把这些模式规则化；其次，根据学术论文的组织结构特征抽取论文的数据介绍章节和结论章节的文本；再次，针对论文标题、摘要、数据介绍和结论部分的文本，按先后顺序用有区别的正则表达式库，提取其中的时间信息，如果在论文的某一部分提取到了时间信息，则停止继续向后面的部分提取时间信息。最后，把提取到的时间信息作为研究的时间范围。其中，对论文不同部分使用不同的正则表达式库是因为符合某个正则表达式的信息在地理科技论文的不同部分出现时，其表达研究的时间范围的概率是不同的，譬如在标题中出现\d{4}-\d{4}，例如2014-2020，其很有可能就是表达研究的时间范围，但是在正文中出现这种两个四位数字组成的片段，则较难界定其为研究的时间范围，譬如4534-6745。本书总结的正则表达式库，以及其适应的地理科技论文的部分如表3.7所示。

**表3.7　中文地理科技论文研究时间范围信息抽取正则表达式库**

<table>
<tr><th>编号</th><th>正则表达式</th><th>样例</th><th>适用部分</th></tr>
<tr><td>1</td><td>(?<!距今|公元前|过去)(?:\n|\r|\\s)*\\d{4}(?:年)?(?:\\d{1,2}月(?:\\d{1,2}日)?)?[-~到至和](?<!距今|公元前|过去)\\d{4}年(?:\\d{1,2}月(?:\\d{1,2}日)?)?|(?<!距今|公元前|过去)\\d{4}(?:\n|\r|\\s)*年(?:\n|\r|\\s)*(?:(?:(?:\n|\r|\\s)*[、,]?(?:\n|\r|\\s)*\\d{1,2}(?:\n|\r|\\s)*月)*(?:(?:\n|\r|\\s)*[、,]?(?:\n|\r|\\s)*\\d{1,2}(?:\n|\r|\\s)*日)*)?(?!以来|前|后|之后|以前|左右|以后|之前|来);</td><td>2015年7月28日-8月30日；2015年-2018年；2015年7月、8月、9月</td><td>标题；<br>数据介绍，<br>结论；</td></tr>
<tr><td>2</td><td>(?<!距今|公元前|过去)(?:\n|\r|\\s)*\\d{4}年(?:\n|\r|\\s)*(?:\\d{1,2}(?:\n|\r|\\s)*(?:月)?(?:\n|\r|\\s)*(?:\\d{1,2}(?:\n|\r|\\s)*(?:日)?)?)?(?:\n|\r|\\s)*[-~到至和](?:\n|\r|\\s)*(?:\\d{4}(?:\n|\r|\\s)*年)?(?:\n|\r|\\s)*(?:\\d{1,2}(?:\n|\r|\\s)*(?:月))?(?:\n|\r|\\s)*(?:\\d{1,2}(? \n|\r|\\s)*(?:日)?)?;</td><td>2015年8月-2018年7月</td><td>标题，<br>数据介绍，<br>摘要，<br>结论；</td></tr>
</table>

续表

<table>
<tr><th>编号</th><th>正则表达式</th><th>样例</th><th>适用部分</th></tr>
<tr><td>3</td><td>(? <! 距今|公元前|过去)(?:\n|\r|\\s) * \\d{3,4}(?:年)?(?:\\d{1,2}月(?:\\d{1,2}日)?)? [--~到至和](? <! 距今|公元前|过去)(?:\n|\r|\\s) * \\d{3,4}年(?:\\d{1,2}月(?:\\d{1,2}日)?)? |(? <! 距今|公元前|过去)\\d{4}年(?:\n|\r|\\s) * (?:(?:(?:\n|\r|\\s) * [、,]? (?:\n|\r|\\s) * \\d{1,2}(?:\n|\r|\\s) * 月) * (?:(?:\n|\r|\\s) * [、,]? (?:\n|\r|\\s) * \\d{1,2}(?:\n|\r|\\s) * 日) * )?(?! 以来|前|后|之后|以前|左右|以后|之前|来);</td><td>2007-2015 年</td><td>标题,<br>摘要;</td></tr>
<tr><td>4</td><td>\\d{4}[到至--~]\\d{4}</td><td>2012-2013</td><td>标题</td></tr>
<tr><td>5</td><td>\\d+(?:\n|\r|\\s) * [-~](?:\n|\r|\\s) * \\d+(?:\n|\r|\\s) * (?:cal|CAL.)? (?:\n|r|\\s) * (?:ma|ka|a)(?:\n|\r|\\s) * bp|\\d+(?:\n|\r|\\s) * (?:cal|CAL.)? (?:\n|\r|\\s) * (?:ma|ka|a)(?:\n|\r|\\s) * bp";</td><td>55 - 25 cal ma BP</td><td>标题,<br>摘要,<br>数据介绍,<br>结论;</td></tr>
<tr><td>6</td><td>(?:距今|公元前)(?:\n|\r|\\s) * \\d{1,10}(?:\n|\r|\\s) * 年(?:\n|\r|\\s) * (?:\\d{1,2}(?:\n|\r|\\s) * (?:月)? (?:\n|\r|\\s) * (?:\\d{1,2}(?:\n|\r|\\s) * (?:日)?)?)? (?:\n|\r|\\s) * [-到至和](?:\n|\r|\\s) * (?:距今|公元前)? (?:\n|\r|\\s) * (?:\\d{4}(?:\n|\r|\\s) * 年)? (?:\n|\r|\\s) * (?:\\d{1,2}(?:\n|\r|\\s) * (?:月))? (?:\n|\r|\\s) * (?:\\d{1,2}(?:\n|\r|\\s) * (?:日)?)? |(?:距今|公元前)(?:\n|\r|\\s) * \\d{1,10}(?:\n|\r|\\s) * 年(?:\n|\r|\\s) * (?:\\d{1,2}(?:\n|\r|\\s) * (?:月)? (?:\n|\r|\\s) * (?:\\d{1,2}(?:\n|\r|\\s) * (?:日)?)?)?";</td><td>公元前 227 年-公元前 40 年;距今 3950 年</td><td>标题,<br>数据介绍,<br>摘要,<br>结论;</td></tr>
<tr><td>7</td><td>\\d{4}(?:\n|\r|\\s) * [\\.-](?:\n|\r|\\s) * \\d{1,2}(?:\n|\r|\\s) * [\\.-](?:\n|\r|\\s) * \\d{1,2}(?:\n|\r|\\s) * [-~到至和](?:\n|\r|\\s) * \\d{4}(?:\n|\r|\\s) * [\\.-]\\d{1,2}(?:\n|\r|\\s) * [\\.-](?:\n|\r|\\s) * \\d{1,2}";</td><td>2008.3.20-2012.4.29;</td><td>标题,<br>摘要,<br>数据介绍,<br>结论;</td></tr>
<tr><td>8</td><td>\\d{1,2}(?:\n|\r|\\s) * 世纪(?:\n|\r|\\s) * \\d{1,2}(?:\n|\r|\\s) * (?:年代)? (?:\n|\r|\\s) * [--~到至和](?:\n|\r|\\s) * \\d{1,2}(?:\n|\r|\\s) * (?:年代)|(?:\\d{1,2}(?:\n|\r|\\s) * 世纪(?:\n|\r|\\s) * (?:\\d{1,2}(?:\n|\r|\\s) * (?:年代)? (?! 世纪)(?! \\d)(?:\n|\r|\\s) * [、,]?) * (?:\n|\r|\\s) * \\d{1,2}(?:\n|\r|\\s) * 年代)(?! 以来|前|后|之后|以前|左右|以后|之前|来|初)|(?:(?:[、,]? \\d{1,2})+(?:\n|\r|\\s) * 世纪)+(?! 以来|前|后|之后|以前|左右|以后|之前|来|初|末|\\d)";</td><td>20 世纪 80-90 年代;20、21 世纪</td><td>标题,<br>摘要;</td></tr>
</table>

续表

<table>
<tr><th>编号</th><th>正则表达式</th><th>样例</th><th>适用部分</th></tr>
<tr><td>9</td><td>夏朝|商朝|周朝|西周|东周|春秋|战国|秦朝|汉朝|西汉|东汉|三国|曹魏|蜀汉|东吴|晋朝|西晋|东晋|十六国|南北朝|南朝|北朝|隋朝|唐朝|五代十国|宋朝|北宋|南宋|西夏|元朝|明朝|清朝|近现代";</td><td>清朝</td><td>标题;</td></tr>
<tr><td>10</td><td>(?! 清明)(?:夏|夏朝|商|商朝|周朝|周|西周|东周|春秋|战国|秦朝|秦|汉朝|汉|西汉|东汉|三国|曹魏|蜀汉|东吴|晋朝|晋|西晋|东晋|十六国|南北朝|南朝|北朝|隋朝|隋|唐朝|唐|五代十国|宋朝|宋|北宋|南宋|辽|大理|西夏|金|元朝|元|明朝|明|清朝|清|近现代|近代|现代)(?:\n|\r|\\s)*(?:(?:\n|\r|\\s)*[、,]?(?:\n|\r|\\s)*(?:夏|夏朝|商|商朝|周朝|周|西周|东周|春秋|战国|秦朝|秦|汉朝|汉|西汉|东汉|三国|曹魏|蜀汉|东吴|晋朝|晋|西晋|东晋|五胡十六国|南北朝|南朝|北朝|隋朝|隋|唐朝|唐|五代十国|宋朝|宋|北宋|南宋|辽|大理|西夏|金|元朝|元|明朝|明|清朝|清|近现代|近代|现代))+";</td><td>元明清,元、明、清等</td><td>标题,<br>摘要,<br>数据介绍;</td></tr>
<tr><td>11</td><td>(?:夏|夏朝|商|商朝|周朝|周|西周|东周|春秋|战国|秦朝|秦|汉朝|汉|西汉|东汉|三国|曹魏|蜀汉|东吴|晋朝|晋|西晋|东晋|十六国|南北朝|南朝|北朝|隋朝|隋|唐朝|唐|五代十国|宋朝|宋|北宋|南宋|辽|大理|西夏|金|元朝|元|明朝|明|清朝|清|近现代|近代|现代)(?:\n|\r|\\s)*[-—到至和](?:(?:\n|\r|\\s)*(?:夏|夏朝|商|商朝|周朝|周|西周|东周|春秋|战国|秦朝|秦|汉朝|汉|西汉|东汉|三国|曹魏|蜀汉|东吴|晋朝|晋|西晋|东晋|五胡十六国|南北朝|南朝|北朝|隋朝|隋|唐朝|唐|五代十国|宋朝|宋|北宋|南宋|辽|大理|西夏|金|元朝|元|明朝|明|清朝|清|近现代|近代|现代))+";</td><td>宋-明</td><td>标题,<br>摘要,<br>数据介绍,<br>结论;</td></tr>
<tr><td>12</td><td>\\d{1,4}(?:\n|\r|\\s)*(?:±)?(?:\n|\r|\\s)*\\d{1,3}(?:\n|\r|\\s)*(?:AD|BC)?(?:\n|\r|\\s)*[-~到至和](?:\n|\r|\\s)*\\d{1,4}(?:\n|\r|\\s)*(?:±)?(?:\n|\r|\\s)*\\d{1,3}(?:\n|\r|\\s)*(?:AD|BC)|\\d{1,4}(?:\n|\r|\\s)*(?:±)?(?:\n|\r|\\s)*\\d{1,3}(?:\n|\r|\\s)*(?:AD|BC)";</td><td>13 AD-15AD;5 BC-2 BC</td><td>标题,<br>摘要,<br>数据介绍,<br>结论;</td></tr>
</table>

续表

<table>
<tr><th>编号</th><th>正则表达式</th><th>样例</th><th>适用部分</th></tr>
<tr><td>13</td><td>(?:太古宇|冥古界|始太古界|古太古界|中太古界|新太古界|古元古界|成铁纪|层侵纪|造山纪|固结纪|中元古界|盖层纪|延展纪|狭带纪|新元古代|拉伸纪|成冰纪|埃迪卡拉纪|滹沱纪|长城纪|蓟县纪|青白口纪|南华纪|上南华世|中南华世|下南华世|震旦纪|上震旦世|下震旦世|寒武纪|芙蓉世|第三世|第二世|纽芬兰世|奥陶纪|上奥陶世|中奥陶世|下奥陶世|志留纪|普利多利世|拉德洛世|文洛克世|兰多弗里世|泥盆纪|上泥盆世|中泥盆世|下泥盆世|石炭纪|上石炭世|下石炭世|二叠纪|乐平世|阳新世|船山世|三叠纪|上三叠世|早三叠世|中三叠世|下三叠世|晚三叠世|侏罗纪|上侏罗纪|早侏罗纪|中侏罗纪|下侏罗纪|晚侏罗纪|白垩纪|上白垩纪|早白垩纪|晚白垩纪|下白垩纪|古近纪|古新世|始新世|渐新世|新近纪|中新世|上新世|第四纪|更新世|全新世|太古宇|元古宇|显生宇|古生界|中生界|新生界)[-~到至和]?(?:\n|\r|\\s)*(?:太古宇|冥古界|始太古界|古太古界|中太古界|新太古界|古元古界|成铁纪|层侵纪|造山纪|固结纪|中元古界|盖层纪|延展纪|狭带纪|新元古代|拉伸纪|成冰纪|埃迪卡拉纪|滹沱纪|长城纪|蓟县纪|青白口纪|南华纪|上南华世|中南华世|下南华世|震旦纪|上震旦世|下震旦世|寒武纪|芙蓉世|第三世|第二世|纽芬兰世|奥陶纪|上奥陶世|中奥陶世|下奥陶世|志留纪|普利多利世|拉德洛世|文洛克世|兰多弗里世|泥盆纪|上泥盆世|中泥盆世|下泥盆世|石炭纪|上石炭世|下石炭世|二叠纪|乐平世|阳新世|船山世|三叠纪|上三叠世|早三叠世|中三叠世|下三叠世|晚三叠世|侏罗纪|上侏罗纪|早侏罗纪|中侏罗纪|下侏罗纪|晚侏罗纪|白垩纪|上白垩纪|早白垩纪|晚白垩纪|下白垩纪|古近纪|古新世|始新世|渐新世|新近纪|中新世|上新世|第四纪|更新世|全新世|太古宇|元古宇|显生宇|古生界|中生界|新生界)</td><td>侏罗纪－第四纪；更新世；全新世</td><td>标题，数据介绍，摘要；</td></tr>
</table>

### 3.2.3 中文地理科技论文研究时间范围自动提取模型精度验证

基于 3.2.2 小节提出的中文地理科技论文研究时间范围信息四层抽取模型以及时间范围正则表达式库，利用 Java 程序语言、MySQL 数据库、iText 和 pdfbox 等 PDF 文档读取模块库，开发了一个中文地理科技论文研究时间范围信息自动提取系统。这个自动提取系统能自动提取论文的标题、摘要、数据介绍和结论部分的文本，进而从文本中抽取时间信息，实现中文地理科技论文研究时间范围抽取地自动化。

本书以《地理学报》2015年全年出版的150篇论文为验证数据集，请专家判定每一篇论文的研究时间范围，然后利用中文地理科技论文研究时间范围信息自动提取系统提取这150篇科技论文的时间研究范围，与专家研判的信息做对比，判断本书提出的中文地理科技论文研究时间范围信息四层抽取模型准确率。《地理学报》2015年出版的150篇学术论文及专家研判的时间研究范围和本书提出的模型自动抽取的研究时间范围部分信息如表3.8所示（全部的数据集请见 https://github.com/czgbjy/DoctorThesis/自动抽取时间范围验证数据集 v1.0.xlsx）。

**表3.8　中文地理科技论文研究时间范围部分信息抽取验证数据集**

| 编号 | 论文标题 | 专家判定时间 | 自动抽取时间 |
| --- | --- | --- | --- |
| 1 | 南阳盆地新石器文化的地理分布、传播路径及生业模式 | 全新世 | 全新世; |
| 2 | 地理学相关影响类论文的写作 | 无 | 无 |
| 3 | 天山地区大气降水氧同位素的影响因素及其对西风环流变化的指示意义 | 1951~2011年 | 1986-2003年; |
| 4 | 1977~2014年江苏中部滨海湿地演化与围垦空间演变趋势 | 1977~2014年 | 1977-2014年 |
| 5 | 郧县盆地风成黄土—古土壤与汉江I级阶地形成年龄研究 | 55~25 ka BP;<br>25~0 ka BP | 25kaBP; 25-0kaBP;<br>55kaBP; 55-25kaBP;<br>全新世; |
| 6 | 中国中东部植被景观观赏季划分的物候学基础 | 1963~2009年 | 1963-2009年; |
| 7 | 用创新思维破解风沙运动机理——两种理论体系核心的剖析 | 无 | 1941年; 1959年3月; |
| 8 | 基于第二次冰川编目的中国冰川现状 | 2004~2011年;<br>1980年、1968~1971年; 1964年 | 1964年; 1968-1971年;<br>1980年; 2004-2011年; |
| 9 | 黄河冲积扇发育研究述评 | 第四纪 | 第四纪; |
| 10 | 2013年北京市$PM_{2.5}$的时空分布 | 2013年 | 2013年; |
| 11 | 基于河流健康及国际法的跨境水分配关键指标及阈值 | 1864~2002年 | 1864-2002年; |
| …… | …… | …… | …… |
| 137 | 中国古代世界地图主要成就与特色初探 | 1368~1911年 | 1368-1911年; 明清; |
| 138 | 华北农牧交错带冬季降雪时空变化特征 | 1961~2012年 | 1961-2012年; |
| 139 | 基于土壤侵蚀控制度的黄土高原水土流失治理潜力研究 | 2010年 | 2010年; |

续表

| 编号 | 论文标题 | 专家判定时间 | 自动抽取时间 |
|---|---|---|---|
| 140 | 珠江三角洲地区未来海平面上升及风暴潮增水的耕地损失预测 | 2030～2100 年 | 2030 年到 2100 年； |
| 141 | 新疆塔河流域洪水量级、频率及峰现时间变化特征、成因及影响 | 1957 ～ 2008 年；1950～2000 年 | 1957–2008 年；1950–2000 年； |
| 142 | 近 50 年来祁连山冰川变化——基于中国第一、二次冰川编目数据 | 1956 ～ 1983 年；2005～2010 年 | 1956–1983 年；2005–2010 年； |
| 143 | 横断山区典型海洋型冰川物质平衡研究 | 2008～2013 年 | 2008–2013 年； |
| 144 | 河流纵剖面陡峭指数对庐山构造抬升的指示 | 无 | 无 |
| 145 | 20 世纪末中国中东部耕地扩张对表面气温影响的模拟 | 1980～2000 年 | 1980–2000 年； |
| 146 | 清代中期江苏省土地利用格局网格化重建 | 1820 年 | 1820 年； |
| 147 | 桂西地区地质遗迹与民族文化资源的空间关系及成因机理 | 无 | 无 |
| 148 | 洞庭湖流域植被动态变化的小波多分辨率分析 2001～2013 年； | 2001–2013 年； | |
| 149 | 气候变化和人类活动对耕地格局变化的贡献归因综述 | 无 | 1961–1990 年；2005–2035 年；2011–2050 年；2050 年；2055 年；2081–2100 年； |
| 150 | 国际地理学期刊的主要特征 | 2009～2014 年 | 2009–2014 年；2014 年；2015 年 6 月； |

通过与专家研判的地理科技论文的研究时间范围做对比，本书提出的模型抽取的时间范围信息完全正确的论文数量为 120 篇，部分正确的数量为 15 篇，完全错误的数量为 15 篇。本书提出的模型针对验证数据集的准确率为 80%，部分准确率为 90%（表 3.9）。

**表 3.9　中文地理科技论文研究时间范围自动抽取模型的精度**

| 类型 | 论文篇数/篇 | 百分比/% |
|---|---|---|
| 完全正确 | 120 | 80 |
| 部分正确 | 15 | 10 |
| 完全错误 | 15 | 10 |

本书提出的中文科技论文研究时间范围自动提取模型是针对地理科技论文的研究时间范围进行自动提取的模型，模型的精度相对较高，可以应用于中文地理科技论文的时间范围解析中。

# 3.3 时间语义相关度计算

## 3.3.1 时间信息的标准化

基于3.2节的方法，提取到了地理科技论文研究的时间范围。然而，这些时间范围在内容和形式上差别较大，无法进行量化运算。因而有必要把不同表达形式和格式的时间信息统一转换为标准的时间表达形式。

对于基于公元纪年法的时间信息，通过时间降尺度或者升尺度统一转换为“****y**m**d”——“****y**m**d”形式，其中“y”代表年，“m”代表月，“d”代表日。对于基于地质年代或者年代地层的时间表达模型，通过表3.10中的映射，将地质年代和年代地层转换为标准的时间段。对于基于历史朝代的时间表达模型，通过表3.11的映射，将历史朝代转换为标准的时间段。

表3.10 地质年代和年代地层与标准时间之间的映射

| 编号 | 地质（层）年代 | 开始时间 | 结束时间 |
|---|---|---|---|
| 1 | 太古宙（宇） | -4600000000y01m01d | -2500000000y01m01d |
| 2 | 冥古代（界） | -4600000000y01m01d | -4000000000y01m01d |
| 3 | 始太古代（界） | -4000000000y01m01d | -3600000000y01m01d |
| 4 | 古太古代（界） | -3600000000y01m01d | -3200000000y01m01d |
| 5 | 中太古代（界） | -3200000000y01m01d | -2800000000y01m01d |
| 6 | 新太古代（界） | -2800000000y01m01d | -2500000000y01m01d |
| 7 | 古元古代（界） | -2500000000y01m01d | -1600000000y01m01d |
| 8 | 成铁纪 | -2500000000y01m01d | -2300000000y01m01d |
| 9 | 层侵纪 | -2300000000y01m01d | -2050000000y01m01d |
| 10 | 造山纪 | -2050000000y01m01d | -1800000000y01m01d |
| 11 | 固结纪 | -1800000000y01m01d | -1600000000y01m01d |
| 12 | 中元古代（界） | -1600000000y01m01d | -1000000000y01m01d |
| 13 | 盖层纪 | -1600000000y01m01d | -1400000000y01m01d |

续表

| 编号 | 地质（层）年代 | 开始时间 | 结束时间 |
|---|---|---|---|
| 14 | 延展纪 | -1400000000y01m01d | -1200000000y01m01d |
| 15 | 狭带纪 | -1200000000y01m01d | -1000000000y01m01d |
| 16 | 新元古代（界） | -1000000000y01m01d | -542000000y01m01d |
| 17 | 拉伸纪 | -1000000000y01m01d | -850000000y01m01d |
| 18 | 成冰纪 | -850000000y01m01d | -635000000y01m01d |
| 19 | 埃迪卡拉纪 | -635000000y01m01d | -542000000y01m01d |
| 20 | 滹沱纪（系） | -2300000000y01m01d | -1800000000y01m01d |
| 21 | 长城纪（系） | -1800000000y01m01d | -1600000000y01m01d |
| 22 | 蓟县纪（系） | -1600000000y01m01d | -1400000000y01m01d |
| 23 | 青白口纪（系） | -1000000000y01m01d | -780000000y01m01d |
| 24 | 南华纪（系） | -780000000y01m01d | -635000000y01m01d |
| 25 | 上南华世（统） | -660000000y01m01d | -635000000y01m01d |
| 26 | 中南华世（统） | -725000000y01m01d | -660000000y01m01d |
| 27 | 下南华世（统） | -780000000y01m01d | -725000000y01m01d |
| 28 | 震旦纪（系） | -635000000y01m01d | -542000000y01m01d |
| 29 | 上震旦世（统） | -580000000y01m01d | -542000000y01m01d |
| 30 | 下震旦世（统） | -635000000y01m01d | -580000000y01m01d |
| 31 | 寒武纪（系） | -542000000y01m01d | -485400000y01m01d |
| 32 | 芙蓉世（统） | -497000000y01m01d | -485400000y01m01d |
| 33 | 第三世（统） | -509000000y01m01d | -497000000y01m01d |
| 34 | 第二世（统） | -521000000y01m01d | -509000000y01m01d |
| 35 | 纽芬兰世（统） | -542000000y01m01d | -521000000y01m01d |
| 36 | 奥陶纪（系） | -485400000y01m01d | -443800000y01m01d |
| 37 | 上奥陶世（统） | -458400000y01m01d | -443800000y01m01d |
| 38 | 中奥陶世（统） | -470000000y01m01d | -458400000y01m01d |
| 39 | 下奥陶世（统） | -485400000y01m01d | -470000000y01m01d |
| 40 | 志留纪（系） | -443800000y01m01d | -416000000y01m01d |
| 41 | 普利多利世（统） | -418700000y01m01d | -416000000y01m01d |
| 42 | 拉德洛世（统） | -422900000y01m01d | -418700000y01m01d |
| 43 | 文洛克世（统） | -428200000y01m01d | -422900000y01m01d |
| 44 | 兰多弗里世（统） | -443800000y01m01d | -428200000y01m01d |
| 45 | 泥盆纪（系） | -416000000y01m01d | -359580000y01m01d |

续表

| 编号 | 地质（层）年代 | 开始时间 | 结束时间 |
|---|---|---|---|
| 46 | 上泥盆世（统） | −385300000y01m01d | −359580000y01m01d |
| 47 | 中泥盆世（统） | −397500000y01m01d | −385300000y01m01d |
| 48 | 下泥盆世（统） | −416000000y01m01d | −397500000y01m01d |
| 49 | 石炭纪（系） | −359580000y01m01d | −299000000y01m01d |
| 50 | 上石炭世（统） | −318100000y01m01d | −299000000y01m01d |
| 51 | 下石炭世（统） | −359580000y01m01d | −318100000y01m01d |
| 52 | 二叠纪（系） | −299000000y01m01d | −252170000y01m01d |
| 53 | 乐平世（统） | −260400000y01m01d | −252170000y01m01d |
| 54 | 阳新世（统） | −279900000y01m01d | −260400000y01m01d |
| 55 | 船山世（统） | −299000000y01m01d | −279900000y01m01d |
| 56 | 三叠纪（系） | −252170000y01m01d | −199600000y01m01d |
| 57 | 上三叠世（统）//早三叠世（统） | −235000000y01m01d | −199600000y01m01d |
| 58 | 中三叠世（统） | −247200000y01m01d | −235000000y01m01d |
| 59 | 下三叠世（统）//晚三叠世（统） | −252170000y01m01d | −247200000y01m01d |
| 60 | 侏罗纪（系） | −199600000y01m01d | −144500000y01m01d |
| 61 | 上侏罗世（统）//早侏罗世（统） | −161200000y01m01d | −145000000y01m01d |
| 62 | 中侏罗世（统） | −175600000y01m01d | −161200000y01m01d |
| 63 | 下侏罗世（统）//晚侏罗世（统） | −199600000y01m01d | −175600000y01m01d |
| 64 | 白垩纪（系） | −145000000y01m01d | −65500000y01m01d |
| 65 | 上白垩世（统）//早白垩世（统） | −99600000y01m01d | −65500000y01m01d |
| 66 | 晚白垩世（统）//下白垩世（统） | −145000000y01m01d | −99600000y01m01d |
| 67 | 古近纪（系） | −65500000y01m01d | −23030000y01m01d |
| 68 | 古新世（统） | −65500000y01m01d | −55800000y01m01d |
| 69 | 始新世（统） | −55800000y01m01d | −33800000y01m01d |
| 70 | 渐新世（统） | −33800000y01m01d | −23030000y01m01d |
| 71 | 新近纪（系） | −23030000y01m01d | −2588000y01m01d |
| 72 | 中新世（统） | −23030000y01m01d | −5332000y01m01d |
| 73 | 上新世（统） | −5332000y01m01d | −2588000y01m01d |
| 74 | 第四纪（系） | −2588000y01m01d | 00y01m01d |
| 75 | 更新世（统） | −2588000y01m01d | −11700y01m01d |
| 76 | 全新世（统） | −11700y01m01d | 00y01m01d |
| 77 | 元古宙（宇） | −2500000000y01m01d | −542000000y01m01d |

续表

| 编号 | 地质（层）年代 | 开始时间 | 结束时间 |
|---|---|---|---|
| 78 | 显生宙（宇） | -542000000y01m01d | 00y01m01d |
| 79 | 古生代（界） | -542000000y01m01d | -252170000y01m01d |
| 80 | 中生代（界） | -252170000y01m01d | -65500000y01m01d |
| 81 | 新生代（界） | -65500000y01m01d | 00y01m01d |

**表 3.11　历史朝代与标准时间之间的转换**

| 编号 | 历史朝代名称 | 开始时间 | 结束时间 |
|---|---|---|---|
| 1 | 夏 | -2070y01m01d | -1600y01m01d |
| 2 | 夏朝 | -2070y01m01d | -1600y01m01d |
| 3 | 商 | -1600y01m01d | -1046y01m01d |
| 4 | 商朝 | -1600y01m01d | -1046y01m01d |
| 5 | 周朝 | -1046y01m01d | -256y01m01d |
| 6 | 周 | -1046y01m01d | -256y01m01d |
| 7 | 西周 | -1046y01m01d | -771y01m01d |
| 8 | 东周 | -771y01m01d | -256y01m01d |
| 9 | 春秋 | -771y01m01d | -476y01m01d |
| 10 | 战国 | -476y01m01d | -221y01m01d |
| 11 | 秦朝 | -221y01m01d | -207y01m01d |
| 12 | 秦 | -221y01m01d | -207y01m01d |
| 13 | 汉朝 | -207y01m01d | 220y01m01d |
| 14 | 汉 | -207y01m01d | 220y01m01d |
| 15 | 西汉 | -207y01m01d | 25y01m01d |
| 16 | 东汉 | 8y01m01d | 220y01m01d |
| 17 | 三国 | 220y01m01d | 280y01m01d |
| 18 | 曹魏 | 220y01m01d | 265y01m01d |
| 19 | 蜀汉 | 221y01m01d | 263y01m01d |
| 20 | 东吴 | 222y01m01d | 280y01m01d |
| 21 | 晋朝 | 265y01m01d | 420y01m01d |
| 22 | 晋 | 265y01m01d | 420y01m01d |
| 23 | 西晋 | 265y01m01d | 316y01m01d |

续表

| 编号 | 历史朝代名称 | 开始时间 | 结束时间 |
|---|---|---|---|
| 24 | 东晋 | 316y01m01d | 420y01m01d |
| 25 | 十六国 | 304y01m01d | 439y01m01d |
| 26 | 南北朝 | 386y01m01d | 589y01m01d |
| 27 | 南朝 | 420y01m01d | 589y01m01d |
| 28 | 北朝 | 386y01m01d | 581y01m01d |
| 29 | 隋朝 | 581y01m01d | 618y01m01d |
| 30 | 隋 | 581y01m01d | 618y01m01d |
| 31 | 唐朝 | 618y01m01d | 907y01m01d |
| 32 | 唐 | 618y01m01d | 907y01m01d |
| 33 | 五代十国 | 902y01m01d | 979y01m01d |
| 34 | 宋朝 | 960y01m01d | 1279y01m01d |
| 35 | 宋 | 960y01m01d | 1279y01m01d |
| 36 | 北宋 | 960y01m01d | 1127y01m01d |
| 37 | 南宋 | 1127y01m01d | 1279y01m01d |
| 38 | 辽国 | 907y01m01d | 1125y01m01d |
| 39 | 大理国 | 937y01m01d | 1254y01m01d |
| 40 | 西夏 | 1032y01m01d | 1227y01m01d |
| 41 | 金 | 1115y01m01d | 1234y01m01d |
| 42 | 元朝 | 1206y01m01d | 1368y01m01d |
| 43 | 元 | 1206y01m01d | 1368y01m01d |
| 44 | 明朝 | 1368y01m01d | 1644y01m01d |
| 45 | 明 | 1368y01m01d | 1644y01m01d |
| 46 | 清朝 | 1616y01m01d | 1911y01m01d |
| 47 | 清 | 1616y01m01d | 1911y01m01d |
| 48 | 清代 | 1616y01m01d | 1911y01m01d |
| 49 | 民国 | 1911y01m01d | 1949y01m01d |
| 50 | 中华民国 | 1911y01m01d | 1949y01m01d |
| 51 | 近现代 | 1840y01m01d | 2018y01m01d |
| 52 | 近代 | 1840y01m01d | 1949y01m01d |
| 53 | 现代 | 1949y01m01d | 2018y01m01d |

### 3.3.2 时间拓扑关系

地理学研究的对象是关联着空间和时间的地理实体，在地理信息应用中，时间被认为是地理学研究对象的关键属性之一，是一条没有端点，向过去和未来无限延伸的坐标轴——时间轴，是不可逆的。在轴线上定义了以下几类基本元素(赵玉梅等，2003)。

定义3.1，时间粒度：即时间的分辨率用 $r_t$ 表示。当 $|t_1 - t_2| \leqslant r_t$，即 $t_1$, $t_2$ 均在 $r_t$ 内，则认为 $t_1 = t_2$，当 $|t_1 - t_2| > r_t$，则认为 $t_1 \neq t_2$。

定义3.2，时间单位：时间表达的度量单位，用 $U(t)$ 表示。通常有十亿年、百年、世纪、年、月、日、天、时、分、秒等。

定义3.3，时刻（$t_i$）：存在一个时间 $t_i$，当满足条件 $U(t_i) \leqslant r_t$，则 $t_i$ 为时刻；反之当 $U(t_i) > r_t$，则 $t_i$ 为时间段；时刻也被称为时间点。

定义3.4，时间段（$t_p$）：存在两个时刻 $t_i$、$t_j$ 满足 $U(t_i) \leqslant r_t$，$U(t_j) \leqslant r_t$，则时间段 $t_p = t_j - t_i$。

定义3.5，复合时间段（$t_c$）：由时刻 $t_i$、时间段 $t_p$ 复合组成，通常用 $t_c$ 表示。其数学表达式为 $t_c = t_1 \cup t_2 \cup t_3 \cup \cdots \cup t_n$（$t_1, t_2, t_3, \cdots, t_n$ 为时刻 $t_i$ 或时间段 $t_p$）。

由以上的定义可知，时间点的定义与时间单位和时间粒度密切相关，如2012年3月1日，在时间粒度为日时，它是时间点，在时间粒度为时时，它是时间段2012年3月1日0时~2012年3月1日24时。

地理科技论文中包含了各种时间信息，主要包括研究对象的时间范围、论文投稿的时间，修改的时间，被接收的时间，发表的时间等。其中，只有论文研究对象的时间范围才与地理科技论文的内容相关，本书把地理科技论文的研究对象的时间范围作为其重要特征之一，把时间信息统一为基于公元纪年法的时间点和时间段的形式，最小的时间粒度为日。

地理科技论文研究的时间范围语义关联取决于时间语义相关关系，时间语义相关关系是时间关系在语义上的表征。时间关系主要包含时间拓扑关系和时间度量关系。在时间关系研究方面，时间区间代数（interval algebra）理论以时间段为基元，总结了Before、After等13种基本的时间拓扑关系，成为时间关系研究的基础（Allen，1983），而时间度量关系主要与时间长度和时间的距离有关。

地理科技论文的研究时间范围信息在以日为最小时间粒度下有时间点、时间段、复合时间等，时间区间代数理论的13种拓扑关系部分对时间点无意义，如Overlaps和OverlappedBy。在考虑时间语义关联方向的情况下，时间拓扑关系可分为时间点→时间点、时间点→时间段、时间段→时间点、时间段→时间段、复合时间→复合时间五种情况。

3.3.2.1　时间点（$t_1$）→时间点（$t_2$）的拓扑关系

时间轴上的任意两个点 $t_1$，$t_2$ 之间存在 3 种拓扑关系，如下图 3.2 所示。

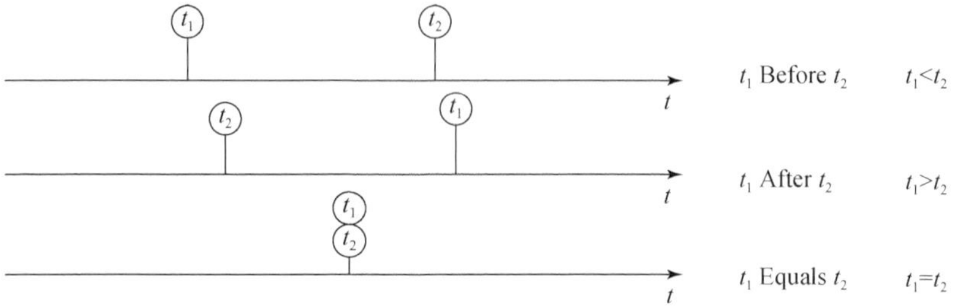


图 3.2　时间点→时间点之间的拓扑关系

即两个时间点之间存在一个在前（Before）、一个在后（After）以及两个时间点相同（Equals）的关系。

3.3.2.2　时间点（$t_1$）→时间段（$t_p$）的拓扑关系

设时间轴上任意时间点 $t_1$，时间段 $t_p$，它们之间的拓扑关系共有如下 5 种可能，如图 3.3 所示。

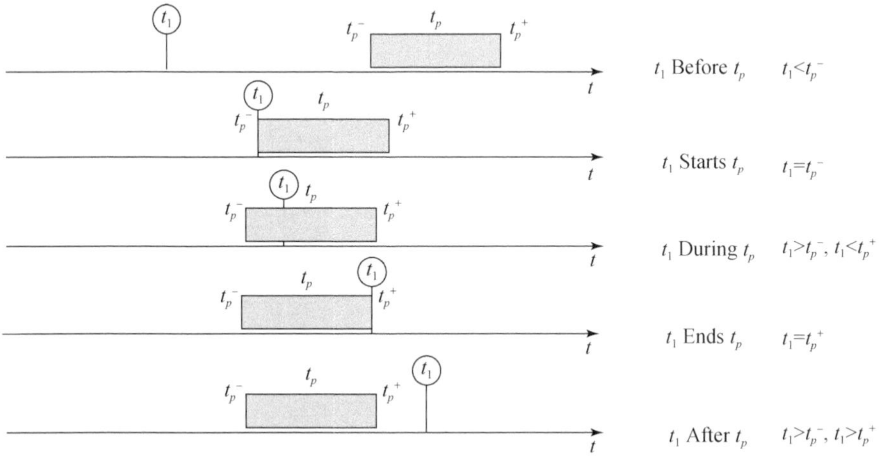


图 3.3　时间点→时间段之间的拓扑关系

即时间点在时间段之前（Before），时间点是时间段的开始（Starts），时间点处在时间段中（During），时间点是时间段的结尾（Ends）和时间点在时间段之后（After）。

#### 3.3.2.3　时间段（$t_p$）→时间点（$t_1$）的拓扑关系

时间段 $t_p$ 和时间点 $t_1$ 之间存在 5 种拓扑关系，如图 3.4 所示。即时间段在时间点之后（After），时间段以时间点为开始时间（Started-By），时间段包含时间点（Contains），时间段以时间点为结束时间（Ended-By），时间段在时间点之前（Before）。

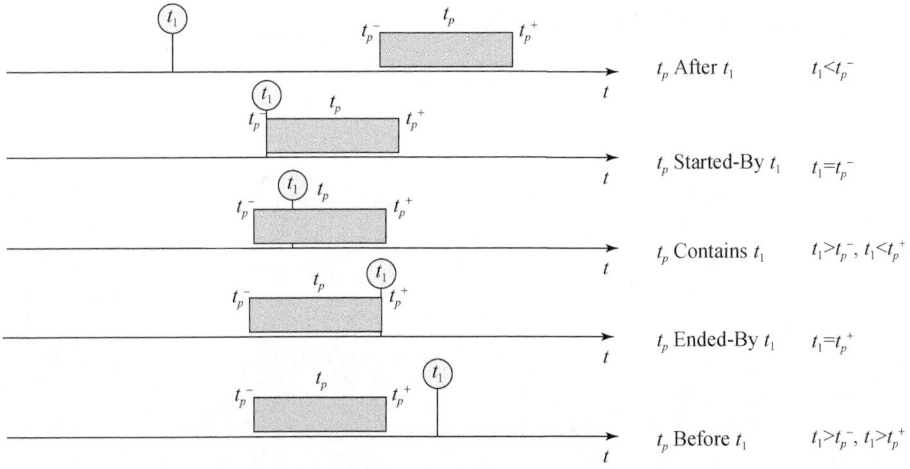


图 3.4　时间段→时间点之间的拓扑关系

#### 3.3.2.4　时间段（$t_p$）→时间段（$t_q$）的拓扑关系

时间轴上任意两个时间段 $t_p$ 和 $t_q$ 之间共有 13 种拓扑关系，如图 3.5 所示。即，$t_p$ 在 $t_q$ 之前（Before），$t_p$ 在 $t_q$ 之后（After），$t_p$ 与 $t_q$ 相接（Meets），$t_p$ 被 $t_q$ 相接（Met-By），$t_p$ 与 $t_q$ 叠加（Overlaps），$t_p$ 被 $t_q$ 叠加（Overlapped-By），$t_p$ 与 $t_q$ 前部重叠（Starts），$t_p$ 被 $t_q$ 前部重叠（Started-By），$t_p$ 与 $t_q$ 后部重叠（Ends），$t_p$ 被 $t_q$ 后部重叠（Ended-By），$t_p$ 被 $t_q$ 包含（During），$t_p$ 包含 $t_q$（Contains），$t_p$ 与 $t_q$ 相同（Equals）。

由图 3.2 ~ 图 3.5 所示，当两个时间实体的拓扑关系是 Before 或者 After 时，它们是相离的（Disjonts），没有任何重叠的；当两个时间实体是 Meets 或者 Met-By 时，它们在开始时间或者结束时间处相接（Touches）；当两个时间实体是 Overlaps 或者 Overlapped-By 时，它们之间有重叠（Overlaps）；当两个时间实体是 Starts，Started-By，Ends，Ended-By，During，和 Contains 时，它们之间存在包含和被包含（Contains 或 Within）的关系；当两个实体 Equals 时，它们相等（Equals）。与此同时，它们之间的相关程度也是增加的。

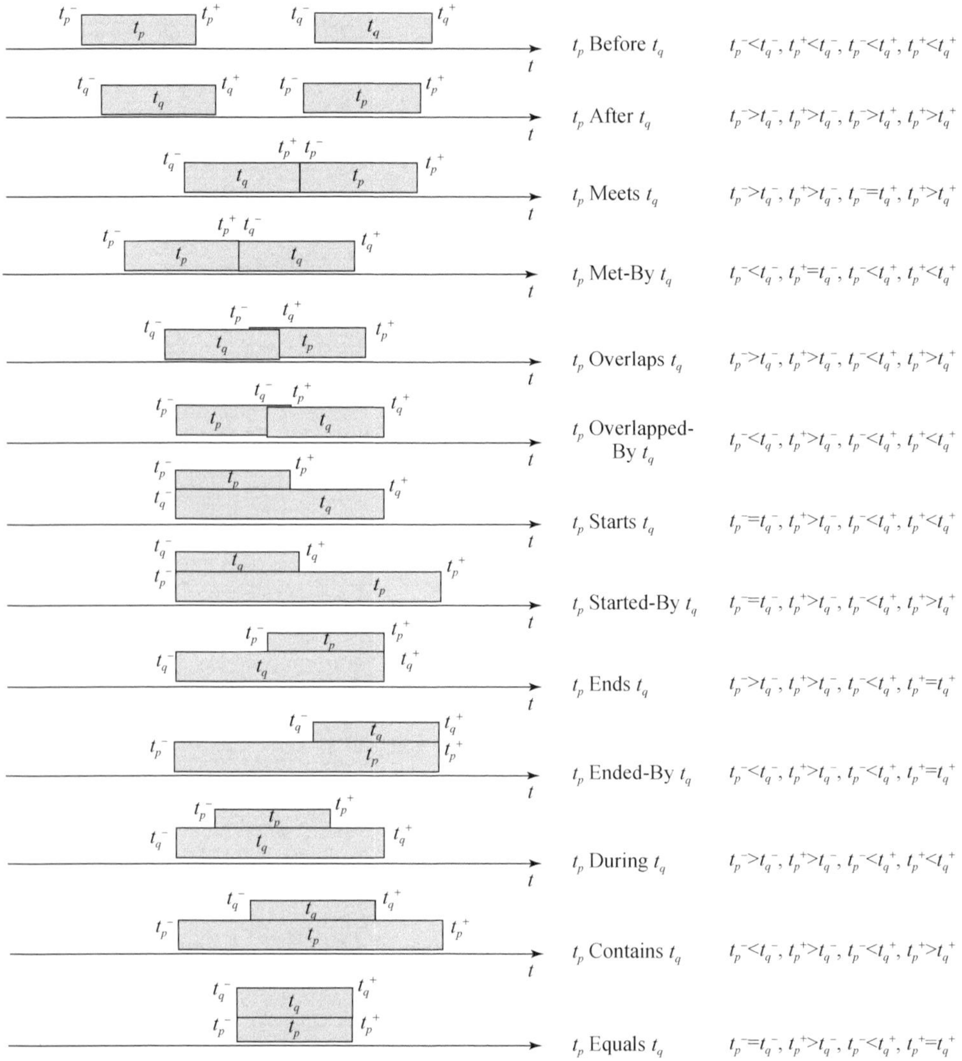


图 3.5　时间段→时间段之间的拓扑关系

## 3.3.3　时间语义相关度计算

时间语义相关度由时间拓扑关系和时间度量关系来决定，时间拓扑关系是时间语义相关度的决定性因素，时间度量关系是时间语义相关度的调节因素。时间度量关系主要是指时间点或者时间段之间的距离关系。时间距离指任意两时间点之间的时间位置之差，主要分为持续时间、间隔时间和重叠时间（侯志伟等，2015）。持续时间是指时间段从开始时间到结束时间点的时间量，此外，本书规定时间点如“2014 年 8 月 30 日”的持续时间是 1 日。间隔时间是指一个时间点或者时间段到另外一个时间点或者时间段的时间之差，时间间隔的具体定义根据实际情况而定，重叠时间是指时间实体之间共享的时间点或者时间段。其中，持续时间是用来衡量单个时间段长短的时间量，因此书文主要采用间隔时间和重叠时间作为时间度量关系的因子。对于两个时间点和时间段，其相关度可以由式（3.1）计算：

$$r(t_i,t_j) = W_t + W_c \times D(t_i,t_j) \tag{3.1}$$

式中，$t_i$ 和 $t_j$ 是一个时间点或者时间段；$W_t$ 是 $t_i$ 和 $t_j$ 在某种拓扑关系下其时间相关度的最小值，即基本权重，其取值范围为 [0，1]；$W_c$ 是此拓扑关系下度量关系的权重值，即控制权重，其取值范围为 [0，1]；$D(t_i, t_j)$ 是 $t_i$ 和 $t_j$ 间的度量关系。根据时间实体具体情况的不同，分别讨论时间点和时间点，时间点和时间段，时间段和时间段，以及复合时间和复合时间之间的相关度。

#### 3.3.3.1 时间点与时间点相关度

由图 3.2 可知，时间点与时间点之间有 3 种拓扑关系，即 Before，After 和 Equals。当两个时间点是 Equals 关系时，它们的相关度是 1；当它们的拓扑关系为 Before 或 After 时，$t_i$ 和 $t_j$ 的相关度用式（3.2）计算：

$$r(t_i,t_j) = W_{t1} + W_{c1} \times \frac{1}{\mathrm{Dis}(t_i,t_j)} \qquad \text{Before 或者 After} \tag{3.2}$$

式中，$W_{t1}$ 是时间点与时间点在 Before 或 After 情况下的基本相关度值，$W_{c1}$ 是此拓扑关系下的度量关系的权重值。$\mathrm{Dis}(t_i, t_j)$ 是 $t_i$ 和 $t_j$ 在最小时间粒度下的时间间隔数，如 2014 年 5 月 20 日和 2014 年 5 月 10 日时间间隔为 10（天）。

#### 3.3.3.2 时间点和时间段相关度

时间点 $t_i$ 和时间段 $t_p$ 之间存在 8 种拓扑关系，当 $t_i$ 和 $t_p$ 是 Before 和 After 关系时用式（3.3）计算它们的相关度：

$$r(t_i,t_p) = W_{t1} + W_{c1} * \frac{1}{\mathrm{Dis}(t_i,t_p)} \qquad \text{Before 或者 After} \tag{3.3}$$

式中，$\mathrm{Dis}(t_i, t_p)$ 是在最小时间粒度下，$t_i$ 与 $t_p$ 中心点的时间间隔数。

当 $t_i$ 和 $t_p$ 是 Starts、During、Ends、Started-By、Contains、Ended-By 关系时，用式（3.4）计算它们的相关度：

$$r(t_i,t_p)=W_{t3}+W_{c3}\times\frac{1}{\mathrm{Len}(t_p)}\quad \text{Starts | During | Ends | Started-By | Contains | Ended-By}\tag{3.4}$$

式中，$W_{t3}$ 是 $t_i$ 和 $t_p$ 的拓扑关系为 Starts、During、Ends、Started-By、Contains、Ended-By 时的基本相关度，$W_{c3}$ 是相应拓扑关系下的度量关系的权重值；$\mathrm{Len}(t_p)$ 是时间段 $t_p$ 的持续时间或者长度，其单位是本书研究的最小时间粒度——天。

#### 3.3.3.3 时间段和时间段相关度

时间段 $t_p$ 和时间段 $t_q$ 之间存在 13 种拓扑关系，当 $t_p$ 和 $t_q$ 之间是 Before 或者 After 时，用式（3.5）计算它们的相关度：

$$r(t_p,t_q)=W_{t1}+W_{c1}\times\frac{1}{\mathrm{Dis}(t_p,t_q)}\quad \text{Before 或者 After}\tag{3.5}$$

式中，$\mathrm{Dis}(t_p,\ t_q)$ 是在最小时间粒度下，$t_p$ 的中心点和 $t_q$ 的中心点的时间间隔数。

当 $t_p$ 和 $t_q$ 之间是 Meets 或者 Met-By 时，用式（3.6）计算它们的相关度：

$$r(t_p,t_q)=W_{t2}+W_{c2}\times\frac{1}{\mathrm{Dis}(t_p,t_q)}\quad \text{Meet 或者 Met-By}\tag{3.6}$$

式中，$W_{t2}$ 是 $t_p$ 和 $t_q$ 之间的拓扑关系是 Meets 或者 Met-By 时的基本相关度，$W_{c2}$ 是此拓扑关系下的度量关系的权重值；$\mathrm{Dis}(t_p,\ t_q)$ 是在最小时间粒度下，$t_p$ 的中心点和 $t_q$ 的中心点的时间间隔数。

当 $t_p$ 和 $t_q$ 之间是 Overlaps 或者 Overlapped-By 时，用式（3.7）计算它们的相关度：

$$r(t_p,t_q)=W_{t3}+W_{c3}\times\frac{2\times\mathrm{Len}(t_p\cap t_q)}{\mathrm{Len}(t_p)+\mathrm{Len}(t_q)}\quad \text{Overlaps 或者 Overlapped-By}\tag{3.7}$$

式中，$W_{t3}$ 是拓扑关系为 Overlaps 或者 Overlapped-By 时两个时间段基本的相关度值，$W_{c3}$ 是此拓扑关系下度量关系的权重值；$\mathrm{Len}(t_p\cap t_q)$ 是时间段 $t_p$ 和 $t_q$ 重叠的长度，$\mathrm{Len}(t_p)$ 是时间段 $t_p$ 的长度，$\mathrm{Len}(t_q)$ 是时间段 $t_q$ 的长度。

当 $t_p$ 和 $t_q$ 之间是 Starts、Started-By、Ends、Ends-By、During、Contains 关系时，用式（3.8）计算它们的相关度：

$$r(t_p,t_q)=W_{t4}+W_{c4}\times\frac{2\times\mathrm{Len}(t_p\cap t_q)}{\mathrm{Len}(t_p)+\mathrm{Len}(t_q)}\quad \text{6 种拓扑关系}\tag{3.8}$$

式中，$W_{t4}$ 是拓扑关系为 Starts、Started-By、Ends、Ends-By、During、Contains 时，两时间段间相关度的最小值，$W_{c4}$ 相应拓扑关系下度量关系的权重值。

当 $t_p$ 和 $t_q$ 之间是 Equals 关系时，两时间段相同，它们的相关度为 1。

对于式 3.2 ~ 式 3.8 中的参数 $W_{t1}$、$W_{t2}$、$W_{t3}$、$W_{t4}$、$W_{c1}$、$W_{c2}$、$W_{c3}$、$W_{c4}$ 的值

可以由多位专家打分求取平均值给出。专家打分需要遵循以下基本原则：①对于时间点和时间段：Starts、Started-By、Ends、Ends-By、During、Contains 关系下的相关度不得大于 Equals 关系下的时间相关度；Overlaps 或者 Overlapped-By 关系下的相关度不得大于 Starts、Started-By、Ends、Ends-By、During、Contains 关系下的相关度；Meets 或者 Met-By 关系下的相关度不得大于 Overlaps 或者 Overlapped-By 关系下的相关度；Before 和 After 关系下的相关度不得大于 Meets 或者 Met-By 关系下的相关度。②基本权重和控制权重之间的关系。

1）当拓扑关系为“Starts、Started-By、Ends、Ends-By、During、Contains”时，两个时间段此种拓扑关系下的极限为“两个时间段完全相同”，即相等，也就是当 $D(t_i, t_j) = 1$ 时，$W_{t4} + W_{c4} = 1$；

2）当拓扑关系为“Overlaps”或者“Overlapped-By”时，两个时间段关系的极限是“Starts、Started-By、Ends、Ends-By、During、Contains”中的一种，也就是当 $D(t_i, t_j) = 1$，$W_{t3} + W_{c3} = W_{t4}$；

3）当拓扑关系为“Meets”或者“Met-By”时，两个时间段关系的极限为“Overlaps”或者“Overlapped-By”，也就是当 $D(t_i, t_j) = 1$，$W_{t2} + W_{c2} = W_{t3}$；

4）当拓扑关系为“Before”或“After”时，两个时间段关系的极限为“Meets”或者“Met-By”，也就是当 $D(t_i, t_j) = 1$，$W_{t1} + W_{c1} = W_{t2}$。

经多位专家打分，求取平均值，参数 $W_{t1}$、$W_{t2}$、$W_{t3}$、$W_{t4}$、$W_{c1}$、$W_{c2}$、$W_{c3}$、$W_{c4}$ 的取值如表 3.12 所示：

**表 3.12　时间相关度计算公式权重系数表**

| 编号 | 基本权重 | 控制权重 |
|---|---|---|
| 1 | $W_{t1} = 0$ | $W_{c1} = 0.333$ |
| 2 | $W_{t2} = 0.333$ | $W_{c2} = 0.167$ |
| 3 | $W_{t3} = 0.5$ | $W_{c3} = 0.167$ |
| 4 | $W_{t4} = 0.667$ | $W_{c4} = 0.333$ |

#### 3.3.3.4　复合时间和复合时间相关度

复合时间是由多个时间点和时间段组合而成的时间序列，设两个复合时间实体分别为 $t_{cA} = (t_{A1}, t_{A2}, \cdots, t_{Am})$ $(m \geq 1)$，$t_{cB} = (t_{B1}, t_{B2}, \cdots, t_{Bn})$ $(n \geq 1)$，其中 $t_{Ai}$ 和 $t_{Bj}$ 是时间点或者时间段，$t_{A1}, t_{A2}, \cdots, t_{Am}$ 和 $t_{B1}, t_{B2}, \cdots, t_{Bn}$ 分别是时间轴上从前往后排列的互不重叠和相接的时间点或者时间段。复合时间的相关度可以由构成它的时间点和时间段之间的相关度来确定，可以在另一复合时间中为复合时间中的所有时间点或时间段找到最相关的时间点或时间段，然后把这些相关值乘以相应时间点或时间段的长度比重而获取复合时间实体间的相关度，即 $t_{cA}$ 到 $t_{cB}$ 之间的相关度由式（3.9）计算：

$$\hat{R}(t_{cA},t_{cB})=\sum_{i=1}^{m}\frac{\mathrm{Len}(t_{Ai})}{\mathrm{Len}(t_{cA})}\mathrm{Max}[r(t_{Ai},t_{B1}),r(t_{Ai},t_{B2}),\cdots,r(t_{Ai},t_{Bn})] \quad (3.9)$$

式中，$\hat{R}(t_{cA},\ t_{cB})$ 是 $t_{cA}$ 到 $t_{cB}$ 的时间相关度，是一个有方向的相关度，通常情况下，$\hat{R}(t_{cA},\ t_{cB})\neq\hat{R}(t_{cB},\ t_{cA})$，$r(t_{Ai},\ t_{Bj})$ 是 $t_{Ai}$ 与 $t_{Bj}$ 的时间相关度，其可能是时间点和时间点、时间点和时间段、或两个时间段之间的相关度，由 3.3.3.1 小节 ~ 3.3.3.3 小节中的算法计算。同理，$t_{cB}$ 到 $t_{cA}$ 之间的相关度由式（3.10）计算：

$$\hat{R}(t_{cB},t_{cA})=\sum_{j=1}^{n}\frac{\mathrm{Len}(t_{Bj})}{\mathrm{Len}(t_{cB})}\mathrm{Max}[r(t_{Bj},t_{A1}),r(t_{Bj},t_{A2}),\cdots,r(t_{Bj},t_{Am})] \quad (3.10)$$

下面需要解决的一个问题是界定复合时间实体间的拓扑关系。设复合时间在求取 $t_{cA}$ 到 $t_{cB}$ 的语义相关度时，为 $t_{cA}$ 包含的每个时间点或者时间段计算的最大的相关度值集合为 $T_{rA}=\{r(t_{A1},\ t_{BMaxA1}),\ r(t_{A2},\ t_{BMaxA2}),\ \cdots,\ r(t_{Am},\ t_{BMaxAm})\}$，对应的时间拓扑关系集合为 $T_{topoA}=\{\mathrm{Topo}(t_{A1},\ t_{BMaxA1}),\ \mathrm{Topo}(t_{A2},\ t_{BMaxA2}),\ \cdots,\ \mathrm{Topo}(t_{Am},\ t_{BMaxAm})\}$。在求取 $t_{cB}$ 到 $t_{cA}$ 的语义相关度时，为 $t_{cB}$ 包含的每个时间点或者时间段计算的最大相关度值集合为 $T_{rB}=\{r(t_{B1},\ t_{AMaxB1}),\ r(t_{B2},\ t_{AMaxB2}),\ \cdots,\ r(t_{Bn},\ t_{AMaxBn})\}$，对应的时间拓扑关系集合为 $T_{topoB}=\{\mathrm{Topo}(t_{B1},\ t_{AMaxB1}),\ \mathrm{Topo}(t_{B2},\ t_{AMaxB2}),\ \cdots,\ \mathrm{Topo}(t_{Bn},\ t_{AMaxBn})\}$，并且设 $t_{cA}$ 的中心点为 $t_{cAc}$，$t_{cB}$ 的时间中心点为 $t_{cBc}$。

设在 $T_{topoA}$ 集合中：时间拓扑关系为 Equals 的个数为 NumEqualsA，为 Contains 的个数为 NumContainsA，为 During 的个数为 NumDuringA，为 Starts 的个数为 NumStartsA，为 Started- By 的个数为 NumStartedByA，为 Ends 的个数为 NumEndsA，为 Ended- By 的个数为 NumEndedByA，为 Overlaps 的个数为 NumOverlapsA，为 Overlapped- By 的个数为 NumOverlappedByA，为 Meets 的个数为 NumMeetsA，为 Met- By 的个数为 NumMetByA，为 Before 的个数为 NumBeforeA，为 After 的个数为 NumAfterA。设在 $T_{topoB}$ 集合中：时间拓扑关系为“Equals”的个数为 NumEqualsB，为 Contains 的个数为 NumContainsB，为 During 的个数为 NumDuringB，为 Starts 的个数为 NumStartsB，为 Started- By 的个数为 NumStartedByB，为 Ends 的个数为 NumEndsB，为 Ended- By 的个数为 NumEndedByB，为 Overlaps 的个数为 NumOverlapsB，为 Overlapped- By 的个数为 NumOverlappedByB，为 Meets 的个数为 NumMeetsB，为 Met- By 的个数为 NumMetByB，为 Before 的个数为 NumBeforeB，为 After 的个数为 NumAfterB。$t_{cA}$ 到 $t_{cB}$ 的拓扑关系为 $\mathrm{Topo}(t_{cA}\rightarrow t_{cB})$。

1）当 NumEqualsA = NumEqualsA = $m=n$ 时，$\mathrm{Topo}(t_{cA}\rightarrow t_{cB})$ = “Equals”；

2）当 NumEqualsA≠$m$，且 NumEqualsB+NumDuringB+NumStartsB+NumEndsB=$n$ 时，Topo($t_{cA} \to t_{cB}$) = “Contains”；

3）当 NumDuringB≠$n$，且 NumEqualsA+NumDuringA+NumStartsA+NumEndsA=$m$ 时，Topo($t_{cA} \to t_{cB}$) = “During”；

4）当 NumEqualsB+NumDuringB+NumStartsB+NumEndsB<$n$，NumEqualsA+NumDuringA+NumStartsA+NumEndsA < $m$，NumEqualsA + NumContainsA + NumDuringA + NumStartsA + NumStartedByA + NumEndsA + NumEndedByA + NumOverlapsA+NumOverlappedByA>0，且 $t^+_{Am} > t^+_{An}$ 时，Topo($t_{cA} \to t_{cB}$) = “Overlaps”；

5）当 NumEqualsB+NumDuringB+NumStartsB+NumEndsB<$n$，NumEqualsA+NumDuringA+NumStartsA+NumEndsA < $m$，NumEqualsA + NumContainsA + NumDuringA + NumStartsA + NumStartedByA + NumEndsA + NumEndedByA + NumOverlapsA + NumOverlappedByA > 0，且 $t^+_{Am} \leqslant t^+_{An}$ 时，Topo($t_{cA} \to t_{cB}$) = “Overlapped-By”；

6）当 NumBeforeA+NumAfterA=$m$ 时，且 $t^+_{Am} \leqslant t^+_{An}$，Topo($t_{cA} \to t_{cB}$) = “Before”；

7）当 NumBeforeA+NumAfterA=$m$ 时，且 $t^+_{Am} > t^+_{An}$，Topo($t_{cA} \to t_{cB}$) = “After”；

8）当 NumBeforeA+NumAfterA+NumMeetsA+NumMetByA=$m$，NumMeetsA>0，且 $t^+_{Am} > t^+_{An}$，Topo($t_{cA} \to t_{cB}$) = “Meets”；

9）当 NumBeforeA+NumAfterA+NumMeetsA+NumMetByA=$m$，NumMetByA>0，且 $t^+_{Am} \leqslant t^+_{An}$，Topo($t_{cA} \to t_{cB}$) = “Met-By”；

对于两个复合时间，它们之间存在 9 种拓扑关系，即“Equals”“Contains”“During”“Overlaps”“Overlapped-By”“Meets”“Met-By”“Before”“After”。“Starts”“Ends”“Started-By”“Ended-By”这四种作为“Contains”和“During”拓扑关系的特例，由于其对揭示地理科技论文研究时间范围之间内在关系意义不大，在本书中不再考虑。

## 3.4 地理科技论文在时间维度上的定量化语义关联网络构建

对于任意两篇地理科技论文，我们首先使用 3.2 节的方法提取其研究的时间范围，再利用 3.3 节的算法把提取的时间范围标准化，并剔除重复的时间信息，合并包含、被包含、相接和相交的时间信息，并进行相关度计算，获取其相关度和时间拓扑关系。

### 3.4.1 时间范围关联关系实例构建

把地理科技论文中提取的时间范围信息看成是复合时间。地理科技论文在时间维度上的关联关系可以由复合时间段间的拓扑关系来表示，一种拓扑关系代表一种关联类型，因而地理科技论文在时间维度上有9种关联类型，其关联谓词如表3.13所示。

**表3.13 地理科技论文时间关联类型及关联谓词**

| 编号 | 特征名称 | 特征实例 | 关联谓词 | 语义相关度 |
|---|---|---|---|---|
| 1 | 时间范围 | 相同时间 | IsSameTime | 1 |
| 2 | | 包含 | IsContainsTime | [0.667, 1) |
| 3 | | 被包含 | IsDuringTime | [0.667, 1) |
| 4 | | 重叠 | IsOverlapsTime | [0.5, 0.667) |
| 5 | | 被重叠 | IsOverlappedByTime | [0.5, 0.667) |
| 6 | | 相接 | IsMeetsTime | [0.333, 0.5) |
| 7 | | 被相接 | IsMetByTime | [0.333, 0.5) |
| 8 | | 在……之前 | IsBeforeTime | [0, 0.333) |
| 9 | | 在……之后 | IsAfterTime | [0, 0.333) |

### 3.4.2 时间范围定量化语义关联网络构建

基于地理科技论文时间关联方式、关联类型、关联谓词的设计，以及时间相关度算法，构建论文在研究的时间范围上的关联网络：提取任意两篇地理科技论文的时间范围，把时间范围信息标准化，并把这个时间范围看作复合时间，再利用3.3.3.4小节的算法计算复合时间的相关度，并判断复合时间之间的拓扑关系，进而根据复合时间的拓扑关系，确定两地理科技论文在时间维度上的关联类型、关联谓词，把复合时间相关度看作关联的强度，进而构建地理科技论文在时间范围维度上的定量化的语义关联网络。基于样本数据集，与《开封地区宋元时期洪涝灾害与气候变化》和《气候变化下中国未来综合环境风险区划研究》两篇论文在时间范围上高度相关的论文如表3.14和表3.15所示。(表中仅列出最相关的20篇论文)。

**表 3.14 论文《开封地区宋元时期洪涝灾害与气候变化》的时间范围维度上的定量化语义关联网络（部分）**

| 编号 | 标题 | 时间范围 | 关联谓词 | 相关度 |
|---|---|---|---|---|
| 1 | 开封地区宋元时期洪涝灾害与气候变化 | 宋元 | IsSameTime | 1 |
| 2 | 历史时期中国重大自然灾害时空分异特征 | 公元前 180 年 ~ 1911 年；民国 | IsDuringTime | 0.791 |
| 3 | 气候变化对中国古代财政平衡的影响 | 秦朝至清 | IsDuringTime | 0.784 |
| 4 | 过去 2000 年中国气候变化研究的新进展 | 1 ~ 2000 年 | IsDuringTime | 0.779 |
| 5 | 明清时期浙江沿海自然灾害的时空分异特征研究 | 明清 | IsMetByTime | 0.333 |
| 6 | 河南省历史水旱灾害危险性分析 | 1450 ~ 1979 年；1980 ~ 2010 年 | IsBeforeTime | $1.65\times10^{-6}$ |
| 7 | 鄂尔多斯高原地区清代旱灾与气候特征 | 清代 | IsBeforeTime | $1.52\times10^{-6}$ |
| 8 | 清代东蒙农业开发的消长及其气候变化背景 | 清代 | IsBeforeTime | $1.52\times10^{-6}$ |
| 9 | 1736 ~ 1911 年中国水灾多发区分布及空间迁移特征 | 1736 ~ 1911 年 | IsBeforeTime | $1.38\times10^{-6}$ |
| 10 | 百年沈阳城市土地利用空间扩展及其驱动力分析 | 1910 ~ 1931 年；1996 ~ 2010 年 | IsBeforeTime | $1.20\times10^{-6}$ |
| 11 | 中国区域土地利用/覆被变化对陆地碳收支的影响 | 1850 ~ 2002 年；2003 年；2005 年；2006 年 | IsBeforeTime | $1.20\times10^{-6}$ |
| 12 | 1901 ~ 2014 年黄土高原区域气候变化时空分布特征 | 1901 ~ 2014 年 | IsBeforeTime | $1.15\times10^{-6}$ |
| 13 | 1910 ~ 2010 年沈阳城市土地利用空间结构演变特征 | 910 ~ 2010 年 | IsBeforeTime | $1.14\times10^{-6}$ |
| 14 | 近 50 年气候变化背景下中国冰川面积状况分析 | 20 世纪 60 ~ 70 年代 | IsBeforeTime | $1.13\times10^{-6}$ |
| 15 | 半干旱区土地利用变化及其驱动力与土地可持续利用——基于内蒙古自治区伊金霍洛旗的案例分析 | 20 世纪 70 年代 | IsBeforeTime | $1.12\times10^{-6}$ |
| 16 | 内蒙古未来气候变化及其对温性草原分布的影响 | 2010 ~ 2100 年；2000 年；1961 ~ 1990 年 | IsBeforeTime | $1.12\times10^{-6}$ |
| 17 | 气候变化对东北地区玉米生产的影响 | 1961 ~ 1990 年；1991 年 | IsBeforeTime | $1.12\times10^{-6}$ |

续表

| 编号 | 标题 | 时间范围 | 关联谓词 | 相关度 |
|---|---|---|---|---|
| 18 | 基于 IPCC 情景下新疆地区未来气候变化的预估 | 1961~1990 年；2010~2099 年 | IsBeforeTime | $1.12\times10^{-6}$ |
| 19 | 黄河中游径流可再生性对于人类活动和气候变化的响应 | 1950~2008 年 | IsBeforeTime | $1.12\times10^{-6}$ |
| 20 | 基于 CLUE-S 模型和 Markov 模型的城镇土地利用变化模拟预测——以江苏省常熟市辛庄镇为例 | 1980 年；1991 年；2001 年；2005 年；2009 年 | IsBeforeTime | $1.12\times10^{-6}$ |

**表 3.15 《气候变化下中国未来综合环境风险区划研究》的时间范围维度上的定量化语义关联网络（部分）**

| 编号 | 标题 | 时间范围 | 关联谓词 | 相关度 |
|---|---|---|---|---|
| 1 | 气候变化下中国未来综合环境风险区划研究 | 2071~2099 年 | IsSameTime | 1 |
| 2 | 基于 IPCC 情景下新疆地区未来气候变化的预估 | 1961~1990 年；2010~2099 年 | IsDuringTime | 0.829 |
| 3 | 内蒙古未来气候变化及其对温性草原分布的影响 | 1961~1990 年；2010~2100 年 | IsDuringTime | 0.827 |
| 4 | 气候变化情景下中国自然生态系统脆弱性研究 | 1991~2100 年 | IsDuringTime | 0.805 |
| 5 | 东北地区未来气候变化对农业气候资源的影响 | 1961~2099 年 | IsDuringTime | 0.782 |
| 6 | 黄河上游流域气候变化对径流的影响 | 2046~2065 年；2081~2100 年 | IsOverlappedByTime | 0.629 |
| 7 | 气候变化背景下东北地区气象干旱的时空演变特征 | 2011~2060 年 | IsAfterTime | $1.84\times10^{-5}$ |
| 8 | 气候变暖对东北三省春玉米布局的可能影响及其应对策略 | 1961~2010 年；2021~2040 年 | IsAfterTime | $1.67\times10^{-5}$ |
| 9 | 基于 CLUE 模型的 2030 年江西省土地利用变化情景分析 | 2030 年 | IsAfterTime | $1.66\times10^{-5}$ |
| 10 | 基于 LSSVM-CA 模型的复杂土地利用变化模拟——以鄂州市为例 | 1991~2004 年；2013 年；2020 年和 2030 年 | IsAfterTime | $1.66\times10^{-5}$ |
| 11 | 长江流域植被净初级生产力对未来气候变化的响应 | 1981~2000 年；2010~2050 年 | IsAfterTime | $1.66\times10^{-5}$ |

续表

| 编号 | 标题 | 时间范围 | 关联谓词 | 相关度 |
|---|---|---|---|---|
| 12 | 北京市土地利用空间格局演化模拟及预测 | 2020 年；1985、2000 和 2010 年 | IsAfterTime | $1.40\times10^{-5}$ |
| 13 | 贵州省土地利用及其生态系统服务价值与灰色预测 | 1996～2008 年；2015 年；2020 年 | IsAfterTime | $1.40\times10^{-5}$ |
| 14 | 基于 CLUE-S 模型的黄土台塬区土地利用变化模拟——以陕西省咸阳台塬区为例 | 2000 年；2020 年 | IsAfterTime | $1.40\times10^{-5}$ |
| 15 | 基于 SD 和 CLUE-S 模型的张掖市甘州区土地利用情景分析 | 2000～2035 年 | IsAfterTime | $1.35\times10^{-5}$ |
| 16 | 基于 Tietenberg 模型的土地利用变化多情景模拟预测——以武汉市蔡甸区为例 | 1993～2016 年；2017 年 9 月 | IsAfterTime | $1.34\times10^{-5}$ |
| 17 | 雄安新区土地利用空间特征及起步区方案比选研究 | 1993 年；2003 年；2017 年 | IsAfterTime | $1.34\times10^{-5}$ |
| 18 | 自然灾害调查数据的多尺度异常检测方法研究及应用 | 2013～2015 年；2017 年 12 月 | IsAfterTime | $1.34\times10^{-5}$ |
| 19 | 雄安新区资源环境承载力评价和调控提升研究 | 1984～1988 年；1995 年；2005 年；2015 年；2016 年；2017 年 | IsAfterTime | $1.34\times10^{-5}$ |
| 20 | 基于地形分异指数的黔桂喀斯特山地土地利用垂直分布特征 | 2015 年 | IsAfterTime | $1.30\times10^{-5}$ |

从表 3.14 和表 3.15 中可以发现，本书的方法能较为准确的从地理科技论文中提取出研究的时间范围，并且能把不同类型的时间标准化，从而能判定时间范围间的拓扑关系，并计算其相关度。该方法能为指定的地理科技论文找到研究的时间范围相近或者相关的论文；能厘清不同论文研究的时间范围之间的语义关系，譬如两篇地理科技论文研究的时间范围相同（IsSameTime），一篇科技论文研究的时间范围在另外一篇地理科技论文之前（IsBeforeTime）等。基于时间的地理科技论文定量化关联网络能建立论文之间在时间维度上的关联，并且能对相同关联关系下的文按相关度进行排序，这对于地理科技论文的分类、检索等具有重要意义。

## 3.5 本章小结

本章首先提出了从地理科技论文中自动提取研究的时间范围的方法，包括地理科技论文中常用的时间表达方式地总结、时间信息抽取规则地构建、时间范围信息抽取具体的策略、以及抽取精度的验证。其次，根据时间点和时间段之间的拓扑关系和度量关系，提出了时间点和时间段之间的语义相关度算法。利用时间点和时间段语义相关度算法和它们之间的拓扑关系，构建了复合时间的语义相关度算法和复合时间之间的拓扑关系判断原则和方法。最后，把提取的研究的时间范围信息转化为标准的基于公元纪年的时间，对这些时间信息进行尺度转换和合并，尺度转换和合并的地理科技论文研究的时间范围可以看作是复合时间，把复合时间间的拓扑关系作为论文在时间维度上的关联关系，把复合时间相关度作为关联的强度，构建了地理科技论文在时间维度上的定量化关联网络，并通过案例说明了地理科技论文时间维度上定量化关联网络在准确查找与指定论文研究时间范围相同或者相关论文中的作用。

# 第4章　地理科技论文主题内容语义相关度计算及关联网络构建

## 4.1 引　言

地理科技论文的主题内容特征是指地理科技论文的研究的具体内容和方法。地理科技论文的研究内容在标题、关键词、摘要和正文中均有详细程度不同的表达。为了准确高效反映地理科技论文研究的主题内容，本章拟用地理科技论文的标题和关键词来代表地理科技论文的主题内容（剔除空间范围和时间范围信息）。地理科技论文主题内容特征之间的语义相似度或者相关度计算对于论文的检索、聚类、推荐、排序和关联都具有重要意义。地理科技论文的标题可以看作是一个句子，关键词是一组词语或短语的集合，因而地理科技论文主题内容的相关度涉及词语、短语、句子的相关度计算。

词语、短语、句子的相关度计算的方法主要分为两类，一类是基于语言知识库的计算方法；另一类是基于统计方法（康司辰和刘扬，2017）。基于知识库的方法用手工建立的概念知识库，如分类词典和本体（Ballatore et al.，2013），把知识网络看作是一个图，把概念看作图中的节点，认为概念之间语义相关度与概念之间最短路径的长度成反比（Rada et al.，1989）。基于统计的方法利用词汇在一个大的文档语料库中共现的概率来计算相关度（Landauer et al.，2007；Turney，2001）。由于基于统计的方法没有考虑词语、短语、句子间的语义，因而其算法的准确度有限。通常情况下，基于知识库的概念相关度算法的精度高于基于统计的方法（Mihalcea et al.，2006）。基于语义知识的方法虽然考虑了词汇间的语义但是在实际应用中，这些方法依然有问题，因为它们大多是基于WordNet等本体知识库，这些本体知识库中收录的知识单元是有限的，部分专业词汇如“土地覆被”，一些缩写或简称如“LUCC”，一些化学符号如“$SO_2$”等并没有收录在这些知识库中，而实际应用中，句子特别是地理科技论文的标题中包含任意可能的字符，所以现有的方法很难直接用来计算地理科技论文标题和关键词的语义相关度。

为了较为精确的度量地理科技论文主题内容之间的相关度，同时克服知识库中知识覆盖范围有限的缺陷，本章采用基于知识库和统计方法相结合的策略，以基于知识库的方法为主，以基于统计的方法为辅，计算地理科技论文主题内容的语义相关度。具体方法为，利用《地理科学叙词表》和知网（HowNet）知识库，构建地理专业词汇语义相关度算法，并利用这个算法和已有的基于 HowNet 的汉语常用词汇语义相关度算法及基于关键词匹配的词语相关度算法，构建地理科技论文关键词组语义相关算法和标题语义相关度算法，最后把地理科技论文的关键词相关度和标题相关度综合起来作为地理科技论文主题内容的语义相关度，如图 4.1 所示。

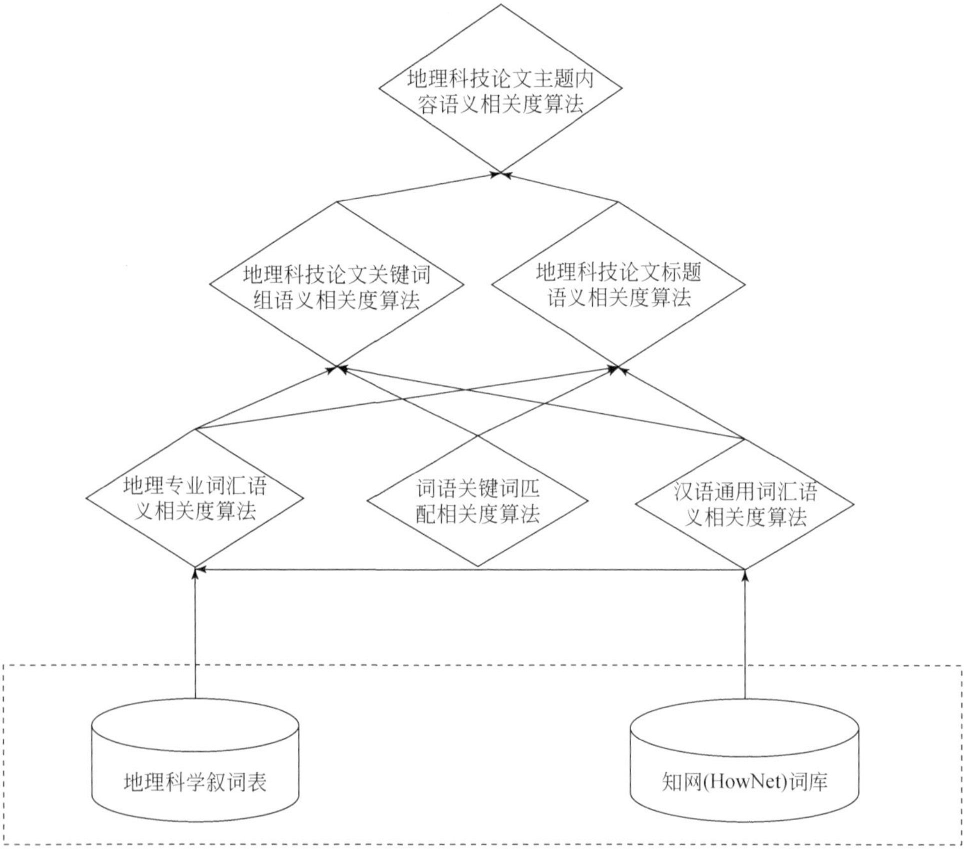


图 4.1　地理科技论文主题内容语义相关度算法框架

# 4.2 基于叙词表知识库的地理专业词汇相关度算法

在 ISO 国际标准中，叙词表被定义为“受控和结构化的词表，在这个词表中，概念由词语表达，概念之间的关系被显式的描述”（International Information Standars Orgnization，2011）。实际上，一个叙词表是有很多个词汇簇（也称为叙词树）组成，一个叙词树表达一个主题。在一个叙词树中，有一个族首词，所有的词汇由三种显式申明的关系的组织起来。这三种关系为：等同关系、等级关系和相关关系。等同关系用来标注两个同义词或者准同义词，用来描述同一个概念；等级关系用来描述一个概念的语义范围正好在另外一个概念的语义范围之内；相关关系用来表示在检索或者索引时额外的或者可供选择的概念之间关系，它是用来描述那些不是等级关系但是语义上或者内容上密切相关的概念（Kless et al.，2012，2015）。图 4.2 中有两个叙词树，它们的族首词分别为“环境”和“天气”。词语之间由三种显式申明的关系所连接。其中，等级关系是最主要的关系。叙词表是一种成熟的知识组织方法，有很多专家也把它看作是本体（Kless et al.，2012）。当前世界上有几百个叙词表，叙词表已经被用来计算词汇的语义相关度或者相似度。譬如，Qiu 和 Yu（2008）设计了材料学领域一个新的叙词模型并计算了词语的语义相关度。在他们的模型中，有着共同父类的词语被专家赋予了一个相似度值。McMath 等（1989）为了方便文档的查询，比较了基于医学和计算机科学领域的叙词表的集中语义相关度算法。Rada 等（1991）为了对文档进行排序，基于 EMTREE 叙词表计算了等级关系和非等级关系下概念之间最短的距离。Golitsyna 等（2016）用多个融合的叙词表，基于集合理论模型，提出了等级和相关关系下词语的相关度算法。韩其琛和李冬梅（2016）定量化了林学叙词表术语之间的关系，计算了林学术语之间的语义相似度，并且构建了一个语义检索工具。Čerba 和 Jedlička（2016）计算了 7 本叙词表中“森林”和其他词汇的语义相似度。这些方法在改善信息检索方面都取得了较好的结果。然而，这些方法仅仅能计算在同一个词语树上的两个词语的相关度，在不同词语树上的词语的相关度直接被赋值为 0，这和实际情况是不符合的。例如在图 4.2 中，术语“气候环境”和“天气”的语义相关度不可能等于 0（Čerba and Jedlička，2016）。

在叙词表中，由于词汇之间仅仅存在三种关系，因而建立一个学科领域内专业词汇之间的叙词表相对容易，它是一种较为容易的组织某一个学科领域内的知识的方法。《地理科学叙词表》是一个受控和结构化词表，它是由 20 多位来自中

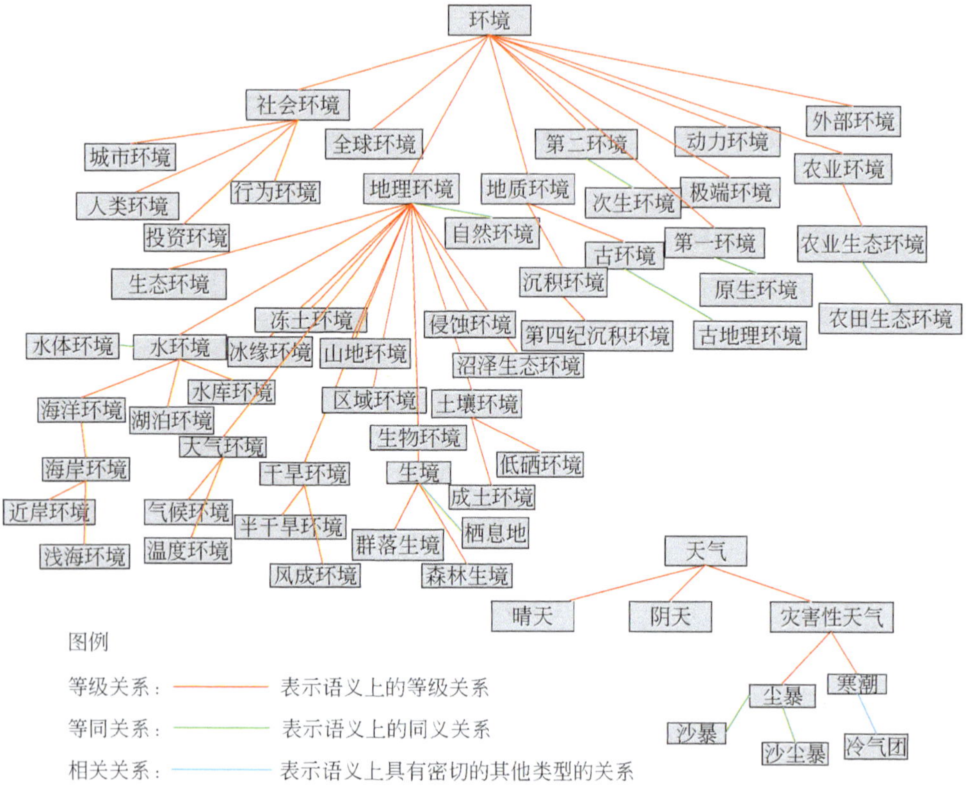


图 4.2　来自《地理科学叙词表》中的两个叙词树

国科学院地理科学与资源研究所、中国科学院兰州冰川冻土研究所和中国科学院、水利部成都山地灾害与环境研究所的专家编撰而成。在这个叙词表中有大约 10 800 个地理学及其相关领域的专业词汇被收录，形成了 389 个叙词树。它由中文和英文两种语言编写（郭扬等，1995），它的组织方式和建模原则符合 ISO-25964-1 标准。

知网（HowNet）是一个以汉语和英语的词语所代表的概念为描述对象，以揭示概念与概念之间及概念所具有的属性之间的关系为基本内容的常识知识库，它是由董振东等人所创建（董振东和董强，2001）。HowNet 用知识词典描述语言（KDML）来描述词汇概念以方便计算机处理（Li et al.，2012）。在 HowNet 数据库中有超过 17.3 万个词汇，这些词汇由双语言概念定义（DEF）所描述。同一个词汇的不同含义用不同的 DEF 进行描述。一个 DEF 是由多个义原和义原之间语义关系的描述所组成。义原是从汉语中筛选出来的最基本最小的语义单元（刘群和李素建，2002)，是对大约 6000 个汉字进行考察和分析而提取的（董振东和董强，2001)。在 HowNet 中，一个词汇描述模式如图 4.3 所示。

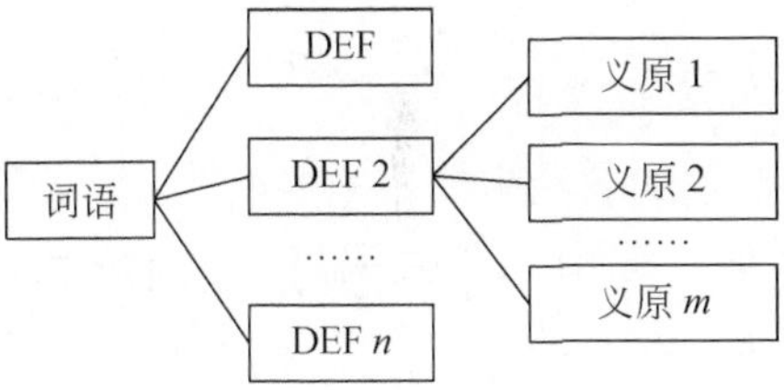


图 4.3　知网中词汇的描述模式

例如，词语“钓鱼竿”的一个 DEF：

DEF = {tool|用具:{catch|捉住:instrument = {~},patient = {fish|鱼}}}

在这个 DEF 中，“工具”“捉住”“工具”“鱼”是义原。DEF 可以用树形的结构来表达，如图 4.4 所示。

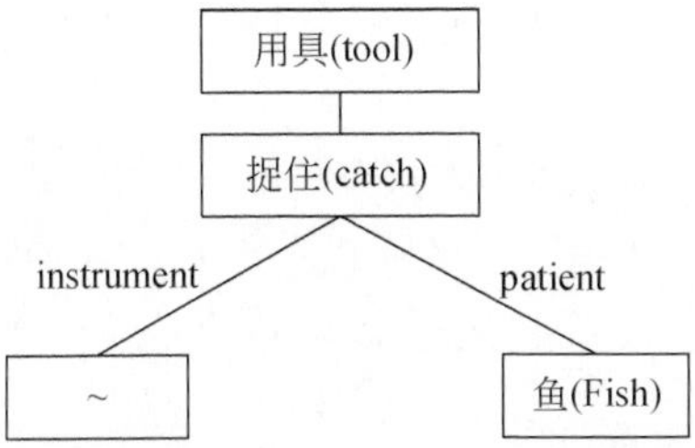


图 4.4　词汇“钓鱼竿”DEF 的树形结构

为了计算汉语词汇的相似度，刘群和李素建（2002）基于 HowNet 提出了一个自上而下的算法，取得了较高的精度。Li 等（2012）基于 HowNet 的树形 DEF 描述结构和马尔可夫模型提出了一个新的汉语词语相似度算法。

知网是由计算机和语言学家所创建，涵盖了日常生活中的大多数词语和概念，但是知网的数据库中很少记录一个学科专业领域内的概念。例如在知网的数据库中无法查到“土地利用”和“土地覆被”两个专业术语。因而，当需要计算地理科学领域的概念或者词汇的相似度或者相关度时，这个知识库就不能起作用了。

本书拟基于 HowNet 和《地理科学叙词表》，提出一个新的算法来计算《地理科学叙词表》中任意两个词汇的语义相关度，解决地理专业术语相关度计算的问题。

## 4.2.1 基于叙词表的地理词汇相关度算法

### 4.2.1.1 相关概念的定义

定义 4.1：叙词是在正式表达中使用的词语。

例如在图 4.2 中“第二环境”是叙词而“次生环境”却不是，尽管它们表达的意思相同。通常，叙词之间在叙词表中形成等级关系和相关关系，但是在本书研究中，我们把叙词定义为在叙词表中构成词汇间等级关系的正式使用的词语。例如在图 4.2 中，所有被红线连接的词汇均是叙词。

定义 4.2：在叙词表中，概念树是树形的等级知识结构，由关于某一主题的所有的叙词构成，本书中以 $T$ 表示。这个概念树的族首词用 $O$ 表示。在树 $T$ 中，叙词用 $C$ 表示，因而族首词也被表示为 $C_0$。$C_i$ 是在树 $T$ 中从族首词开始按等级遍历的第 $i$ 个叙词。$C$ 在树 $T$ 中的所有祖先叙词节点构成祖先叙词集合 $A(C)$ 。$C$ 的所有子叙词节点构成了子叙词集合 $L(C)$ 。如果至少存在一个术语 $W$ 与 $C$ 语义相关，则 $C$ 是 $W$ 的相关叙词（$W$ 不一定是叙词)。在一棵叙词树 $T$ 中，族首词 $O$ 的深度是 1。

例如，在图 4.2 中，对于第一个叙词树，所有的被红线连接的词语和它们的关系构成了一个概念树。“环境”是族首词，对于叙词“地质环境”，它的祖先叙词集合 $A(C)$ = {“环境”}，它的子叙词集合有 $L(C)$ = {“古环境”，“沉积环境”，“第四纪沉积环境”}。

定义 4.3：在概念树中，连接两个叙词之间最短路径的边的数量被称为叙词之间最短路径。

定义 4.4：在概念树中，如果叙词 $R$ 是包含叙词 $A$ 和 $B$ 并且是离 $A$ 和 $B$ 最近的父节点，那么 $R$ 被称为 $A$ 和 $B$ 的最近共同父节点，被表示为 $R(A, B)$ 或者 $R$ 。

定义 4.5：叙词的深度是指在概念树中，从族首词算起，到这个叙词的等级的层数。两个或者多个叙词的深度是指它们最近共同父节点的深度。

例如，在图 4.2 中，“生态环境”和“冻土环境”的深度是 2，而“大气环境”的深度是 3。

定义 4.6：在概念树 $T$ 中，叙词 $C$ 的子树的叶子节点的数量被称为 $C$ 的语义覆盖度，表示为 SCover($C$) 。例如在图 4.2 中，“社会环境”的语义覆盖度是 4。

定义 4.7：在一棵包含 $n$ 个叙词节点的概念树 $T$ 中，叙词节点 $C_i$ 可以被表达为向量 $C_i = (V_{i,1}, V_{i,2}, \cdots, V_{i,n})$ ，$V_{i,j}(i = 1, 2, \cdots, n; j = 1, 2, \cdots, n)$ 。这个向量 $C_i$ 被称为本地语义密度向量。其中，$V_{i,j}$ 的值被定义如下（韩其琛和李

冬梅，2016)：

$$V_{i,j}=\begin{cases}1, C_j \subset \{C_i, L(C_i)\} \\ \dfrac{\mathrm{SCover}(C_i)}{\mathrm{SCover}(C_j)}, C_j \subset \{A(C_i)\} \\ 0, \mathrm{else}\end{cases} \tag{4.1}$$

从上面的定义我们可以发现：在叙词表中，概念树是叙词树的骨架。概念树中只有等级关系存在，而在叙词树中有三种关系同时存在。

假设两个词汇为 $C_1$ 和 $C_2$，它们的语义相关度为 $\mathrm{Rel}(C_1, C_2)$。在本书研究中，我们认为完全相同的两个词汇的相关度为 1。相关度的取值范围为 [0，1]，根据 $C_1$ 和 $C_2$ 在叙词树中的位置来计算它们的语义相关度 $\mathrm{Rel}(C_1, C_2)$。

#### 4.2.1.2 两词汇在同一棵叙词树

如果 $C_1$ 和 $C_2$ 在同一个叙词树，那么连接它们的路径可以分为 4 种，即等同型路径，等级型路径，相关型路径和复合型路径。等同型路径表示 $C_1$ 和 $C_2$ 之间的关系是等同的。等级型路径表示 $C_1$ 和 $C_2$ 在同一个概念树中。相关型路径表示 $C_1$ 和 $C_2$ 之间是相关关系。复合型路径表示 $C_1$ 和 $C_2$ 由至少前面所述的两种路径所连接。例如，在图 4.2 中，“尘暴” 和 “沙暴” 之间的路径是等同型路径，“灾害性天气” 和 “寒潮” 之间是等级型路径，“寒潮” 和 “冷气团” 之间是相关型路径，“晴天” 和 “冷气团” 之间是复合型路径。对不同类型的路径，提出不同的算法来计算 $\mathrm{Rel}(C_1, C_2)$：

**(1) 等同型路径**

在叙词表中，同义词用来表示相同的概念，在多数上下文环境中，同义词可以互换使用，因而等同关系下的两个词汇 $C_1$ 和 $C_2$ 的语义相关度的值为 1，即

$$\mathrm{Rel}(C_1, C_2)=\mathrm{RelS}(C_1, C_2)=1 \tag{4.2}$$

式中，RelS 指两个词语是等同关系。

**(2) 等级型路径**

如果 $C_1$ 和 $C_2$ 是概念树 $T$ 中的两个节点（注意此时 $C_1$ 和 $C_2$ 不一定是父节点和子节点的关系)，相关度 $\mathrm{Rel}(C_1, C_2)$ 可以看作是最短路径长度、深度和叙词节点本地语义密度的函数，如下：

$$\mathrm{Rel}(C_1, C_2)=\mathrm{RelH}(C_1, C_2)=f(l, h, d) \tag{4.3}$$

式中，RelH 指两个词语是等级关系，$l$ 是 $C_1$ 和 $C_2$ 之间最短路径长度，$h$ 是 $C_1$ 和 $C_2$ 在概念树中的深度，$d$ 是 $C_1$ 和 $C_2$ 的本地语义密度。

假设式 (4.3) 可以被写成三个独立的函数：

$$\mathrm{Rel}(C_1, C_2)=\mathrm{RelH}(C_1, C_2)=f(f_1(l), f_2(h), f_3(d)) \tag{4.4}$$

式中，$f_1$，$f_2$，$f_3$ 分别是最短路径长度、深度和本地语义密度的转换函数。也就是说，最短路径长度、深度和本地语义密度三个因子对语义相关度的影响是独立的。这个独立性假设使得我们能分别调查单个影响因子对语义相关度的贡献，最后把它们的影响综合起来。

根据 Shepard（1987）给出的定律，在心理学领域，指数衰减函数是刺激泛化的普遍规律。我们设在式（4.4）中的 $f_1(l)$ 为 $l$ 的指数式单调递减函数：

$$f_1(l) = \mathrm{e}^{-\theta l} \tag{4.5}$$

式中，$\theta$ 是一个大于 0 的常数。

根据定义 4.5，$C_1$ 和 $C_2$ 的深度是它们最近共同父节点在概念树中的层级数。在概念树中，在上层的词语有着更加泛化的概念，与底层的词语相比，它们包含的语义更少（Li et al., 2003）。这个规律必须在计算 $\mathrm{Rel}(C_1, C_2)$ 时考虑。因此，当 $C_1$ 和 $C_2$ 的最近父节点的深度较小时，需要按比例减小 $\mathrm{Rel}(C_1, C_2)$ 的值；当 $C_1$ 和 $C_2$ 的最近父节点的深度较大时，需要按比例增加 $\mathrm{Rel}(C_1, C_2)$ 的值。因此，$f_2(h)$ 是深度 $h$ 的单调递增式函数。此外，由于相关度值处于［0，1］。为了满足这些条件，把 $f_2(h)$ 定义为如下函数：

$$f_2(h) = \frac{\mathrm{e}^{\beta h} - \mathrm{e}^{-\beta h}}{\mathrm{e}^{\beta h} + \mathrm{e}^{-\beta h}} \tag{4.6}$$

式中，$\beta > 0$，是一个平滑系数。

概念向量模型能对树形结构生成相关概念的标准化表达。在这个模型中，根据相关节点的密度，一棵等级树的概念节点被表达为一个概念向量（Liu et al., 2011）。两个概念的相关度通过计算这两个向量的余玄值而获取。然而，基于概念向量的相关度测量方法仅仅当这两个向量的元素有叠加的情况才有结果。当向量之间没有重叠的元素时，相关度的值为 0。例如，在图 4.2 中，对于叙词“城市环境”和“人类环境”，它们的概念向量的余弦值（相似度）是 0，很明显，这与人类的直觉不符。因此，假设本地语义密度在一定程度上影响两个词语的相关度。$f_3(d)$ 被定义如下：

$$f_3(d) = \delta + (1 - \delta) \cdot \frac{\overrightarrow{\boldsymbol{C}_1} \cdot \overrightarrow{\boldsymbol{C}_2}}{|\overrightarrow{\boldsymbol{C}_1}|\,|\overrightarrow{\boldsymbol{C}_2}|} \tag{4.7}$$

式中，$\delta$ 是一个（0，1］之间的常数。$\overrightarrow{\boldsymbol{C}_1}$ 和 $\overrightarrow{\boldsymbol{C}_2}$ 是叙词 $C_1$ 和 $C_2$ 的本地语义密度向量，由定义 4.7 而得。

因此，$C_1$ 和 $C_2$ 的相关度如下公式：

$$\mathrm{Rel}(C_1, C_2) = \mathrm{RelH}(C_1, C_2) = f_1(l) \times f_2(h) \times f_3(d) \tag{4.8}$$

式中，RelH 指两个词语是等级关系。

**(3) 相关型路径**

如果 $C_1$ 是 $W_1$ 的相关叙词，认为 $C_1$ 和 $W_1$ 共同的深度是 $C_1$ 的深度。由于在一个概念树中，上层的概念比下层的概念有更少的语义，因而，深度对 $C_1$ 和 $W_1$ 的语义相关度有影响。此外，与 $C_1$ 相关的概念的数量对 $C_1$ 和 $W_1$ 的语义相关度也有影响（韩其琛和李冬梅，2016）。我们把与 $C_1$ 相关的概念的数量称为语义密度。因此，$C_1$ 和 $W_1$ 的语义相关度 $\mathrm{Rel}(C_1, W_1)$ 是它们的深度和语义密度的函数，并被定义如下：

$$\mathrm{Rel}(C_1,W_1) = \mathrm{RelR}(C_1,W_1) = g_1(h) \times g_2(n) \tag{4.9}$$

式中，RelR 指两个词之间是相关关系，$g_1(h)$ 和 $g_2(n)$ 分别是深度和语义密度的转换函数。类似于式（4.6），$g_1(h)$ 用如下公式表达：

$$g_1(h) = \frac{\mathrm{e}^{\varepsilon h} - \mathrm{e}^{-\varepsilon h}}{\mathrm{e}^{\varepsilon h} + \mathrm{e}^{-\varepsilon h}} \tag{4.10}$$

式中，$\varepsilon$ 是常数，平滑系数；$h$ 是叙词 $C_1$ 的深度。

$$g_2(n) = \mathrm{e}^{-\gamma n} \tag{4.11}$$

式中，$\gamma$ 是常数，$n$ 是与叙词 $C_1$ 相关的词语的数量。

**(4) 复合型路径**

如果 $C_1$ 和 $C_2$ 由不同类型的路径所连接，把它们之间的最短路径分割为几个单一的部分，用前面三种情况提出的公式分别计算每一段路径的相关度，最后把这些相关度相乘，就是最终 $C_1$ 和 $C_2$ 的语义相关度。例如，在图 4.2 中，“沙暴”和“冷气团”的相关度是 RelS(“沙暴”，“尘暴”)，RelH(“沙暴”，“寒潮”)，RelR(“寒潮”，“冷气团”) 的乘积，它们分别由式（4.2）、式（4.8）和式（4.9）计算。

#### 4.2.1.3 两词汇在不同的叙词树

如果 $C_1$ 和 $C_2$ 在不同的叙词树上，设 $C_1$ 所在的叙词树的族首词为 $O_1$，$C_2$ 的族首词为 $O_2$。把 $C_1$ 和 $C_2$ 的相关度 $\mathrm{Rel}(C_1, C_2)$ 分为 3 个部分，即 $\mathrm{Rel}(C_1, O_1)$，$\mathrm{Rel}(O_1, O_2)$ 和 $\mathrm{Rel}(C_2, O_2)$，那么：

$$\mathrm{Rel}(C_1,C_2) = \mathrm{Rel}(C_1,O_1) \times \mathrm{Rel}(O_1,O_2) \times \mathrm{Rel}(C_2,O_2) \tag{4.12}$$

式中，$\mathrm{Rel}(C_1, O_1)$ 和 $\mathrm{Rel}(C_2, O_2)$ 可以由 4.2.1.2 小节的算法计算。$\mathrm{Rel}(O_1, O_2)$ 由下面基于 HowNet 的算法计算。由于 $O_1$ 和 $O_2$ 是族首词，我们已经知道在等级语义网的上层的词语有着更加泛化的概念，与底层的词语相比，它们包含的语义更少（Li et al., 2003），因此族首词通常都是较为常见的概念，它们一部分直接可以在 HowNet 的数据库里找到，另外一部分经过分词处理后可以在 HowNet 的数据库里找到。例如图 4.2 中，“环境”和“天气”直接在 HowNet 数据库中找到；另外一个概念树的族首词“土壤改良”，经过分词处理后变为“土壤，改良”，“土壤”和“改良”分别可以在 HowNet 数据库中找到。检查《地理科学叙词表》中 389 个叙词树的族首词，发现所有的族首词或者经过分词后的族首词都可以在 HowNet 数据库中发现。因而，不同叙词树的族首词之间的语义相关度可以用如下方法计算。

判断 $O_1$ 是否记录在 HowNet 数据库中，如果没有则使用 NLPIR 汉语分词系统对 $O_1$ 进行分词，检查分词后的词语是否都记录在 HowNet 数据库中，如果不是，再利用 HowNet 数据库中的词汇对相应的词语进行进一步的细分，直到所有的词语都记录在 HowNet 数据库中，设 $O_1$ 的分词结果为 $\{t_{11}, t_{12}, \cdots, t_{1n}\}$；$O_2$ 的分词结果为 $\{t_{21}, t_{22}, \cdots, t_{2m}\}$，其中 $t_{ij}$ 是一个被记录在 HowNet 数据库中的词汇，词语集合 $\{t_{11}, t_{12}, \cdots, t_{1n}\}$ 蕴含着 $O_1$ 的语义。为了在向量空间中表达 $O_1$，定义向量 $\overrightarrow{\boldsymbol{O}_1} = \{t_{11}, t_{12}, \cdots, t_{1n}\}$，同理，$\overrightarrow{\boldsymbol{O}_2} = \{t_{21}, t_{22}, \cdots, t_{2m}\}$。如果 $O_1$ 和 $O_2$ 是直接记录在 HowNet 数据库中的地理词语，那么向量 $\overrightarrow{\boldsymbol{O}_1}$ 和 $\overrightarrow{\boldsymbol{O}_2}$ 中只有一个元素。

在构建语义向量 $\overrightarrow{\boldsymbol{O}_1}$ 和 $\overrightarrow{\boldsymbol{O}_2}$ 之后，可以计算这两个向量之间的语义相关度 $\mathrm{rel}_v$。非对称的语义向量相关度 $\mathrm{rel}'_v(\overrightarrow{\boldsymbol{O}_1}, \overrightarrow{\boldsymbol{O}_2})$ 可以表示为

$$\mathrm{rel}'_v(\overrightarrow{\boldsymbol{O}_1},\overrightarrow{\boldsymbol{O}_2}) = \frac{\sum_{i=1}^{|\overrightarrow{O_1}|} \hat{s}(t_{1i},\overrightarrow{\boldsymbol{O}_2})}{|\overrightarrow{\boldsymbol{O}_1}|}, \mathrm{rel}'_v(\overrightarrow{\boldsymbol{O}_2},\overrightarrow{\boldsymbol{O}_1}) = \frac{\sum_{i=1}^{|\overrightarrow{O_2}|} \hat{s}(t_{2i},\overrightarrow{\boldsymbol{O}_1})}{|\overrightarrow{\boldsymbol{O}_2}|}, \mathrm{sim}'_v(\overrightarrow{\boldsymbol{O}_1},\overrightarrow{\boldsymbol{O}_2}) \in [0,1] \tag{4.13}$$

式中，$|\overrightarrow{\boldsymbol{O}_1}|$ 和 $|\overrightarrow{\boldsymbol{O}_2}|$ 是向量 $\overrightarrow{\boldsymbol{O}_1}$ 和 $\overrightarrow{\boldsymbol{O}_2}$ 的维度。$\mathrm{sim}'_v(\overrightarrow{\boldsymbol{O}_1}, \overrightarrow{\boldsymbol{O}_2})$ 指非对称语义向量的相似度。函数 $\hat{s}$ 是指一个语义向量中的 $t_{ij}$ 元素和另外一个语义向量 $\overrightarrow{\boldsymbol{O}}$ 中所有元素的语义相关度的最大值（Corley and Mihalcea，2005），即

$$\hat{s}(t_{1i},\overrightarrow{\boldsymbol{O}_2}) = \mathrm{Max}\{\mathrm{sim}(t_{1i},t_{21}),\mathrm{sim}(t_{1i},t_{22}),\cdots,\mathrm{sim}(t_{1i},t_{2m})\} \tag{4.14}$$

式中，$\mathrm{sim}(t_{1i}, t_{2j})$ 是两个词语间的相似度，本书研究中使用刘群和李素建等（2002）提出的基于 HowNet 的自上而下的算法计算它的值。对称的 $\mathrm{rel}_v \in [0, 1]$ 值可以通过两个非对称的 $\mathrm{rel}'_v$ 获取，公式如下：

$$\mathrm{Rel}(O_1,O_2) = \mathrm{rel}_v(\overrightarrow{\boldsymbol{O}_1},\overrightarrow{\boldsymbol{O}_2}) = \frac{\mathrm{rel}'_v(\overrightarrow{\boldsymbol{O}_1},\overrightarrow{\boldsymbol{O}_2}) + \mathrm{rel}'_v(\overrightarrow{\boldsymbol{O}_2},\overrightarrow{\boldsymbol{O}_1})}{2} \tag{4.15}$$

基于以上的算法，能计算《地理科学叙词表》中任意两个词语的语义相关度。值得注意的是，算法中一些参数的值，如 $\theta$，$\beta$，$\delta$，$\varepsilon$，$\gamma$，尚未给出。在 4.2.2 小节中，将提供这些参数的获取方法，同时对算法的精度进行评估。

## 4.2.2 基于叙词表的地理词汇相关度算法精度评估

词语语义相关算法的质量只能通过检查它计算的结果和人类的直觉的相符程度（Li et al., 2003）。为了评估提出的算法，需要用基准地理术语数据集，比较算法计算的结果和专家评分的结果的相关程度。当前，已有较多的用来评估词语相似度或者相关度的基准数据集，例如在自然语言处理领域，存在 Miller and Charles（1991）(M&C)，Rubenstein and Goodenough（1965）(R&G)，Finkelstein 等（2002）(WordSimilarity-353)，Nelson 等（2005）(WordSimilarity-1016）建立的基准数据集。在地球信息科学领域，Rodríguez 和 Egenhofer（2003，2004）为了评估匹配距离相似度算法（MDSM)，建立了一个地理词语的相似度判断基准数据集。Ballatore 等（2014）建立了 GeReSiD 数据集，用来评估地理词语的相似度和相关度算法。Rodríguez 和 Egenhofer 及 Ballatore 等建立的数据集是非常好的评估地理词语的相似度或者相关度算法的基准。然而，他们的数据集中的词语主要是关于地理实体的，如“电影院”“山谷”等，并不适合用来评估地理学术语，如“海洋气候”“极地气候”等的相关度。我们把 Rodríguez 和 Egenhofer 及 Ballatore 等人建立的数据集称为半地理术语化数据集。现在需要建立一个地理术语化评估数据集，从而来评估地理术语语义相关度算法的精度。地理术语相关度数据集（geo-terminology relatedness dataset，GTRD）通过专家对一组地理学术语的相关度评分而获取，具体流程如下所述。

#### 4.2.2.1 调查设计与结果

由于地理术语涉及专业知识，因此以地理学专家为调研对象开展调查。在这次调查中使用的地理术语来自《地理科学叙词表》，并按照如下方法建立地理词汇组：首先，从同一个叙词树上选择术语，组成术语对。这些术语对是不同的关系类型、距离、深度和本地语义密度的组合。其次，从不同的叙词树中选择术语组成术语对，这些术语对的族首词之间的语义相关度由大到小依次变化，并且这些术语之间的关系、距离、深度和本地语义密度也各不相同。最终选择了 66 对地理学术语作为相关度评分调查问卷中的内容。这 66 对地理学术语可以分成两个部分：其中的 33 组是不同特征的组合，另外 33 组是这些特征的重复组合。这 33 组中有 8 个是高相关度的地理学词组，13 个中等相关度的和 12 个低相关度的。

向 167 位地理学专家发送了包含这 66 对地理学术语的调查问卷的邮件。这 167 为地理学专家的研究兴趣包括，自然地理、人文地理、生态学、环境科学、土壤学、自然资源学等。这些专家被要求判断这66组地理学术语的语义相关度，然后给出一个0到4的分数，其中0代表一点也不相关，4代表同义词或者完全相同的概念。对于每一位专家，这66组词汇的顺序是随机决定的。

最后收到了53封回复邮件，其中，两个专家没有填完调查问卷，另外两位专家给出了错误的评分值，如最高的语义相关度数值是5，这4个回复结果被丢弃了。为了探测不可信的和随机回答的专家评分问卷，计算每个专家评分值与所有专家的评分的平均值之间的皮尔逊相关系数。皮尔逊相关系数是一种测量两组变量之间线性相关程度的方法。通常，相关度值在［0.8，1］，意味着两组变量之间高度正相关（Stigler，1989）。为了保证地理术语相关度基准数据集的高可靠性，皮尔逊相关系数小于0.8的调查问卷也删除了。有8位专家评分因皮尔逊相关系数低于0.8而被删除。最后，41位专家的评分值被用作GTRD的数据源。

评分者之间的可靠性（intra-rater reliability，IRR）指的是多个评分者对多个评分对象的评价结果的相对一致性（LeBreton et al.，2003）。评分者之间的一致性（intra-rater agreement，IRA）指的是多个评分者对一个或者多个评分对象的绝对的差值（James et al.，1993）。LeBreton和Senter（2008）建议采用多个参数来衡量IRR和IRA的值，以避免单个参数造成的误差。本书研究为IRR采用皮尔逊相关系数（Pearson's $r$）（Rodgers and Nicewander，1988），肯德尔等级相关系数（Kendall's $\tau$）（Kruskal，1958）和斯皮尔曼相关系数（Spearman's $\rho$）进行评估；为IRA采用肯德尔和谐系数（Kendall's $W$）（Kendall and Smith，1939），James等（1984）的 $r_{WG(J)}$ 系数进行评估。表4.1中展示了GTRD数据源的IRR和IRA的参数的值。

**表4.1　GTRD数据源的IRR和IRA的参数指标值**

| 指标类型 | 指标名称 | 最小值 | 中值 | 最大值 | 平均值 |
|---|---|---|---|---|---|
| IRR | Pearson's $r$ | 0.816 | 0.860 | 0.922 | 0.860 |
| | Spearman's $\rho$ | 0.797 | 0.858 | 0.925 | 0.858 |
| | Kendall's $\tau$ | 0.657 | 0.734 | 0.807 | 0.731 |
| 指标类型 | 指标名称 | 指标值 | 指标类型 | 指标名称 | 指标值 |
| IRA | Kendall's $W$ | 0.731 | IRA | $r_{WG(J)}$ | 0.927 |

注：$P<0.001$。

从表4.1中IRR和IRA的参数值可以发现GTRD有很高的可信度并且在地理学专家中有很高的认可度，这些参数值比类似的基准数据集的参数值更优良（Ballatore et al.，2014）。

对这66对地理学术语，计算这41位专家评分值的平均值，并归一化为［0，1］的值，作为术语对的相关度，GTRD如表4.2和表4.4所示。

4.2.2.2　算法参数获取

在 4.2.1 小节中提出的基于叙词表的词汇相关度算法中，有 5 个参数的值还没有确定，即 $\theta$ , $\beta$ , $\delta$ , $\varepsilon$ , $\gamma$ 的值。如何确定这些参数的值对于算法的准确度非常重要。许多研究者假设这些参数的值处于 [0，1]，从 0 开始，在一定的精度下，取每个参数的等间距条件下的所有可能的值的所有的组合，来确定这些参数的值。在本书研究中，由于 GTRD 有两个等同的部分组成，可以用前 33 组术语的相关度值（被称作反演组）去决定参数 $\theta$ , $\beta$ , $\delta$ , $\varepsilon$ , $\gamma$ 的值。然后用后 33 组术语的相关度值（被称作验证组）去检验算法的精度。对于反演组，我们用 4.2.1 小节的算法建立了 33 个方程式，这些方程式的自变量为 $\theta$ , $\beta$ , $\delta$ , $\varepsilon$ , $\gamma$ ，方程式的值为相应的专家评分获取的相关度值。继而，用 MATLAB 中的‘fsolve’函数去解这些方程式。MATLAB 中的‘fsolve’函数是基于莱文贝格-马夸特方法和置信域方法（Levenberg，1944；Marquardt，1963）。在数学和计算学领域，莱文贝格-马夸特方法能提供方程式的非线性最小化的数值解，置信域 Dogleg 算法的介绍请参考文献（Powell，1968）。

最后反演得到了 $\theta$ , $\beta$ , $\delta$ , $\varepsilon$ , $\gamma$ 的值，即 $\theta = 0.2057$ , $\beta = 11.102$ , $\delta = 0.8$ , $\varepsilon = 4.112$ , $\gamma = 0.275$。GTRD 反演组的数据集如表 4.2 所示。

**表 4.2　GTRD 的反演组数据集**

| 词一 | 词二 | 相关度值 |
|---|---|---|
| 绿洲城市 | 绿洲城市 | 1 |
| 热带雨林气候 | 赤道多雨气候 | 0.8720 |
| 城市 | 城镇 | 0.8598 |
| 高原多年冻土 | 冻土 | 0.7805 |
| 寒潮 | 冷气团 | 0.7744 |
| 地理环境 | 环境 | 0.7134 |
| 公路运输 | 运输 | 0.7073 |
| 半干旱气候 | 草原气候 | 0.7073 |
| 气候 | 天气 | 0.6890 |
| 乳品工业 | 食品工业 | 0.6829 |
| 加工工业 | 轻工业 | 0.6646 |
| 煤炭工业 | 重工业 | 0.6280 |
| 生态环境 | 水环境 | 0.5915 |
| 高山荒漠土 | 亚高山土壤 | 0.5732 |

续表

| 词一 | 词二 | 相关度值 |
|---|---|---|
| 低产土壤 | 土壤肥力 | 0.5671 |
| 汽车工业 | 基础工业 | 0.5122 |
| 社会环境 | 外部环境 | 0.4756 |
| 高原气候 | 生态环境 | 0.4268 |
| 技术密集城市 | 小城市 | 0.4146 |
| 饲料工业 | 制糖工业 | 0.3902 |
| 晴天 | 阴天 | 0.3902 |
| 地中海型气候 | 半干旱环境 | 0.3415 |
| 天然气工业 | 制造业 | 0.2988 |
| 农业气候 | 自然景观 | 0.2805 |
| 石油工业 | 炼铝业 | 0.25 |
| 纺织工业 | 造船工业 | 0.25 |
| 季风气候 | 草甸褐土 | 0.2134 |
| 第四纪气候 | 草原景观 | 0.1646 |
| 湿润气候 | 尘暴 | 0.1585 |
| 海洋环境 | 土壤 | 0.1098 |
| 生态气候 | 科学城 | 0.0549 |
| 海洋性气候 | 管道运输 | 0.0366 |
| 沙漠气候 | 内河航运 | 0.0305 |

为了评估本书研究提出算法的精度，根据已经计算出的 $\theta$ , $\beta$ , $\delta$ , $\varepsilon$ , $\gamma$ 的值，用4.2.1 小节提出的相关度算法，计算了 GTRD 验证组地理术语对的相关度值。获取计算的相关度值和专家评分给出的值之间的斯皮尔曼相关系数（Spearman's $\rho$ ）。斯皮尔曼相关系数 $\rho=1$ 表示完全的正相关，$\rho=0$ 表示没有相关关系，$\rho=-1$ 表示完全的负相关。它可以用来表示本研究提出算法的精确度。表4.3 中给出了本研究的精度值。

**表4.3　计算的 GTRD 验证组的术语相关度值和专家评分值之间的相关系数 $\rho$**

| 参数名称 | 值 |
|---|---|
| Spearman's $\rho$ | 0.907 |

对于 GTRD 验证组的地理术语对，本书提出的算法计算的相关度值和专家评分给出的相关度值如表4.4 所示。

**表 4.4　GTRD 验证组的专家评分值和本研究提出的算法的计算值对比表**

| 词一 | 词二 | GTRD 值 | 计算值 |
| --- | --- | --- | --- |
| 水路运输 | 水路运输 | 1 | 1 |
| 港口城市 | 海港城市 | 0.9085 | 1 |
| 运输 | 交通运输 | 0.8293 | 1 |
| 近岸环境 | 海岸环境 | 0.7805 | 0.7301 |
| 近岸环境 | 浅海环境 | 0.7805 | 0.5302 |
| 钢铁工业 | 冶金工业 | 0.7256 | 0.7444 |
| 文化景观 | 景观 | 0.6707 | 0.5633 |
| 寒潮 | 灾害性天气 | 0.6524 | 0.7416 |
| 农产品加工工业 | 工业 | 0.6098 | 0.4473 |
| 灰漠土 | 棕漠土 | 0.6037 | 0.5302 |
| 海洋环境 | 地理环境 | 0.5976 | 0.5861 |
| 热带土壤 | 亚热带土壤 | 0.5732 | 0.5302 |
| 高山草甸土 | 栗钙土 | 0.4634 | 0.3514 |
| 电力工业 | 机械工业 | 0.4512 | 0.4316 |
| 水文气候 | 农业环境 | 0.4146 | 0.3341 |
| 海上运输 | 航空运输 | 0.3780 | 0.4316 |
| 干旱气候 | 古气候 | 0.3780 | 0.5303 |
| 环境 | 灾害性天气 | 0.3659 | 0.0335 |
| 海洋性气候 | 冷气团 | 0.3171 | 0.2994 |
| 荒漠土壤 | 多年冻土 | 0.3171 | 0.1676 |
| 全球环境 | 人文景观 | 0.2805 | 0.3003 |
| 热带气候 | 海岸环境 | 0.2744 | 0.1574 |
| 计算机工业 | 建材工业 | 0.2317 | 0.3514 |
| 气候 | 城市 | 0.2134 | 0.2087 |
| 城市 | 纺织工业 | 0.2012 | 0.0661 |
| 区域气候 | 特大城市 | 0.1829 | 0.0641 |
| 水环境 | 草原景观 | 0.1829 | 0.2018 |
| 温带气候 | 水上景观 | 0.1707 | 0.1574 |

续表

| 词一 | 词二 | GTRD 值 | 计算值 |
| --- | --- | --- | --- |
| 冰川气候 | 褐土 | 0.1402 | 0.2042 |
| 半干旱环境 | 水下景观 | 0.1037 | 0.1258 |
| 全新世气候 | 沿海运输 | 0.0366 | 0.0152 |
| 极地气候 | 矿业 | 0.0244 | 0.0516 |
| 荒漠气候 | 劳动密集工业 | 0.0061 | 0.0337 |

可以发现，本研究提出的算法计算的相关度值和专家的评分值相当的一致，相关系数达 0.907。因此，本研究提出的算法适合计算《地理科学叙词表》中地理学术语的语义相关度。

## 4.3 地理科技论文的关键词相关度算法

地理科技论文的关键词如“高温；时空分布；气候趋势系数；小波分析”，它是一组用来描述地理科技论文主题内容的词语或者短语。通常情况下，它们是由一组词语、短语、缩写或者特定含义的符号组成，譬如，“中国东部；春季；植被活动；区域差异；NDVI”是《1982-2006 年中国东部春季植被变化的区域差异》一文的关键词，包含词语、短语“中国东部 | 春季 | 植被活动 | 区域差异”，也包括英文缩写“NDVI”。地理科技论文的关键词的相关度指的是地理科技论文的关键词组之间总的相关度，它与两个地理学词汇（如“土地利用”和“土地覆被”）的相关度含义不同。目前，尚未有计算地理科技论文关键词组总的相关度算法的提出。

在本书研究中，提出一个新的综合性的计算地理科技论文关键词组之间语义相关度的算法模型，这个模型利用 4.2 节提出的地理术语相关度算法，基于 HowNet 的汉语常用词汇的语义相关度算法和基于统计的词语相关度算法，可以计算任意两篇地理科技论文的关键词组的语义相关度。

### 4.3.1 总体思路

本书提出的综合性的方法致力于自动计算任意两组地理科技论文的关键词的语义相关度。根据 Corley 和 Mihalcea 提出的原理，本研究通过找到并配对两关键词组中最相关的关键词，然后把它们的相关度综合而成总体的相关度。

为了在两篇地理科技论文的关键词组中找到最相关的词语对，使用如下的方法。首先对两篇地理科技论文的两个关键词组，分别创建两个空的词语集合，这两个词语集合分别叫做语义组（semantic group）和统计组（statistical group）。对于关键词组中的每一个关键词，判断它是不是被记录在《地理科学叙词表》中，如果是，则把它标记为叙词表元素（thesaurus element）并存储在语义组中；否则，判断这个关键词是不是存储在 HowNet 数据库中，如果是，则把它标记为 HowNet 元素（HowNet element）并存储在语义组中；如果不是，则使用分词工具对这个关键词进行分词，判断分词后的词语是否存储在 HowNet 数据库中，如果是，则把它也标记为 HowNet 元素（HowNet element）并存储在语义组中。剩余的关键词则被标记为统计元素（statistical element）存储在统计组中（statistical group）。对于两个地理科学论文的关键词组，两个语义组和两个统计组分别被建立，然后分别对两个语义组中的关键词和两个统计组中的关键词进行最相关词配对，这个配对结果也是最终的最相关词配对结果。为了在两个语义组中配对最相关的关键词，需要计算一个组中的一个关键词同另外一个组中的所有关键词的相关度。4.2 节中提出的算法被用来计算两个叙词表元素之间的语义相关度，在 4.3.2 小节提出的算法用来计算一个叙词表元素和一个 HowNet 元素，以及两个 HowNet 元素之间的语义相关度。对于两个统计组，使用关键词匹配法来匹配最相关的关键词，即对于统计组中一个关键词，如果匹配成功，则最大相关度为 1，否则为 0。地理科技论文的关键词语义相关度的计算方法总体思路如图 4.5 所示。

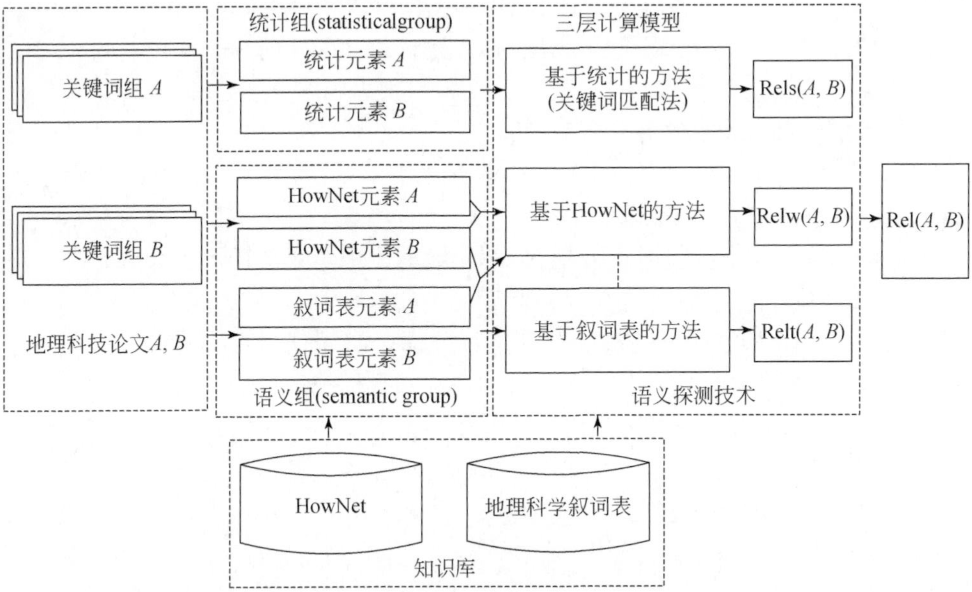


图 4.5　地理科技论文关键词相关度计算方法的总体思路

## 4.3.2 计算方法

两个关键词组总的语义相关度可以看成是词组中每个词语的语义相关度的函数（Corley and Mihalcea，2005）。由于地理科技论文的关键词是论文作者精心选择，用来概括论文的研究内容的词语或者短语，因此在传达地理科技论文的主题研究内容上，它们可以被认为有差不多相同的权重。因此，两个关键词组的语义相关度可以通过配对最相关的关键词，然后把每一对最相关的关键词的相关度平均而获取总的相关度。

本书研究使用无向（对称的）语义相关度测量方法。它是由两个有向的（非对称的）语义相关度而获取。有向的语义相关度指的是 $A$ 对 $B$ 的相关度或者 $B$ 对 $A$ 的相关度。

对于地理科技论文（$a$），在去掉其关键词组中涉及论文的空间研究范围和时间研究范围的关键词后，设其剩余的关键词组为 $A = \{T_{A1}, T_{A2}, \cdots, T_{An}\}$，其中，$T_{Ai}$ 是一个关键词，诸如“人口密度”。对于地理科技论文（$b$），设其关键词组为 $B = \{T_{B1}, T_{B2}, \cdots, T_{Bm}\}$。$A$ 与 $B$ 之间无向的相关度值为 $\mathrm{Rel}(A, B)$，$A$ 对 $B$ 的相关度值为 $\hat{R}(A, B)$；$B$ 对 $A$ 的相关度值为 $\hat{R}(B, A)$。$\mathrm{Rel}(A, B)$ 可以用下面的方法计算：创建两个空的分别叫做语义组（semantic group）和统计组（statistical group）集合。语义组用来存储可以使用基于知识的方法计算语义相关度的关键词，统计组用来存储其他类型的关键词。对于关键词组 $A$ 和 $B$，两个语义组，即 $A$ 的 SemGA 和 $B$ 的 SemGB；两个统计组，即 $A$ 的 StaGA 和 $B$ 的 StaGB，被创建。

接下来，对于 $A$ 中的每一个关键词 $T_{Ai}$：

如果它是《地理科学叙词表》中收录的一个地理学术语，那么把它放入 SemGA，并且标记为一个叙词表元素；

否则，判断这个关键词是否是 HowNet 数据库中记录的词语，如果是把它放入 SemGA，并且标记为一个 HowNet 元素；

否则，使用 NLPIR 分词系统对其进行分词，如果分词后的所有的词语被记录在 HowNet 数据库中，则把它放入 SemGA，并且标记为一个 HowNet 元素；

否则，把 $T_{Ai}$ 放入 StaGA（重新表示为 $T_{A_{Si}}$）。

对于 $A$，可以得到一个语义组 $\mathrm{SemGA} = \{T_{A1}, \cdots, T_{Ak}, T_{AW1}, \cdots, T_{AWh}\}$ $(k + h \leqslant n)$ 和一个统计组 $\mathrm{StaGA} = \{T_{A_{S1}}, \cdots, T_{A_{Sl}}\}$ $(l \leqslant n,\ l + k + h = n)$。同理，对于 $B$，可以得到 $\mathrm{SemGB} = \{T_{B1}, \cdots, T_{Bs}, T_{BW1}, \cdots, T_{BWq}\}$ $(s + q \leqslant m)$ 和 $\mathrm{StaGB} = \{T_{B_{S1}}, \cdots, T_{B_{Sr}}\}$ $(r \leqslant m,\ s + q + r = m)$。

在获取到每个关键词组的语义组和统计组之后，来为每个关键词在另外一个组里找到最相关的词。从 SemGB 里寻找与 SemGA 每个关键词最相关的词，从 StaGB 里寻找与 StaGA 每个关键词最相关的词。对于前者，通过计算 SemGA 中的某一个词与 SemGB 中所有词的语义相关度（即需要计算两个叙词表元素之间、一个叙词表元素和一个 HowNet 元素间，两个 HowNet 元素间的语义相关度），来找到具有最大相关度的相关词；对于后者用 StaGA 中的一个词去匹配 SemGB 中所有的词，如果匹配成功，则找到最相关的词，并且最大相关度是 1，否则最大相关度是 0。

然后，$A$ 对 $B$ 的相关度可以通过对这些最大相关度值求平均而获取，如式（4.16）所示：

$$\hat{R}(A,B)=\frac{\sum r(T_A,\mathrm{SemGB})+\sum r(T_{A_s},\mathrm{StaGB})}{n} \tag{4.16}$$

式中，$r(T_A$，SemGB）表示 SemGA 中的词 $T_A$ 与 SemGB 中最相关的关键词的语义相关度。$r(T_{A_s}$，StaGB）表示 StaGA 中的词 $T_{A_S}$ 与 StaGB 中匹配的词的相关度，如果这个匹配存在，则 $r(T_{A_s}$，StaGB）= 1；否则为 0。$\hat{R}(A$，$B)$ 的值在［0，1］，是一个有方向的相关度。$A$ 和 $B$ 之间无向的相关度值可以通过两个有向的相关度值计算，如下所示：

$$\mathrm{Rel}(A,B)=\frac{\hat{R}(A,B)+\hat{R}(B,A)}{2} \tag{4.17}$$

在计算 Rel($A$，$B$) 的过程中，有几个很重要的细节尚未描述其过程。即在语义组 SemGA 和 SemGB 之间匹配最相关的关键词时，如何计算任意两个关键词的语义相关度。由于已经把语义组的关键词分为叙词表元素和 HowNet 元素，计算任意两个关键词的语义相关度，即是计算两个叙词表元素之间，一个叙词表元素和一个 HowNet 元素之间，两个 HowNet 元素之间的语义相似度，计算两个叙词表元素之间的语义相关度可以使用 4.2 节提出的算法，计算一个叙词表元素和一个 HowNet 元素以及两个 HowNet 元素之间的语义相关度，使用如下的方法。

**（1）计算叙词表元素和 HowNet 元素间的语义相关度**

如果 $T_{Ai}$ 是一个叙词表元素，那么必然存在一个包含这个叙词表元素的叙词树，并且存在族首词 $O_{Ai}$。如果 $T_{BWj}$ 是一个 HowNet 元素，那么 $T_{BWj}$ 或者对 $T_{BWj}$ 分词后的每个词语可以在 HowNet 数据库中找到。把一个 HowNet 元素看作是叙词表中一个假定的叙词树，这棵叙词树只有一个节点，即这个 HowNet 元素本身。这棵叙词树的族首词也是这个 HowNet 元素。基于公式（4.12），$T_{Ai}$ 和 $T_{BWj}$ 之间的语义相关度可以由如下公式计算：

$$r(T_{Ai},T_{BWj})=\mathrm{Rel}(T_{Ai},O_{Ai})\times\mathrm{Rel}(O_{Ai},T_{BWj}) \tag{4.18}$$

式中，$r(T_{Ai}, T_{BWj})$ 是 [0, 1] 的一个实数。$O_{Ai}$ 是指 $T_{Ai}$ 的族首词。$\mathrm{Rel}(T_{Ai}, O_{Ai})$ 指的是在一个叙词和它的族首词之间的语义相关度，可以由 4.2.1.2 小节的算法计算；$\mathrm{Rel}(O_{Ai}, T_{BWj})$ 指的是两个叙词树族首词之间的语义相关度，可以用 4.2.1.3 小节的算法计算。

**（2）计算两个 HowNet 元素间的语义相关度**

如果 $T_{AWi}$ 和 $T_{BWj}$ 是两个 HowNet 元素，它们之间的语义相关度为 $r(T_{AWi}, T_{BWj})$。设 $T_{AWi}$ 经过 NLPIR 分词后的结果为 $\{t_{A1}, t_{A2}, \cdots, t_{An}\}$，$T_{BWj}$ 分词后的结果为 $\{t_{B1}, t_{B2}, \cdots, t_{Bm}\}$，其中，$t_{Ai}$ 和 $T_{Bj}$ 是可以直接在 HowNet 中找到的词汇。对于 $\{t_{A1}, t_{A2}, \cdots, t_{An}\}$ 中的每一个 $t_{Ai}$，在 $\{t_{B1}, t_{B2}, \cdots, t_{Bm}\}$ 中寻找与其有最大语义相关度的词。$T_{AWi}$ 与 $T_{BWj}$ 的语义相关度最终由一个综合词与词之间语义相关度以及词的权重的评分函数所决定：

$$\mathrm{rel}'_v(T_{AWi}, T_{BWj}) = \frac{\sum_{i=1}^{|T_{AWi}|} (\mathrm{maxRel}(t_{Ai}, T_{BWj}) \cdot w_i)}{\sum_{i=1}^{|T_{AWi}|} w_i} \tag{4.19}$$

式中，$\mathrm{rel}'_v(T_{AWi}, T_{BWj})$ 是一个 [0, 1] 之间的实数。$\mathrm{maxRel}(t_{Ai}, T_{BWj})$ 是 $t_{Ai}$ 和它在 $T_{BWj}$ 中最相关的词语的语义相关度，由计算 $t_{Ai}$ 和 $\{t_{B1}, t_{B2}, \cdots, t_{Bm}\}$ 中所有词语的语义相关度而获得，本书研究使用刘群和李素建等（2002）提出的基于 HowNet 的自上而下的算法计算它们的相关度。$w_i$ 是 $t_{Ai}$ 在表达 $T_{AWi}$ 的语义时所占的权重，由于关键词是论文作者精心挑选用来概括地理科技论文的主题内容的词语，认为每个分词后的词语有着相同的语义表达权重。

$T_{AWi}$ 和 $T_{BWj}$ 之间无向的语义相关度也可以由一个平均值函数获取：

$$r(T_{AWi}, T_{BWj}) = \frac{\mathrm{rel}'_v(T_{AWi}, T_{BWj}) + \mathrm{rel}'_v(T_{BWj}, T_{AWi})}{2} \tag{4.20}$$

基于以上提出的算法，可以计算任意两篇地理科技论文的关键词的语义相关度，然而，为了更加准确的反应地理科技论文的主题内容特征，需进一步计算地理科技论文的标题的语义相关度，并最终融合关键词语义相关度和标题语义相关度，作为论文的主题内容语义相关度。

## 4.4 地理科技论文的标题语义相关度算法

地理科技论文的标题，是对科技论文研究内容的高度概括，计算地理科技论文的标题的语义相关度，对于查找相同或者相关研究主题的科技论文具有非常重要的作用。

地理科技论文标题的语义相关度计算可以归类于短文本或者句子的语义相关

度计算。为了计算地理科技论文的标题之间的语义相关度，如“1990-2010 年中国土地覆盖时空变化特征”和“中喜马拉雅山区土地利用的空间分布特征”，本研究首先剔除标题中的地理空间范围和时间范围信息，剔除时空信息后的标题如“土地覆盖时空变化特征”和“土地利用的空间分布特征”；继而，对标题进行汉语停用词过滤，汉语停用词指的是文本中出现频率很高，但实际意义又不大的词，这一类主要包括了语气助词、副词、介词、连词、特殊符号等，通常自身并无明确意义，只有将其放入一个完整的句子中才有一定作用的词语，如常见的“的”“在”“和”“接着”“#”“$”“%”之类。经过停用词过滤后的标题分别为“土地覆盖时空变化特征”和“土地利用空间分布特征”。进而，把《地理科学叙词表》中的叙词导入 NLPIR 分词系统作为种子库，再使用 NLPIR 分词系统对地理科技论文的标题进行分词处理，分词结果如图 4.6 所示。

土地利用/n 空间/n 分布/v 特征/n　　土地覆盖/n 时空/n 变化/v 特征/n

图 4.6　论文标题分词结果示例

对于图 4.6 中的分词结果，把其看做两个关键词组，采用 4.3 节的计算地理科技论文关键词组语义相关度的方法来计算它们的相关度。

## 4.5 主题内容语义相关度以及主题内容语义关联网络构建

对于两篇地理科技论文，我们分别使用 4.3 节和 4.4 节的方法计算了其关键词组的语义相关度（设为 $x$）和标题的语义相关度（设为 $y$），把二者加权值的和作为两篇地理科技论文的主题内容的语义相关度。即

$$\mathrm{Rel}(A,B) = 0.64 \times x + 0.36 \times y \tag{4.21}$$

式中，权重值是由权重评估-层次分析法获取（Saaty，1990）。权重评估-层次分析法详细的步骤如下：首先，需要建立对上一层目标有影响的所有因素两两之间的相对重要性比较矩阵。其次，请领域专家用 1 ~ 9 给出影响因素两两之间的相对重要性分数。最后，求比较矩阵的特征向量，经归一化处理即是各影响因素的权重值。当影响因素超过两个时，比较矩阵需要做一致性检验。一致性检验通过的标准是 CR 值小于 0.1。

### 4.5.1 主题内容关联关系实例构建

地理科技论文的主题内容语义相关度的值的范围为［0，1］，其中 0 代表两

篇地理科技论文的主题完全不相关，1 代表主题内容完全相同。在主题内容维度上地理科技论文间有三种关系，即相同主题，相关主题和不相关主题，本书进一步把相关主题划分为强相关、相关和弱相关三种，由相关度值大小判断相关类型：相同主题指的是地理科技论文间的主题内容相关度等于1，非常相关指的是相关度处在［0.7，1)，相关指的是［0.4，0.7)，弱相关指的是（0，0.4）（强相关、相关和弱相关的最优相关度阈值可以从专家的知识中学习而获取，本书为了简单起见，直接根据常识划分)，不相关指的是地理科技论文间语义相关值为0。每一种主题内容关系可以代表一种关联类型，有相应的关联谓词。本书研究中地理科技论文在主题内容上的关联关系以及相应关联谓词如表4.5 所示。

**表 4.5　地理科技论文主题关联关系类型及关联谓词**

| 编号 | 特征名称 | 特征实例 | 关联谓词 | 语义相关度 |
| --- | --- | --- | --- | --- |
| 1 | 主题内容 | 相同主题 | IsSameTheme | 1 |
| 2 | | 强相关主题 | IsHighRelatedTheme | ［0.7，1) |
| 3 | | 相关主题 | IsMiddleRelatedTheme | ［0.4，0.7) |
| 4 | | 弱相关主题 | IsLowRelatedTheme | (0，0.4) |
| 5 | | 不相关 | IsNotRelatedTheme | 0 |

## 4.5.2　主题内容定量化语义关联网络构建

基于以上地理科技论文在主题内容维度上关联方式、关联关系类型和关联谓词的设计，以及相应的主题内容语义相关度算法，构建论文的主题内容定量化语义关联网络。这一关联网络能建立一篇地理科技论文与其他相关论文之间的关联，并且可以按照主题内容语义相关度进行排序。在样本数据集中，与《中喜马拉雅山区土地利用的空间分布特征》一文和《1949-2015 年中国典型自然灾害及粮食灾损特征》一文在主题内容上高度相关的论文分别如表 4.6 和表 4.7 所示（表中仅列出最相关的 20 条）。

**表 4.6　论文《中喜马拉雅山区土地利用的空间分布特征》的主题内容定量化语义关联网络**（仅列部分数据）

| 编号 | 论文标题 | 关联谓词 | 相关度 |
| --- | --- | --- | --- |
| 1 | 中喜马拉雅山区土地利用的空间分布特征 | IsSameTheme | 1 |
| 2 | 山区城市土地利用动态空间分布特征——以贵州省六盘水市为例 | IsHighRelatedTheme | 0.812 |

续表

| 编号 | 论文标题 | 关联谓词 | 相关度 |
| --- | --- | --- | --- |
| 3 | 21 世纪初中国海岸带土地利用空间格局特征 | IsHighRelatedTheme | 0. 762 |
| 4 | 21 世纪初中国土地利用强度的空间分布格局 | IsHighRelatedTheme | 0. 744 |
| 5 | 基于"三生空间"的土地利用转型与生态环境效应——以长江三角洲核心区为例 | IsHighRelatedTheme | 0. 742 |
| 6 | 武汉城市群城镇用地空间扩展时空特征分析 | IsHighRelatedTheme | 0. 735 |
| 7 | 北方农牧交错带农村居民点分布特征及其对土地利用的影响——以科尔沁左翼中旗为例 | IsHighRelatedTheme | 0. 713 |
| 8 | 长江流域土地利用时空变化特征及其径流效应 | IsHighRelatedTheme | 0. 711 |
| 9 | 北京市居住用地特征价格的空间分异特征 | IsHighRelatedTheme | 0. 704 |
| 10 | 基于地形分异指数的黔桂喀斯特山地土地利用垂直分布特征 | IsMiddleRelatedTheme | 0. 695 |
| 11 | 1910-2010 年沈阳城市土地利用空间结构演变特征 | IsMiddleRelatedTheme | 0. 690 |
| 12 | 雄安新区土地利用空间特征及起步区方案比选研究 | IsMiddleRelatedTheme | 0. 690 |
| 13 | 2010-2015 年中国土地利用变化的时空格局与新特征 | IsMiddleRelatedTheme | 0. 679 |
| 14 | 太湖流域重污染区土地利用变化对生态系统服务价值的影响 | IsMiddleRelatedTheme | 0. 663 |
| 15 | 1960 ~ 2010 年黑龙江省土地利用变化对气温的影响 | IsMiddleRelatedTheme | 0. 660 |
| 16 | 1986 ~ 2012 年抚顺市土地利用动态变化及热点分析 | IsMiddleRelatedTheme | 0. 647 |
| 17 | 长沙市土地利用格局变化的空间粒度效应 | IsMiddleRelatedTheme | 0. 645 |
| 18 | 广州市土地利用垂直分层模式及其演变过程 | IsMiddleRelatedTheme | 0. 635 |
| 19 | 1989 年至 2006 年鄱阳湖区土地利用动态变化研究 | IsMiddleRelatedTheme | 0. 635 |
| 20 | 基于扩展 CA 模型的土地利用变化时空模拟研究——以深圳市为例 | IsMiddleRelatedTheme | 0. 633 |

**表 4.7　论文《1949-2015 年中国典型自然灾害及粮食灾损特征》的主题内容定量化语义关联网络（部分）**

| 编号 | 论文标题 | 关联谓词 | 相关度 |
| --- | --- | --- | --- |
| 1 | 1949-2015 年中国典型自然灾害及粮食灾损特征 | IsSameTheme | 1 |
| 2 | 川滇黔接壤地区自然灾害危险度评价 | IsHighRelatedTheme | 0. 757 |
| 3 | 明清时期浙江沿海自然灾害的时空分异特征研究 | IsHighRelatedTheme | 0. 754 |
| 4 | 自然灾害风险主要分析方法及其适用性述评 | IsHighRelatedTheme | 0. 728 |
| 5 | 自然灾害对农产品市场价格影响研究——以汶川地震为例 | IsHighRelatedTheme | 0. 721 |

续表

| 编号 | 论文标题 | 关联谓词 | 相关度 |
|---|---|---|---|
| 6 | 历史时期中国重大自然灾害时空分异特征 | IsHighRelatedTheme | 0.718 |
| 7 | 1949-2013 年中国气象灾害灾情变化趋势分析 | IsMiddleRelatedTheme | 0.666 |
| 8 | 透视中国自然灾害区域分异规律与区划研究 | IsMiddleRelatedTheme | 0.658 |
| 9 | 2005-2010 年中国自然灾害救助应急响应的区域分异特征 | IsMiddleRelatedTheme | 0.657 |
| 10 | 1961～2010 年中国农业洪旱灾害时空特征、成因及影响 | IsMiddleRelatedTheme | 0.648 |
| 11 | 基于 SRP 模型的自然灾害多发区生态脆弱性时空分异研究——以辽宁省朝阳县为例 | IsMiddleRelatedTheme | 0.646 |
| 12 | 河南省历史水旱灾害危险性分析 | IsMiddleRelatedTheme | 0.622 |
| 13 | 气候变暖背景下西南地区干旱灾害风险评估 | IsMiddleRelatedTheme | 0.622 |
| 14 | 气象灾害对中国特殊类型地区贫困的影响 | IsMiddleRelatedTheme | 0.615 |
| 15 | 不同土地利用方式对赤红壤理化性质的综合影响 | IsMiddleRelatedTheme | 0.585 |
| 16 | 中国洪水灾害风险县（市）统计分布特征研究 | IsMiddleRelatedTheme | 0.579 |
| 17 | 开封地区宋元时期洪涝灾害与气候变化 | IsMiddleRelatedTheme | 0.579 |
| 18 | 气候变暖背景下中国西南干旱时空分异特征 | IsMiddleRelatedTheme | 0.569 |
| 19 | 1990 年以来中国小麦农业气象灾害时空变化特征 | IsMiddleRelatedTheme | 0.564 |
| 20 | 自然灾害型景观游客体验的感知差异分析 | IsMiddleRelatedTheme | 0.561 |

从表 4.6 和表 4.7 可以发现，第一条被关联的论文是目标论文文本身，由于一篇论文和它自身的主题内容相同，因而关联谓词是“IsSameTheme”，相关度为 1；本书研究建立的地理科技论文在主题内容维度上的定量化语义关联网络能从海量文献中发现与目标论文在主题内容上高度相关的论文，并给出关联关系和相关程度，极大的方便了用户准确、全面的查找地理科技文献。

## 4.6 本章小结

本章针对地理信息科学领域专业词汇语义相似度或相关度研究相对薄弱的现状，基于地理学专业知识库—《地理科学叙词表》和汉语通用知识库—HowNet 数据库，构建了任意两个地理学专业术语之间的语义相关度算法；继而基于地理专业术语语义相关度算法、汉语通用词语相关度算法和关键词匹配相关度算法，利用语义探测技术，构建了地理科技论文关键词组之间和地理科技论文标题之间的语义相关度算法。提出了一套从地理学词语、到词组再到句子的语义相关度算法，本算法精度高，适用范围广，可应用于实际情况中，是地理信息检索、数据关联、数据发现、数据推荐等研究领域必备的基础性算法。

此外，本章基于提出的关键词组和句子语义相关度算法，计算了地理科技论文主题内容之间的语义相关度，继而根据定量化关联数据网络的要求，设计了地理科技论文在主题内容维度上的定量化语义关联网络。本关联网络具有关联精度高的特点，对于相似论文的推荐，论文准确全面的查找具有重要的作用。

# 第5章 地理科技论文多维定量化语义关联网络构建

## 5.1 引　　言

在本书的第2章~第4章，分别构建了地理科技论文在地理空间范围、时间范围和主题内容维度上的定量化关联网络。这些网络关联的是论文某一特征的关联网络，是一维的，只能提供某一特征相关的信息。然而，在查找和分析地理科技论文时，有时候关注的是地理科技论文多方面的信息。譬如，查找“青藏高原，20世纪80年代，生态脆弱性”相关的论文。因而有必要构建地理科技论文在多个维度上的全面的关联网络。多维度的关联网络不仅能提供地理科技论文之间更加丰富和全面的信息，也为基于地理科技论文的知识挖掘和知识发现提供了新的途径。

地理科技论文多维关联网络指的是地理科技论文两个及两个以上特征间构成的全面关联的网络。由于本书面向地理科技论文的主题、空间和时间特征，因而，有4种类型的多维定量化关联网络：空间-时间二维定量化关联网络、空间-主题定量化二维关联网络、时间-主题定量化二维关联网络和主题-时间-空间三维定量化关联网络。

## 5.2 地理科技论文多维定量化关联网络构建

### 5.2.1 空间-时间关联网络

地理科技论文空间-时间关联网络是指综合应用地理科技论文研究的地理空间范围和时间范围特征来实现地理科技论文之间的关联。地理科技论文在空间范围上有7种关联关系，即相同范围（IsEqualGScope）、范围包含（IsContainGScope）、范围被包含（IsWithinGScope）、范围重叠（IsOverlapGScope）、范围相接（IsTouchGScope）、范围相交（IsCrossGScope）、范围相离（IsDisjointGScope）。在时间范围上有 9 种关联关系，即相同时间（IsSameTime）、包含时间（IsContainsTime）、时间被包含（IsDuringTime）、时间重叠（IsOverlapsTime）、时间被重叠（IsOverlappedByTime）、时间相接（IsMeetsTime）、时间被相接（IsMetByTime）、时间在……之前（IsBeforeTime）、时间在……之后（IsAfterTime）。空间–时间关联网络的关联关系是这两种特征的关联类型的组合，即空间–时间关联网络有 7×9＝63 种关联关系，其关联谓词如表 5.1 所示。

**表 5.1　地理科技论文空间–时间关联类型及关联谓词**（部分）

| 编号 | 关联实例 | 关联谓词 |
|---|---|---|
| 1 | 相同范围–相同时间 | IsEqualGScope-IsSameTime |
| 2 | 相同范围–包含时间 | IsEqualGScope-IsContainsTime |
| 3 | 相同范围–时间被包含 | IsEqualGScope-IsDuringTime |
| 4 | 相同范围–时间重叠 | IsEqualGScope-IsOverlapsTime |
| 5 | 相同范围–时间被重叠 | IsEqualGScope-IsOverlappedByTime |
| 6 | 相同范围–时间相接 | IsEqualGScope-IsMeetsTime |
| 7 | 相同范围–时间被相接 | IsEqualGScope-IsMetByTime |
| 8 | 相同范围–时间在……之前 | IsEqualGScope-IsBeforeTime |
| 9 | 相同范围–时间在……之后 | IsEqualGScope-IsAfterTime |
| 10 | 范围包含–相同时间 | IsContainGScope-IsSameTime |
| 11 | 范围包含–包含时间 | IsContainGScope-IsContainsTime |
| 12 | 范围包含–时间被包含 | IsContainGScope-IsDuringTime |
| 13 | 范围包含–时间重叠 | IsContainGScope-IsOverlapsTime |
| 14 | 范围包含–时间被重叠 | IsContainGScope-IsOverlappedByTime |
| 15 | 范围包含–时间相接 | IsContainGScope-IsMeetsTime |
| 16 | 范围包含–时间被相接 | IsContainGScope-IsMetByTime |
| 17 | 范围包含–时间在……之前 | IsContainGScope-IsBeforeTime |
| 18 | 范围包含–时间在……之后 | IsContainGScope-IsAfterTime |
| …… | …… | …… |
| 55 | 范围相离–相同时间 | IsDisjointGScope-IsSameTime |
| 56 | 范围相离–包含时间 | IsDisjointGScope-IsContainsTime |
| 57 | 范围相离–时间被包含 | IsDisjointGScope-IsDuringTime |
| 58 | 范围相离–时间重叠 | IsDisjointGScope-IsOverlapsTime |
| 59 | 范围相离–时间被重叠 | IsDisjointGScope-IsOverlappedByTime |
| 60 | 范围相离–时间相接 | IsDisjointGScope-IsMeetsTime |

续表

| 编号 | 关联实例 | 关联谓词 |
|---|---|---|
| 61 | 范围相离-时间被相接 | IsDisjointGScope-IsMetByTime |
| 62 | 范围相离-时间在……之前 | IsDisjointGScope-IsBeforeTime |
| 63 | 范围相离-时间在……之后 | IsDisjointGScope-IsAfterTime |

从表 5.1 中可以发现，借助于以上关联实例，可以找到与一篇科技论文具有相同研究地理空间范围、相同时间范围以及相关研究范围、时间范围的论文。

空间-时间关联网络在某一关联关系下的相关度用式（5.1）计算：

$$R_{ts}(A,B)=W_s\times R_s(A,B)+W_t\times R_t(A,B) \tag{5.1}$$

式中，$R_s(A,B)$ 指的是地理科技论文 $A$ 与 $B$ 地理空间范围之间的相关度，$R_t(A,B)$ 是时间范围相关度，$R_{ts}(A,B)$ 指的是空间-时间关联网络中关联实例的相关度，$W_s$ 和 $W_t$ 分别是空间范围相关度和时间范围相关度的权重，可由权重评估-层次分析法计算获取（Saaty，1990），本书研究中分别取值为 0.667 和 0.333，具体过程请见（https://github.com/czgbjy/weights）中的文档。

基于以上地理科技论文空间-时间范围关联关系、关联谓词设计和相应的相关度算法，以样本数据为例构建了地理科技论文在空间-时间范围上二维的定量化语义关联网络。在样本数据集中，与论文《中国城市 $PM_{2.5}$时空分布的动态比较分析》一文在地理空间范围和时间范围上高度相关的论文如表如表 5.2 所示（仅列出最相关的前 20 条）。

**表 5.2　论文《中国城市 $PM_{2.5}$时空分布的动态比较分析》的空间-时间二维定量化语义关联网络**（部分）

| 编号 | 关联谓词 | 标题 | 空间范围 | 时间范围 | 相关度 |
|---|---|---|---|---|---|
| 1 | IsEqualGScope-IsSameTime | 2014 年中国城市 $PM_{2.5}$浓度的时空变化规律 | 中国 | 2014 年 | 1 |
| 2 | IsEqualGScope-IsDuringTime | 中国城市 PM<sub>2. 5</sub>时空分布的动态比较分析 | 中国 | 2014～2015 年 | 0.963 |
| 3 | IsEqualGScope-IsDuringTime | 2010-2015 年中国土地利用变化的时空格局与新特征 | 中国 | 2010～2015 年 | 0.920 |
| 4 | IsEqualGScope-IsDuringTime | 21 世纪初中国土地利用强度的空间分布格局 | 中国 | 21 世纪初 | 0.899 |
| 5 | IsEqualGScope-IsDuringTime | 1949-2015 年中国典型自然灾害及粮食灾损特征 | 中国 | 1949～2015 年 | 0.892 |

续表

| 编号 | 关联谓词 | 标题 | 空间范围 | 时间范围 | 相关度 |
| --- | --- | --- | --- | --- | --- |
| 6 | IsEqualGScope-IsDuringTime | 气候变化情景下中国自然生态系统脆弱性研究 | 中国 | 1991～2100 年 | 0.891 |
| 7 | IsContainGScope-IsSameTime | 成都市县域土地利用碳收支与经济发展关系研究 | 成都市 | 2014 年 | 0.778 |
| 8 | IsContainGScope-IsDuringTime | 基于选择实验法的城市生态系统服务价值评估——以四川温江为例 | 四川；温江 | 2013 年；2014 年 | 0.778 |
| 9 | IsContainGScope-IsDuringTime | 昆明市土地利用变化的强度分析与稳定性研究 | 昆明市 | 1990 年；2000 年；2008 年；2014 年 | 0.778 |
| 10 | IsContainGScope-IsDuringTime | 2005-2014 年长江经济带城市土地利用效率时空格局特征 | 长江经济带 | 2005～2014 年 | 0.733 |
| 11 | IsContainGScope-IsDuringTime | 西藏自治区水土资源承载力监测预警研究 | 西藏自治区 | 2005～2014 年 | 0.714 |
| 12 | IsContainGScope-IsDuringTime | 长江流域植被净初级生产力对未来气候变化的响应 | 长江流域 | 1981～2000 年；2010～2050 年 | 0.712 |
| 13 | IsContainGScope-IsDuringTime | 基于 IPCC 情景下新疆地区未来气候变化的预估 | 新疆 | 1961 年～1990 年；2010 年～2099 年 | 0.705 |
| 14 | IsContainGScope-IsDuringTime | 气候变化背景下东北地区气象干旱的时空演变特征 | 东北地区 | 2011～2060 年 | 0.699 |
| 15 | IsContainGScope-IsDuringTime | 东北地区未来气候变化对农业气候资源的影响 | 东北地区 | 1961～2099 年 | 0.696 |
| 16 | IsContainGScope-IsDuringTime | 内蒙古未来气候变化及其对温性草原分布的影响 | 内蒙古 | 2010 年～2100 年；2000 年；1961 年～1990 年 | 0.695 |
| 17 | IsContainGScope-IsContainsTime | 自然灾害型景观游客体验的感知差异分析 | 四川 | 2012 年 8 月和 2014 年 5 月 | 0.694 |

续表

| 编号 | 关联谓词 | 标题 | 空间范围 | 时间范围 | 相关度 |
|---|---|---|---|---|---|
| 18 | IsContainGScope-IsDuringTime | 2000-2015 年华北平原土地利用变化对粮食生产效率的影响 | 华北平原 | 2000 ~ 2015 年 | 0.689 |
| 19 | IsContainGScope-IsDuringTime | 21 世纪初中国海岸带土地利用空间格局特征 | 中国海岸带 | 21 世纪初 | 0.689 |
| 20 | IsContainGScope-IsDuringTime | 北京市高速公路周边土地利用变化对景观格局的影响 | 北京 | 2005 ~ 2015 年 | 0.685 |

从表 5.2 中可以发现，空间-时间二维关联网络能发现在研究的地理空间范围和时间范围上高度相关的科技论文，并且按照总的时空相关度进行排序，这为地理科技论文的查找和基于文献的知识发现提供了新的途径。

## 5.2.2 主题-空间关联网络

地理科技论文主题-空间关联网络是指综合应用地理科技论文研究的主题内容和地理空间范围特征来实现地理科技论文之间的关联。地理科技论文在主题内容维度上有 5 种关联关系，即相同主题（IsSameTheme）、强相关主题（IsHighRelatedTheme）、相关主题（IsMiddleRelatedTheme）、弱相关主题（IsLowRelatedTheme）、不相关（IsNotRelatedTheme）。地理科技论文在空间范围上有 7 种关联关系，即相同范围（IsEqualGScope）、范围包含（IsContainGScope）、范围被包含（IsWithinGScope）、范围重叠（IsOverlapGScope）、范围相接（IsTouchGScope）、范围相交（IsCrossGScope）、范围相离（IsDisjointGScope）。主题-空间关联网络的关联关系是这两种特征关联关系的组合，即主题-空间关联网络有 $5\times7=35$ 种关联关系，其关联谓词如下表 5.3 所示。

**表 5.3 地理科技论文主题-空间关联类型及关联谓词**

| 编号 | 关联实例 | 关联谓词 |
|---|---|---|
| 1 | 相同主题-相同范围 | IsSameTheme-IsEqualGScope |
| 2 | 相同主题-范围包含 | IsSameTheme-IsContainGScope |
| 3 | 相同主题-范围被包含 | IsSameTheme-IsWithinGScope |
| 4 | 相同主题-范围重叠 | IsSameTheme-IsOverlapGScope |
| 5 | 相同主题-范围相接 | IsSameTheme-IsTouchGScope |
| 6 | 相同主题-范围相交 | IsSameTheme-IsCrossGScope |
| 7 | 相同主题-范围相离 | IsSameTheme-IsDisjointGScope |

续表

| 编号 | 关联实例 | 关联谓词 |
|---|---|---|
| 8 | 强相关主题-相同范围 | IsHighRelatedTheme-IsEqualGScope |
| 9 | 强相关主题-范围包含 | IsHighRelatedTheme-IsContainGScope |
| 10 | 强相关主题-范围被包含 | IsHighRelatedTheme-IsWithinGScope |
| 11 | 强相关主题-范围重叠 | IsHighRelatedTheme-IsOverlapGScope |
| 12 | 强相关主题-范围相接 | IsHighRelatedTheme-IsTouchGScope |
| 13 | 强相关主题-范围相交 | IsHighRelatedTheme-IsCrossGScope |
| 14 | 强相关主题-范围相离 | IsHighRelatedTheme-IsDisjointGScope |
| 15 | 相关主题-相同范围 | IsMiddleRelatedTheme-IsEqualGScope |
| 16 | 相关主题-范围包含 | IsMiddleRelatedTheme-IsContainGScope |
| 17 | 相关主题-范围被包含 | IsMiddleRelatedTheme-IsWithinGScope |
| 18 | 相关主题-范围重叠 | IsMiddleRelatedTheme-IsOverlapGScope |
| 19 | 相关主题-范围相接 | IsMiddleRelatedTheme-IsTouchGScope |
| 20 | 相关主题-范围相交 | IsMiddleRelatedTheme-IsCrossGScope |
| 21 | 相关主题-范围相离 | IsMiddleRelatedTheme-IsDisjointGScope |
| 22 | 弱相关主题-相同范围 | IsLowRelatedTheme-IsEqualGScope |
| 23 | 弱相关主题-范围包含 | IsLowRelatedTheme-IsContainGScope |
| 24 | 弱相关主题-范围被包含 | IsLowRelatedTheme-IsWithinGScope |
| 25 | 弱相关主题-范围重叠 | IsLowRelatedTheme-IsOverlapGScope |
| 26 | 弱相关主题-范围相接 | IsLowRelatedTheme-IsTouchGScope |
| 27 | 弱相关主题-范围相交 | IsLowRelatedTheme-IsCrossGScope |
| 28 | 弱相关主题-范围相离 | IsLowRelatedTheme-IsDisjointGScope |
| 29 | 不相关主题-相同范围 | IsNotRelatedTheme-IsEqualGScope |
| 30 | 不相关主题-范围包含 | IsNotRelatedTheme-IsContainGScope |
| 31 | 不相关主题-范围被包含 | IsNotRelatedTheme-IsWithinGScope |
| 32 | 不相关主题-范围重叠 | IsNotRelatedTheme-IsOverlapGScope |
| 33 | 不相关主题-范围相接 | IsNotRelatedTheme-IsTouchGScope |
| 34 | 不相关主题-范围相交 | IsNotRelatedTheme-IsCrossGScope |
| 35 | 不相关主题-范围相离 | IsNotRelatedTheme-IsDisjointGScope |

从表 5.3 中可以发现，基于地理科技论文的主题-空间关联网络的关联实例，可以发现同一地区相同或相关主题的地理科技论文，也可以发现相同主题的论文分布在哪些空间范围上。

主题-空间关联网络在某一关联关系的相关度用式（5.2）计算：

$$R_{cs}(A,B)=W_c\times R_c(A,B)+W_s\times R_s(A,B) \tag{5.2}$$

式中，$R_{cs}(A,\ B)$ 是主题内容-空间关联网络中关联实例的语义相关度，$R_c(A,\ B)$ 是主题内容相关度，$W_c$ 和 $W_s$ 分别是主题内容和空间范围相关度的权重，可由权重评估-层次分析法计算获取（Saaty，1990），本书研究中分别取值为0.875和0.125，具体过程请见（https://github.com/czgbjy/weights）中的文档。

基于以上地理科技论文主题-空间范围关联关系、关联谓词设计和相应的相关度算法，以样本数据为例构建了地理科技论文在主题-空间范围上二维的定量化关联网络。如表5.4所示，在样本数据库中，与论文《过去2000年中国气候变化研究的新进展》具有相同、高度相关、相关主题内容关系和相同地理空间范围关系的地理科技论文如下。

**表5.4　论文《过去2000年中国气候变化研究的新进展》的主题-空间二维定量化语义关联网络**（部分）

| 编号 | 关联谓词 | 标题 | 空间范围 | 相关度 |
|---|---|---|---|---|
| 1 | IsSameTheme-IsEqualGScope | 过去2000年中国气候变化研究的新进展 | 中国 | 1 |
| 2 | IsMiddleRelatedTheme- IsEqualG-Scope | 气候变化下中国未来综合环境风险区划研究 | 中国 | 0.639 |
| 3 | IsMiddleRelatedTheme- IsEqualG-Scope | 气候变化对中国古代财政平衡的影响 | 中国 | 0.618 |
| 4 | IsMiddleRelatedTheme- IsEqualG-Scope | 气候变化背景下1981-2010年中国玉米物候变化时空分异 | 中国 | 0.613 |
| 5 | IsMiddleRelatedTheme- IsEqualG-Scope | 近50年气候变化背景下中国冰川面积状况分析 | 中国 | 0.599 |
| 6 | IsMiddleRelatedTheme- IsEqualG-Scope | 中国生态用地及生态系统服务价值变化研究 | 中国 | 0.581 |
| 7 | IsMiddleRelatedTheme- IsEqualG-Scope | 近50年来气候变化背景下中国大豆生产潜力时空演变特征 | 中国 | 0.566 |
| 8 | IsMiddleRelatedTheme- IsEqualG-Scope | 过去50年气候变化下中国潜在植被NPP的脆弱性评价 | 中国 | 0.528 |
| 9 | IsMiddleRelatedTheme- IsEqualG-Scope | 2010-2015年中国土地利用变化的时空格局与新特征 | 中国 | 0.506 |
| 10 | IsMiddleRelatedTheme- IsEqualG-Scope | 中国草原区植被变化及其对气候变化的响应 | 中国 | 0.499 |

续表

| 编号 | 关联谓词 | 标题 | 空间范围 | 相关度 |
|---|---|---|---|---|
| 11 | IsMiddleRelatedTheme- IsEqualG-Scope | 1990 年以来中国小麦农业气象灾害时空变化特征 | 中国 | 0.481 |
| 12 | IsMiddleRelatedTheme- IsEqualG-Scope | 基于生态系统服务价值评估的我国集中连片重点贫困区生态补偿研究 | 中国 | 0.479 |

从表 5.4 中可以发现，地理科技论文的主题-空间关联网络能准确发现指定关联关系下的论文，并准确地描述了相关的程度。这对于地理科技文献的查找，基于海量地理科技论文的知识发现具有重要作用。

### 5.2.3 主题-时间关联网络

地理科技论文主题-时间关联网络是指综合应用地理科技论文研究的主题内容和研究的时间范围特征来实现地理科技论文之间的关联。地理科技论文在主题内容维度上有 5 种关联关系，在时间范围上有 9 种关联关系。主题-时间关联网络的关联关系是这两种特征关联关系的组合，即主题-时间关联网络有 $5\times9=45$ 种关联关系，其关联谓词如表 5.5 所示。

**表 5.5　地理科技论文主题-时间关联类型及关联谓词**（部分）

| 编号 | 关联实例 | 关联谓词 |
|---|---|---|
| 1 | 相同主题-相同时间 | IsSameTheme-IsSameTime |
| 2 | 相同主题-包含时间 | IsSameTheme-IsContainsTime |
| 3 | 相同主题-时间被包含 | IsSameTheme-IsDuringTime |
| 4 | 相同主题-时间重叠 | IsSameTheme-IsOverlapsTime |
| 5 | 相同主题-时间被重叠 | IsSameTheme-IsOverlappedByTime |
| 6 | 相同主题-时间相接 | IsSameTheme-IsMeetsTime |
| 7 | 相同主题-时间被相接 | IsSameTheme-IsMetByTime |
| 8 | 相同主题-时间在……之前 | IsSameTheme-IsBeforeTime |
| 9 | 相同主题-时间在……之后 | IsSameTheme-IsAfterTime |
| 10 | 强相关主题-相同时间 | IsHighRelatedTheme-IsSameTime |
| 11 | 强相关主题-包含时间 | IsHighRelatedTheme-IsContainsTime |
| 12 | 强相关主题-时间被包含 | IsHighRelatedTheme-IsDuringTime |
| 13 | 强相关主题-时间重叠 | IsHighRelatedTheme-IsOverlapsTime |

续表

| 编号 | 关联实例 | 关联谓词 |
| --- | --- | --- |
| 14 | 强相关主题-时间被重叠 | IsHighRelatedTheme-IsOverlappedByTime |
| 15 | 强相关主题-时间相接 | IsMiddleRelatedTheme-IsMeetsTime |
| 16 | 强相关主题-时间被相接 | IsMiddleRelatedTheme-IsMetByTime |
| 17 | 强相关主题-时间在……之前 | IsMiddleRelatedTheme-IsBeforeTime |
| 18 | 强相关主题-时间在……之后 | IsMiddleRelatedTheme-IsAfterTime |
| …… | …… | …… |
| 37 | 不相关主题-相同时间 | IsNotRelatedTheme-IsSameTime |
| 38 | 不相关主题-包含时间 | IsNotRelatedTheme-IsContainsTime |
| 39 | 不相关主题-时间被包含 | IsNotRelatedTheme-IsDuringTime |
| 40 | 不相关主题-时间重叠 | IsNotRelatedTheme-IsOverlapsTime |
| 41 | 不相关主题-时间被重叠 | IsNotRelatedTheme-IsOverlappedByTime |
| 42 | 不相关主题-时间相接 | IsNotRelatedTheme-IsMeetsTime |
| 43 | 不相关主题-时间被相接 | IsNotRelatedTheme-IsMetByTime |
| 44 | 不相关主题-时间在……之前 | IsNotRelatedTheme-IsBeforeTime |
| 45 | 不相关主题-时间在……之后 | IsNotRelatedTheme-IsAfterTime |

从表5.5中可以发现，基于地理科技论文的主题-时间关联网络的关联实例，可以发现同一时间点或者时间段之内相同或相关主题的地理科技论文，进而可以发现这些科技论文分布在哪些地区上。也可以发现相同或者高度相关主题内容的地理科技论文之前或者之后的研究进展，进而掌握这个研究主题的演化脉络。

主题-时间关联网络在某一关联关系下的相关度用式（5.3）计算：

$$R_{ct}(A,B)=W_c\times R_c(A,B)+W_t\times R_t(A,B) \tag{5.3}$$

式中，$R_{ct}(A,\ B)$ 是主题内容-时间关联网络中关联实例的语义相关度，$R_c(A,\ B)$ 是主题内容相关度，$R_t(A,\ B)$ 是时间范围相关度，$W_c$ 和 $W_t$ 分别是主题内容和时间范围相关度的权重，可由权重评估-层次分析法计算获取（Saaty，1990），本书研究中分别取值为0.9和0.1，具体过程请见（https://github.com/czgbjy/weights）中的文档。

基于以上地理科技论文主题-时间范围关联关系、关联谓词设计和相应的相关度算法，以样本数据为例构建了地理科技论文在主题-时间范围上二维的定量化关联网络。如表5.6所示，与论文《海河流域草地生态系统服务功能及其价值评估》具有相同、高度相关主题内容关系和相同、包含、被包含时间范围关系的地理科技论文如下。

表 5.6　论文《海河流域草地生态系统服务功能及其价值评估》的主题-时间二维定量化语义关联网络

| 编号 | 关联谓词 | 标题 | 空间范围 | 时间范围 | 相关度 |
|---|---|---|---|---|---|
| 1 | IsSameTheme-IsSameTime | 海河流域草地生态系统服务功能及其价值评估 | 海河流域； | 2005 年； | 1 |
| 2 | IsHighRelatedTheme-IsDuringTime | 青海省 1998-2012 年草地生态系统服务功能价值评估 | 青海省； | 1998 ~ 2012 年； | 0.918 |
| 3 | IsHighRelatedTheme-IsDuringTime | 安新县白洋淀湿地生态系统服务功能评价 | 安新县 | 2002 ~ 2005 年； | 0.783 |
| 4 | IsHighRelatedTheme-IsDuringTime | 太湖流域重污染区土地利用变化对生态系统服务价值的影响 | 太湖流域重污染区； | 1999 ~ 2007 年； | 0.783 |
| 5 | IsHighRelatedTheme-IsDuringTime | 土地利用转型的生态系统服务价值效应分析——以湖南省为例 | 湖南省； | 1995 ~ 2010 年； | 0.767 |
| 6 | IsHighRelatedTheme-IsDuringTime | 青海湖地区生态系统服务价值变化分析 | 青海湖地区； | 2000 ~ 2008 年； | 0.725 |
| 7 | IsHighRelatedTheme-IsDuringTime | 东江流域生态系统服务价值变化研究 | 东江流域； | 2000 ~ 2008 年； | 0.718 |
| 8 | IsHighRelatedTheme-IsDuringTime | 黄土高原生态系统过渡带土地覆盖的时空变化分析 | 黄土高原； | 1985 ~ 2005 年； | 0.709 |
| 9 | IsHighRelatedTheme-IsDuringTime | 2000-2010 年鄱阳湖地区生态系统服务价值空间格局及其动态演化 | 鄱阳湖地区； | 2000 ~ 2010 年； | 0.703 |

从表 5.6 中可以发现，本关联网络能实现地理科技论文按照主题内容相关度和研究的时间范围两个维度进行全面关联，实现指定主题内容关系和指定时间关系下地理科技论文的发现，并能揭示指定关系下地理科技论文研究的空间范围，方便地理科技论文的查找和基于地理科技论文的知识发现。

## 5.2.4　主题-空间-时间关联网络

地理科技论文主题-空间-时间关联网络是指综合应用地理科技论文研究的主题内容、地理空间范围、时间范围特征来实现地理科技论文之间的关联。地理科技论文在主题内容维度上有 5 种关联关系，在空间范围上有 7 种关联关系，在时间范围上有 9 种关联关系。主题-空间-时间关联网络的关联关系是这三种特征关联关系的组合，即主题-空间-时间关联网络有 $5\times7\times9=315$ 种关联关系实例，其关联谓词如表 5.7 所示。

表 5.7　地理科技论文主题-空间-时间关联类型及关联谓词（部分）

| 编号 | 关联实例 | 关联谓词 |
|---|---|---|
| 1 | 相同主题-相同范围-相同时间 | IsSameTheme-IsEqualGScope-IsSameTime |
| 2 | 相同主题-相同范围-包含时间 | IsSameTheme-IsEqualGScope-IsContainsTime |
| 3 | 相同主题-相同范围-时间被包含 | IsSameTheme-IsEqualGScope-IsDuringTime |
| 4 | 相同主题-相同范围-时间重叠 | IsSameTheme-IsEqualGScope-IsOverlapsTime |
| 5 | 相同主题-相同范围-时间被重叠 | IsSameTheme-IsEqualGScope-IsOverlappedByTime |
| 6 | 相同主题-相同范围-时间相接 | IsSameTheme-IsEqualGScope-IsMeetsTime |
| 7 | 相同主题-相同范围-时间被相接 | IsSameTheme-IsEqualGScope-IsMetByTime |
| 8 | 相同主题-相同范围-时间在……之前 | IsSameTheme-IsEqualGScope-IsBeforeTime |
| 9 | 相同主题-相同范围-时间在……之后 | IsSameTheme-IsEqualGScope-IsAfterTime |
| 10 | 相同主题-范围包含-相同时间 | IsSameTheme-IsContainGScope-IsSameTime |
| 11 | 相同主题-范围包含-包含时间 | IsSameTheme-IsContainGScope-IsContainsTime |
| 12 | 相同主题-范围包含-时间被包含 | IsSameTheme-IsContainGScope-IsDuringTime |
| 13 | 相同主题-范围包含-时间重叠 | IsSameTheme-IsContainGScope-IsOverlapsTime |
| 14 | 相同主题-范围包含-时间被重叠 | IsSameTheme- IsContainGScope- IsOverlappedBy-Time |
| …… | …… | …… |
| 303 | 不相关主题-范围相交-时间相接 | IsNotRelatedTheme-IsCrossGScope-IsMeetsTime |
| 304 | 不相关主题-范围相交-时间被相接 | IsNotRelatedTheme-IsCrossGScope-IsMetByTime |
| 305 | 不相关主题-范围相交-时间在……之前 | IsNotRelatedTheme-IsCrossGScope-IsBeforeTime |
| 306 | 不相关主题-范围相交-时间在……之后 | IsNotRelatedTheme-IsCrossGScope-IsAfterTime |
| 307 | 不相关主题-范围相离-相同时间 | IsNotRelatedTheme-IsDisjointGScope-IsSameTime |
| 308 | 不相关主题-范围相离-包含时间 | IsNotRelatedTheme- IsDisjointGScope- IsContain-sTime |
| 309 | 不相关主题-范围相离-时间被包含 | IsNotRelatedTheme-IsDisjointGScope-IsDuringTime |
| 310 | 不相关主题-范围相离-时间重叠 | IsNotRelatedTheme- IsDisjointGScope- IsOverlap-sTime |
| 311 | 不相关主题-范围相离-时间被重叠 | IsNotRelatedTheme- IsDisjointGScope- IsOverlap-pedByTime |
| 312 | 不相关主题-范围相离-时间相接 | IsNotRelatedTheme-IsDisjointGScope-IsMeetsTime |
| 313 | 不相关主题-范围相离-时间被相接 | IsNotRelatedTheme-IsDisjointGScope-IsMetByTime |
| 314 | 不相关主题-范围相离-时间在……之前 | IsNotRelatedTheme-IsDisjointGScope-IsBeforeTime |
| 315 | 不相关主题-范围相离-时间在……之后 | IsNotRelatedTheme-IsDisjointGScope-IsAfterTime |

从表 5.7 中发现，基于时空内容特征的地理科技论文的语义关联网络有非常丰富的关联实例，能满足各种不同的地理科技文献资料的查找需求和知识发现需要。

时空内容特征关联网络某一关联关系下的相关度用式（5.4）计算：

$$R(A,B)=W_c\times R_c(A,B)+W_s\times R_s(A,B)+W_t\times R_t(A,B) \tag{5.4}$$

式中，$R(A, B)$ 是地理科技论文时空内容特征关联网络中关联实例的语义相关度，$R_c(A, B)$ 是主题内容相关度，$R_s(A, B)$ 是空间范围相关度，$R_t(A, B)$ 是时间范围相关度，$W_c$、$W_s$ 和 $W_t$ 分别是主题内容、地理空间范围和时间范围相关度的权重，可由权重评估-层次分析法计算获取（Saaty，1990），本书研究中分别取值为 0.79、0.13 和 0.08，具体过程请见（https://github.com/czgbjy/weights）中的文档。

基于以上地理科技论文时空内容特征关联关系、关联谓词设计和相应的相关度算法，以样本数据为例构建了地理科技论文基于时空内容特征的定量化关联网络。如表 5.8 所示，与论文《2013 年北京市 $PM_{2.5}$ 的时空分布》具有相同、高度相关主题内容关系，具有 7 种空间范围和 9 种时间范围关系的关系中的任一一种的地理科技论文如下。

**表 5.8 论文《2013 年北京市 $PM_{2.5}$ 的时空分布》的主题-空间-时间三维定量化语义关联网络**

| 编号 | 关联谓词 | 标题 | 空间范围 | 时间范围 | 相关度 |
|---|---|---|---|---|---|
| 1 | IsSameTheme-IsEqualGScope-IsSameTime | 2013 年北京市 $PM_{2.5}$ 的时空分布 | 北京 | 2013 年 | 1 |
| 2 | IsHighRelatedTheme-IsWithinGScope-IsBeforeTime | 中国城市 $PM_{2.5}$ 时空分布的动态比较分析 | 中国 | 2014～2015 年 | 0.817 |
| 3 | IsHighRelatedTheme-IsWithinGScope-IsBeforeTime | 2014 年中国城市 $PM_{2.5}$ 浓度的时空变化规律 | 中国 | 2014 年 | 0.780 |
| 4 | IsHighRelatedTheme-IsWithinGScope-IsSameTime | 中国细颗粒物（$PM_{2.5}$）污染状况和空间分布 | 中国 | 2013 年 | 0.762 |
| 5 | IsHighRelatedTheme-IsWithinGScope-IsBeforeTime | 耦合卡尔曼滤波和多层次聚类的中国 $PM_{2.5}$ 时空分布分析 | 中国 | 2015 年 | 0.742 |
| 6 | IsHighRelatedTheme-IsWithinGScope-IsSameTime | 集成多源遥感数据的 $PM_{2.5}$ 浓度空间分布制图 | 京津冀地区 | 2013 年 | 0.723 |
| 7 | IsHighRelatedTheme-IsWithinGScope-IsAfterTime | 2000-2011 年中国 $PM_{2.5}$ 时空演化特征及驱动因素解析 | 中国 | 2000～2011 年 | 0.688 |

续表

| 编号 | 关联谓词 | 标题 | 空间范围 | 时间范围 | 相关度 |
|---|---|---|---|---|---|
| 8 | IsHighRelatedTheme- IsOverlapGScope-IsAfterTime | 北京城市绿地对大气 $PM_{2.5}$ 的削减作用 | 北京市 | 2000 年；2005 和 2010 年 | 0.686 |
| 9 | IsHighRelatedTheme-IsWithinGScope-IsAfterTime | 中国省区间贸易隐含 $PM_{2.5}$ 的测算及其空间转移特征 | 中国 | 2007 年；2010 年 | 0.675 |
| 10 | IsHighRelatedTheme- IsDisjointGScope-IsContainsTime | 2013 年 1 月中国东部地区重污染过程中上海市细颗粒物的来源追踪模拟研究 | 上海 | 2013 年 1 月 | 0.666 |

从表 5.8 中可以发现，基于时空内容特征的地理科技论文语义关联网络具有极强的地理科技论文发现能力，能发现相关主题、空间范围和时间范围的科技论文，并给出准确的关联关系和相关度，具有传统地理科技论文关联模式不具备的能力。

# 第6章　应用案例

## 6.1 引　言

地理资源与生态专业知识服务系统（http://geo.ckcest.cn）是由中国工程科技知识中心组织实施建设的分中心之一，于2015年6月批准建设，由中国科学院地理科学与资源研究所承建，2017年6月正式上线试运行。系统的总体目标是建成符合国情的、资源覆盖全面的、技术先进的集数据、信息、知识服务于一体的地理资源与生态领域专业知识服务平台，面向院士、科学研究人员、工程技术人员和社会公众等提供长期、可持续、一站式知识服务。

截至2018年9月，地理资源与生态专业知识服务系统构建完成涵盖“科学数据、科技文献、科学考察报告、图书专著、专家成果”等15资源组成的知识体系，数据资源总量达10.8GB；网站的总浏览量达93万人/次、访问人数达41万、用户下载数据量超过3TB，每月的网站访问量在中国工程科技知识中心的26个系统中排名前三，在由中国工程院组织的第三方专家对20个分中心的评审中，综合成绩排名第一。

地理资源与生态专业知识服务系统中很重要的一个模块就是面向广大科技和工程技术工作者，提供地理资源与生态学领域的科技文献服务。如图6.1所示，地理资源与生态专业知识服务系统的科技文献服务模块，提供地理、资源与生态学领域的科技的论文的检索、浏览、下载与推荐服务。地理资源与生态专业知识服务系统使用的搜索和推荐引擎是基于Lucene内核的ElasticSearch引擎。

本章以地理资源与生态专业知识服务系统和中国知网（http://www.cnki.net/）为比较对象，验证本书研究提出的地理科技论文定量化关联技术在论文的语义检索和自动化推荐方面的精度，最后拟把本书研究的成果应用到地理资源与生态专业知识服务系统中。

图 6.1　地理资源与生态专业知识服务系统科技文献模块主界面

# 6.2 地理科技论文时空语义检索系统

本书研究并提出了一套自动从科技论文中抽取主题内容、地理空间范围和时间范围信息的方法，并提出了相应的主题内容语义相关度算法、地理空间范围语义相关度算法和时间范围语义相关度算法。基于这些时空内容特征语义相关度算法，使用 Java 语言、ArcEngine 地理空间数据处理分析组件，NLPIR 分词组件开发了地理科技论文的时空语义检索系统，系统的主界面如图 6.2 所示。

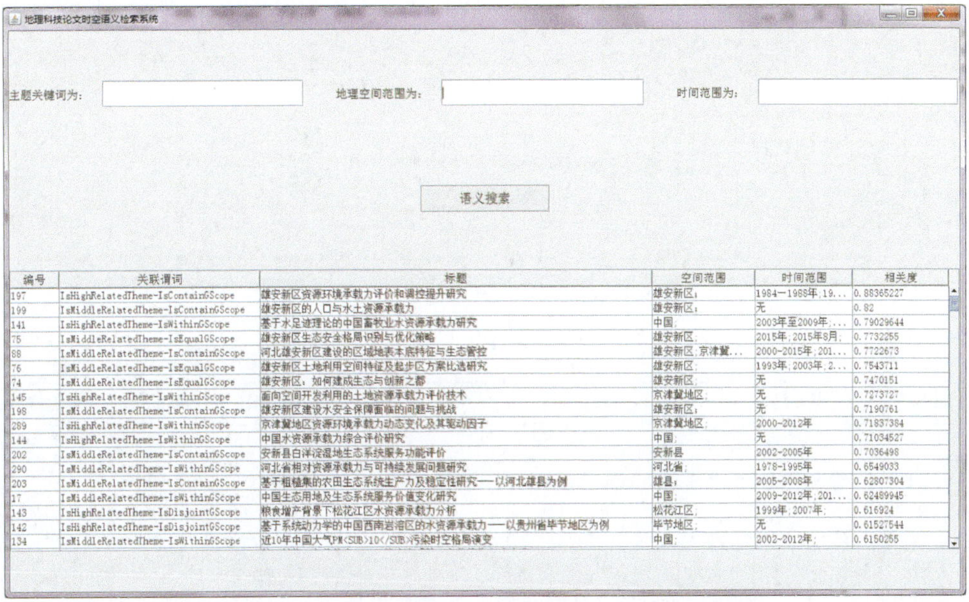


图 6.2　地理科技论文时空语义检索系统的主界面

地理科技论文的时空语义检索系统能从主题内容、地理空间范围和研究内容时间范围三个维度对地理科技论文进行检索。对于地理科技论文时空语义检索系统和地理资源与生态专业知识服务系统，在使用相同的数据库，相同的检索关键词的情况下，比较它们检索的结果。当输入的检索关键词分别为“土地利用、雄安新区”时，地理科技论文时空语义检索系统检索的结果、地理资源与生态专业知识服务系统检索的结果和中国知网检索的分别如图 6.3 ~ 图 6.5 所示。

为了方便比较，我们把图 6.3 和图 6.4 中的搜索结果的前 15 条列在表 6.1 和表 6.2 中。

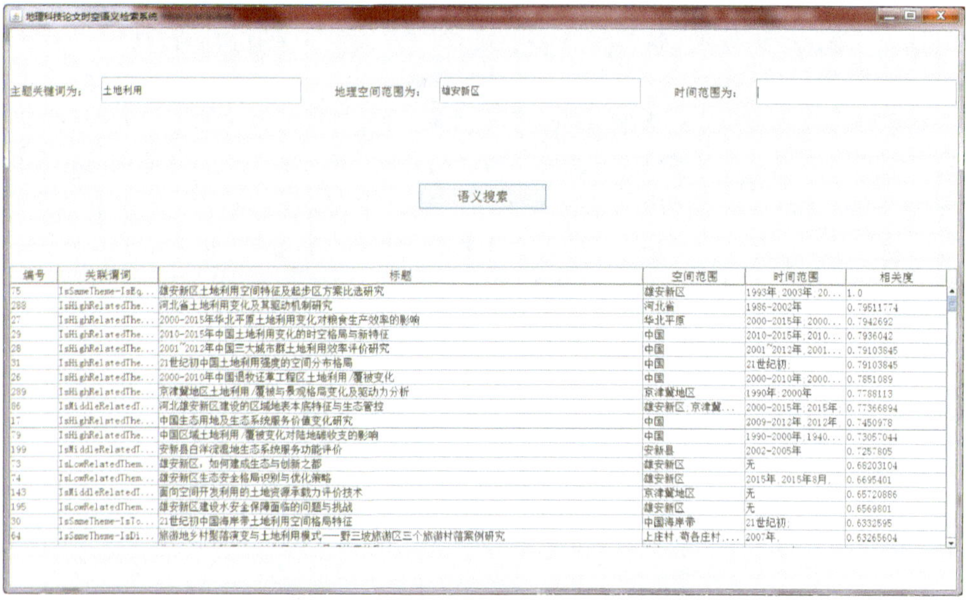


图 6.3　地理科技论文时空语义检索系统对输入关键词的检索结果

**表 6.1　地理科技论文时空语义检索系统对输入关键词的检索结果列表**（前 15 条）

| 编号 | 标题 | 空间范围 | 时间范围 | 相关度 |
|---|---|---|---|---|
| 1 | 雄安新区土地利用空间特征及起步区方案比选研究 | 雄安新区 | 1993 年；2003 年；2017 年； | 1 |
| 2 | 河北省土地利用变化及其驱动机制研究 | 河北省 | 1986-2002 年 | 0.795 |
| 3 | 2000-2015 年华北平原土地利用变化对粮食生产效率的影响 | 华北平原 | 2000-2015 年； | 0.794 |
| 4 | 2010-2015 年中国土地利用变化的时空格局与新特征 | 中国 | 2010-2015 年； | 0.794 |
| 5 | 2001～2012 年中国三大城市群土地利用效率评价研究 | 中国 | 2001～2012 年 | 0.791 |
| 6 | 21 世纪初中国土地利用强度的空间分布格局 | 中国 | 21 世纪初； | 0.791 |
| 7 | 2000-2010 年中国退牧还草工程区土地利用/覆被变化 | 中国 | 2000-2010 年 | 0.785 |
| 8 | 京津冀地区土地利用/覆被与景观格局变化及驱动力分析 | 京津冀地区 | 1990 年；2000 年 | 0.779 |

续表

| 编号 | 标题 | 空间范围 | 时间范围 | 相关度 |
| --- | --- | --- | --- | --- |
| 9 | 河北雄安新区建设的区域地表本底特征与生态管控 | 雄安新区；京津冀城市群 | 2000–2015 年 | 0.774 |
| 10 | 中国生态用地及生态系统服务价值变化研究 | 中国 | 2009–2012 年 | 0.745 |
| 11 | 中国区域土地利用/覆被变化对陆地碳收支的影响 | 中国 | 1850–2003 年；2005–2006 年 | 0.731 |
| 12 | 安新县白洋淀湿地生态系统服务功能评价 | 安新县 | 2002–2005 年 | 0.726 |
| 13 | 雄安新区：如何建成生态与创新之都 | 雄安新区 | 无 | 0.682 |
| 14 | 雄安新区生态安全格局识别与优化策略 | 雄安新区 | 2015 年； | 0.670 |
| 15 | 面向空间开发利用的土地资源承载力评价技术 | 京津冀地区 | 无 | 0.657 |

**表 6.2　地理资源与生态专业知识服务系统对指定关键词的检索结果**

| 编号 | 标题 |
| --- | --- |
| 1 | 雄安新区土地利用空间特征及起步区方案比选研究 |
| 2 | 雄安新区资源环境承载力评价和调控提升研究 |
| 3 | 雄县水资源综合治理措施 |
| 4 | 雄安新区生态安全格局识别与优化策略 |
| 5 | 雄安新区的人口与水土资源承载力 |
| 6 | 1960–2010 年贵州省喀斯特山区陡坡土地利用变化 |
| 7 | 雄安新区：如何建成生态与创新之都 |
| 8 | 雄安新区建设水安全保障面临的问题与挑战 |
| 9 | 河北雄安新区建设的区域地表本底特征与生态管控 |
| 10 | 基于经济驱动因子的土地利用结构变化区域差异分析——以哈大齐工业走廊为例 |
| 11 | 中喜马拉雅山区土地利用的空间分布特征 |
| 12 | 青海湖地区生态系统服务价值变化分析 |
| 13 | 基于粗糙集的农田生态系统生产力及稳定性研究——以河北雄县为例 |
| 14 | 城市土地集约利用内部协调性的时空演变——以武汉市中心城区为例 |
| 15 | 北京城市扩张过程中的供水格局演变 |

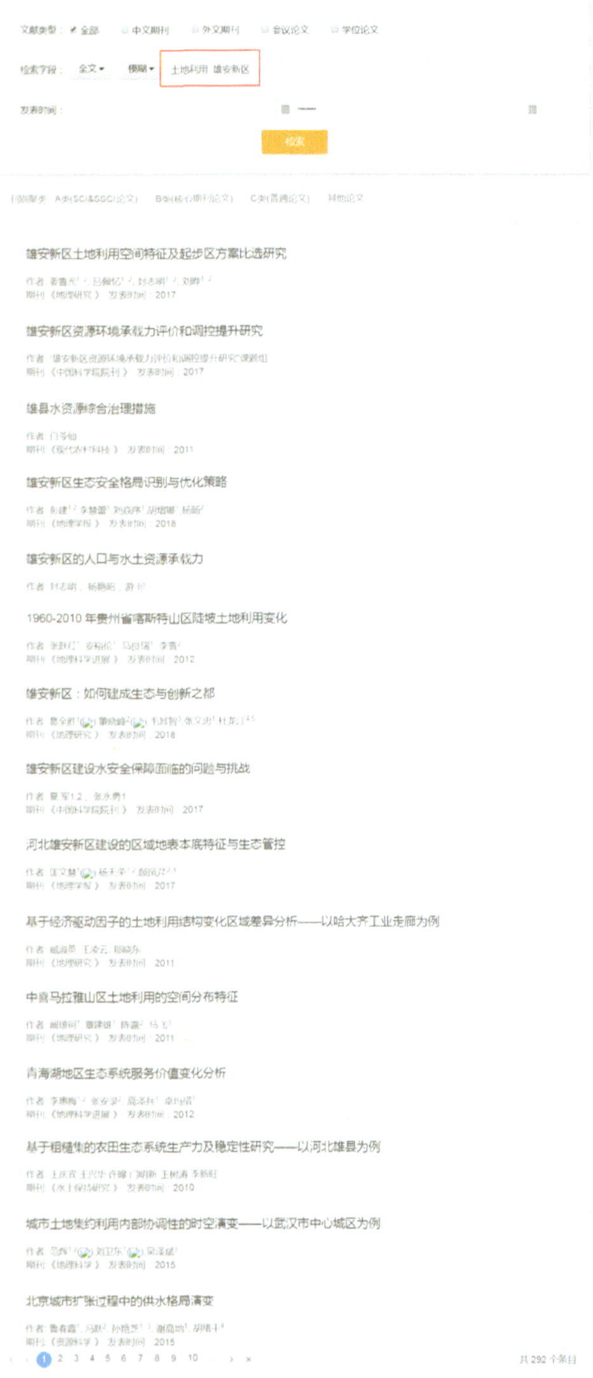


图 6.4　地理资源与生态专业知识服务系统对指定关键词的检索结果

| | 题名 | 作者 | 来源 | 发表时间 | 数据库 | 被引 | 下载 | 阅读 |
|---|---|---|---|---|---|---|---|---|
| 1 | 雄安新区土地利用空间特征及起步区方案比选研究 | 姜鲁光; 吕佩忆; 封志明; 刘晔 | 资源科学 | 2017-06-15 | 期刊 | 7 | 1239 | HTML |
| 2 | 雄安新区的人口与水土资源承载力 | 封志明; 杨艳昭; 游珍 | 中国科学院院刊 | 2017-11-20 | 期刊 | 2 | 1090 | HTML |
| 3 | 河北雄安新区建设的区域地表本底特征与生态管控 | 匡文慧; 杨天荣; 颜凤芹 | 地理学报 | 2017-06-15 | 期刊 | 7 | 964 | HTML |
| 4 | 雄安新区如何选定起步区:土地利用视角(英文) | 姜鲁光; 吕佩忆; 封志明; 刘晔 | Journal of Resources and Ecology | 2018-07-30 | 期刊 | | 48 | HTML |
| 5 | 基于CA-Markov的雄安新区城市增长模拟预测 | 薛燕; 李晓丹; 张倩倩 | 水利与建筑工程学报 | 2018-04-15 | 期刊 | | 55 | HTML |
| 6 | 雄安新区:如何建成生态与创新之都 | 冀全胜; 董晓峰; 毛其智; 张文忠; 杜龙江 › | 地理研究 | 2018-05-31 10:57 | 期刊 | | 1171 | HTML |
| 7 | 雄安新区生态安全格局识别与优化策略 | 彭建; 李慧蕾; 刘焱序; 胡熠娜; 杨旸 | 地理学报 | 2018-03-26 14:21 | 期刊 | | 360 | |
| 8 | 基于高分一号影像的雄安新区土地利用分析 | 姚鑫; 左小清; 郭文浩 | 软件导刊 | 2018-04-15 | 期刊 | | 130 | HTML |
| 9 | 雄安新区建设中国第三增长极研究 | 周密; 王家庭 | 南开学报(哲学社会科学版) | 2018-03-20 | 期刊 | 1 | 270 | HTML |
| 10 | 京津冀协同发展中推进雄安新区"多规合一"的基本策略与建议 | 方创琳; 杨俊宴; 匡文慧 | 中国科学院院刊 | 2017-11-20 | 期刊 | 2 | 774 | HTML |
| 11 | 雄安新区耕地质量空间分布特征与建设占用推荐分区 | 高星; 陈景; 刘蕾; 韩芳; 聂承静 › | 农业工程学报 | 2018-01-08 | 期刊 | | 406 | |
| 12 | 雄安新区农民市民化问题研究 | 花永兰 | 现代商贸工业 | 2018-02-28 | 期刊 | | 166 | HTML |
| 13 | 雄安新区生态安全格局识别与优化策略 | 彭建; 李慧蕾; 刘焱序; 胡熠娜; 杨旸 | 地理学报 | 2018-03-26 14:21 | 期刊 | 2 | 1470 | HTML |
| 14 | "千年大计"战略背景下的雄安新区土地政策调研——以雄县、安新县为例 | 鲍文楷; 冯丁旋 | 中国市场 | 2018-01-28 | 期刊 | | 158 | HTML |
| 15 | 雄安新区生态安全现状及远期预测研究 | 李璐; 王刚; 刘琨 | 林业经济 | 2017-12-25 | 期刊 | 1 | 339 | HTML |
| 16 | 雄安新区:基于生态适宜性评价的特色小镇建设 | 赵鹏; 胡凯富 | 北京规划建设 | 2018-09-15 | 期刊 | | 64 | HTML |
| 17 | "未来之城"的中国方案:新区政策、理论、展望 | 焦永利; 魏伟 | 城市发展研究 | 2018-03-26 | 期刊 | 1 | 353 | HTML |
| 18 | 京津冀协同发展下城市居住用地利用强度差异比较研究 | 冯心怡 | 首都经济贸易大学 | 2018-06-30 | 硕士 | | 44 | |
| 19 | 雄安新区将作为国土资源管理改革试点 | | 中国房地产 | 2017-06-05 | 期刊 | | 91 | HTML |
| 20 | 唐山湾生态城发展战略研究 | 吴彤彤 | 西南交通大学 | 2017-06-01 | 硕士 | | 81 | |

图 6.5 中国知网对指定关键词的检索结果

比较表 6. 1 和表 6. 2 中的检索结果可以发现，地理科技论文时空语义检索系统，能从主题、地理空间范围等维度检索地理科技论文，其能发现主题内容和空间范围上具有高度相关的论文并进行综合排序，其检索和排序的结果要远远优于现有的基于 TF-IDF 算法的检索和排序结果。例如，当前关于雄安新区土地利用的研究资料较少，地理科技论文时空语义检索系统能发现包含雄安新区的河北省和京津冀地区的土地利用研究相关的论文，并且给出较高的相关度分数，排在检索结果的前面，而基于传统 TF-IDF 方法检索的地理资源与生态专业知识服务系统只能基于关键词的匹配，检索了大量的包含关键词雄安新区但主题内容不是土地利用的科技论文，排在检索结果的前列，检索结果不是特别的符合用户的需求，妨碍了科技工作者快速、准确、全面的查找文献。准确率是检索到的相关数据与所有检索结果数量的比率，召回率是检索到的相关数据与数据库中所有相关数据的数量比率。两种检索方法的准确和召回率如表 6. 3所示。

**表 6. 3　地理科技论文时空语义检索系统和地理资源与生态专业知识服务系统对指定关键词检索的准确率和召回率**

| 方法名称 | 准确率 | 召回率 |
|---|---|---|
| 地理科技论文时空语义检索系统 | 10/15 | 10/11 |
| 地理资源与生态专业知识服务系统 | 2/15 | 2/11 |

比较表 6. 1 和图 6. 5 可以发现，虽然地理科技论文时空语义检索系统使用的数据库中数据规模远远不如中国知网系统数据库（经检查，本书研究使用的数据库中所有论文均被中国知网数据库系统收录，图 6. 5 中检索结果不在本研究数据库中的论文均在列表前方被黑色方框标示），但地理科技论文时空语义检索系统能把使用的数据库中所有相关的结果都检索到，而中国知网却不能，如未检索到“河北省土地利用变化及其驱动机制研究”一文，此外中国知网也未能实现把最相关的检索结果排在列表前列。

## 6. 3　地理科技论文多维定量化语义关联和知识发现系统

本书研究的成果除了可以应用于地理科技论文的检索，还可以应用于地理科技论文的自动推荐和知识发现。基于本书提出的地理科技论文多维定量化语义关联模式，以及主题内容、空间范围、时间范围特征自动抽取和相关度计算方法，基于 Java 语言、ArcEngine 地理空间数据处理分析组件，NLPIR 分词组件开发了地理科技论文多维定量化语义关联和知识发现系统，系统主界面如图 6. 6所示。

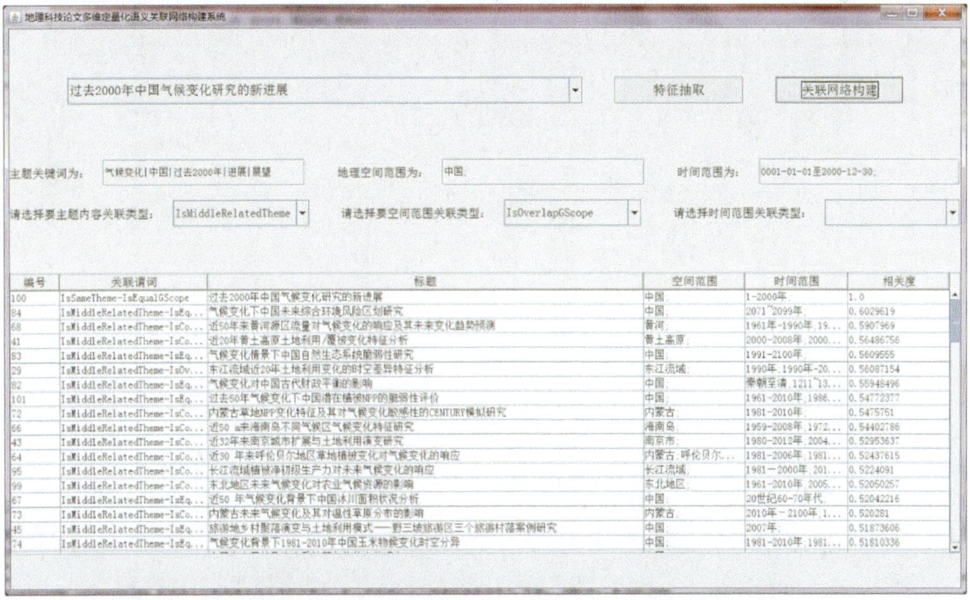


图 6. 6　地理科技论文多维定量化语义关联和知识发现系统的主界面

地理科技论文多维定量化语义关联和知识发现系统具有抽取指定地理科技论文的时空内容特征的功能和按照选择的关联类型（包括主题内容、空间范围和时间范围），为指定的科技论文构建多维定量化语义关联网络的功能。构建的关联网络既可以用作相似地理科技论文的自动推荐，又可以实现基于地理科技论文的知识发现。

譬如，在使用相同的数据库情况下，地理科技论文多维定量化语义关联和知识发现系统和地理资源与生态专业知识服务系统对《1990-2010 年中国土地覆盖时空变化特征》一文的关联推荐结果分别如下图 6. 7 和图 6. 8 所示。

为了便于查看，把图 6. 7 和图 6. 8 中的相关度排名前 10 位的论文列在表 6. 4 和表 6. 5 中。

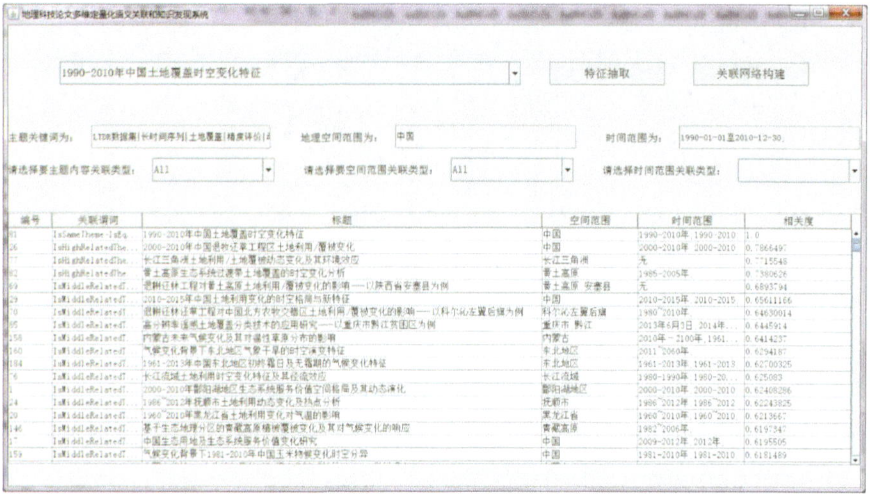


图 6.7　地理科技论文多维定量化语义关联和知识发现系统为指定的论文关联的相似论文结果

图 6.8　地理资源与生态专业知识服务系统为指定论文的推荐的相似论文结果

**表 6.4 地理科技论文多维定量化语义关联和知识发现系统为指定的论文关联的相似论文列表（前 10 条）**

| 编号 | 关联谓词 | 标题 | 空间范围 | 相关度 |
|---|---|---|---|---|
| 1 | IsHighRelatedTheme- IsEqualG-Scope | 2000-2010 年中国退牧还草工程区土地利用/覆被变化 | 中国 | 0.787 |
| 2 | IsHighRelatedTheme- IsContainG-Scope | 长江三角洲土地利用/土地覆被动态变化及其环境效应 | 长江三角洲 | 0.772 |
| 3 | IsHighRelatedTheme- IsContainG-Scope | 黄土高原生态系统过渡带土地覆盖的时空变化分析 | 黄土高原 | 0.738 |
| 4 | IsMiddleRelatedTheme-IsContainG-Scope | 退耕还林工程对黄土高原土地利用/覆被变化的影响——以陕西省安塞县为例 | 黄土高原；安塞县 | 0.689 |
| 5 | IsMiddleRelatedTheme- IsEqualG-Scope | 2010-2015 年中国土地利用变化的时空格局与新特征 | 中国 | 0.656 |
| 6 | IsMiddleRelatedTheme-IsContainG-Scope | 退耕还林还草工程对中国北方农牧交错区土地利用/覆被变化的影响——以科尔沁左翼后旗为例 | 科尔沁左翼后旗 | 0.646 |
| 7 | IsMiddleRelatedTheme-IsContainG-Scope | 高分辨率遥感土地覆盖分类技术的应用研究——以重庆市黔江贫困区为例 | 重庆市；黔江 | 0.645 |
| 8 | IsMiddleRelatedTheme-IsContainG-Scope | 内蒙古未来气候变化及其对温性草原分布的影响 | 内蒙古 | 0.641 |
| 9 | IsMiddleRelatedTheme-IsContainG-Scope | 气候变化背景下东北地区气象干旱的时空演变特征 | 东北地区 | 0.629 |
| 10 | IsMiddleRelatedTheme-IsContainG-Scope | 1961-2013 年中国东北地区初终霜日及无霜期的气候变化特征 | 东北地区 | 0.627 |

**表 6.5 地理资源与生态专业知识服务系统为指定论文的推荐的相似论文结果**

| 编号 | 标题 |
|---|---|
| 1 | 2010-2015 年中国土地利用变化的时空格局与新特征 |
| 2 | 1990 年以来中国小麦农业气象灾害时空变化特征 |
| 3 | 2000-2010 年中国退牧还草工程区土地利用/覆被变化 |
| 4 | 1961 ~2010 年中国农业洪旱灾害时空特征、成因及影响 |
| 5 | 近 50 年来气候变化背景下中国大豆生产潜力时空演变特征 |
| 6 | 黄土高原生态系统过渡带土地覆盖的时空变化分析 |
| 7 | 1910-2010 年沈阳城市土地利用空间结构演变特征 |

续表

| 编号 | 标题 |
| --- | --- |
| 8 | 气候变化背景下 1981-2010 年中国玉米物候变化时空分异 |
| 9 | 1901-2014 年黄土高原区域气候变化时空分布特征 |
| 10 | 2000-2011 年中国 $PM_{2.5}$ 时空演化特征及驱动因素解析 |

分析表 6.4 和表 6.5 可以发现，传统的使用 TF-IDF 方法推荐的地理科技论文（表 6.5）的精度远远不如本书提出的基于多维定量化关联数据方法推荐的论文的精度，本书提出的方法能很好的找出数据库中所有的土地覆盖相关的学术论文并计算出与被推荐论文的准确相关度，推荐结果排序更加和合理。此外，本书提出的方法还能明确表达出推荐论文与被推荐论文之间的语义关系。

# 第 7 章 结论与展望

## 7.1 结论与成果

本书抽取了地理科技论文主题内容、地理空间范围和时间范围特征，总结了这些特征间内在关系，创建了这些特征的语义相关度算法，构建了地理科技论文关于时空内容特征的一维、二维和三维的定量化语义关联网络，并搭建了地理科技论文的时空语义检索系统和多维定量化语义关联和知识发现系统。相关研究结果证明：地理科技论文多维定量化关联模式是海量地理科技论文准确、全面发现和检索分析的工具（检索实验案例中的准确率和召回率分别为67%和91%），是实现地理科技论文精准推荐的有效方法。本书提出的技术不仅仅可以应用于地理科技论文的关联，还可以应用于地理科学数据、地理学图书专著等资源的关联。

**（1）提出了一套从半结构化数据中抽取时空属性特征的方法**

文献数据库中存储的地理科技论文可以看作是一种半结构化的数据资源，其时空属性特征蕴含在内容文本之中，本书根据这种半结构化数据资源特点，充分利用地名识别技术、正则表达式工具，较为准确的抽取了地理科技论文研究的空间范围信息；构建基于公元纪年法、地质年代和历史朝代的时间表达模型，采用时间触发词和规则模型相结合的方式实现中文地理科技论文时间范围信息的解析，为其他类似的半结构化数据时空属性特征信息的抽取提供了有益的借鉴。

**（2）提出了一套高质量的地理实体空间相关度算法**

本书针对现有地理实体空间相关度算法存在的问题，建立了一套适合不同空间尺度、不同实体类型和不同拓扑关系的地理实体相关度计算方法。本算法计算出的地理实体相关度数值分布均匀，区分度良好，且具可拓展性。

**（3）提出了一套系统的时间点、时间段和复合时间相关度算法**

本书根据时间点和时间段之间的拓扑关系和度量关系，提出了时间点和时间段之间的语义相关度算法。利用时间点和时间段语义相关度算法和它们之间的拓扑关系，构建了复合时间的语义相关度算法和复合时间之间的拓扑关系判断原则和方法，较为全面、系统的解决了时间相关度和关联关系判定问题。

**（4）提出了一套高精度的主题内容语义相关度算法**

本书基于地理学专业知识库——《地理科学叙词表》和汉语通用知识

库——HowNet数据库，构建了任意两个地理学专业术语之间的语义相关度算法；继而基于地理专业术语语义相关度算法、汉语通用词语相关度算法和关键词匹配相关度算法，利用语义探测技术，构建了地理科技论文关键词组之间和地理科技论文标题之间的语义相关度算法。进而把这两个相关度综合为地理科技论文的主题内容语义相关度。本研究提出的主题内容语义相关度算法的精度比较高，是地理科技论文准确、全面发现和检索分析的关键条件之一。

**（5）研发了一套地理科技论文时空语义检索系统**

本书基于研究提出的空间、时间和主题内容语义相关度算法，使用Java语言、ArcEngine地理空间数据处理分析组件、NLPIR分词组件开发了一套能支持主题内容、地理空间范围和时间范围多维查询的地理科技论文语义检索系统。该系统能实现地理信息语义共享，能有效解决海量地理科技论文条件下的信息过载问题。

**（6）研发了一套地理科技论文多维定量化语义关联和知识发现系统**

本书基于地理科技论文多维定量化语义关联模式，主题内容、空间范围、时间范围特征自动抽取和相关度计算方法，利用Java语言、ArcEngine地理空间数据处理分析组件、NLPIR分词组件开发了地理科技论文多维定量化语义关联和知识发现系统，这个关联系统能实现相关地理科技论文的精准推荐。

## 7.2 创 新 性

1）本书把尺度引入地理实体空间相关度计算之中，增强了地理实体空间相关度算法的实体类型和拓扑关系类型的适应性。

根据地理实体空间相关度的尺度依赖性，把尺度引入地理实体空间相关度的计算之中，使得地理实体空间相关度计算结果与人类直觉更相符，数据的连续性更好，区分度更强。同时，在计算地理实体空间相关度时，采用9-交拓扑关系模型，使得地理实体空间相关度算法能适应点、线、面多种类型的实体和多种拓扑关系类型，从而实现了地理科技论文的空间范围间拓扑关系判定和相关度的计算。

2）本书提出了把基于统计方法、基于通用知识库和基于专业知识库方法相结合的主题内容语义相关度计算思想，克服传统方法知识覆盖范围不全和算法精度不高的缺陷。

本书为解决传统基于叙词表知识库词汇相似度算法只能计算同一个叙词树上两个词语相关度的缺陷，提出了一套能计算叙词表中任意两个词汇相关度算法的方法。进而提出基于汉语常用词汇语义相关度算法、地理学术语语义相关度算法和基于统计方法的关键词集相关度算法，实现了任意两篇地理科技论文关键词和标题语义相关度的计算，克服了传统基于知识库的关键词和句子语义相关度计算算法面临知识库中知识覆盖有限的困难，提高了主题内容语义相关度算法的精度。

3）本书将多维定量化关联数据模式应用于地理科技论文的关联，实现了地理科技论文在研究的主题内容、地理空间范围和时间范围上的关联。

本书将多维定量化关联数据模式应用于地理科技论文的关联，实现了地理科技论文准确全面的发现与推荐，为解决海量在线地理科技论文背景下的信息过载问题提供了新的思路和方法。

## 7.3 展　　望

本书在海量在线地理科技论文背景下，开展了地理科技论文的定量化关联研究，取得了一定的研究成果。但是，由于定量化关联数据研究还处于起步阶段，且限于作者目前知识水平及时间等多方面的因素，论文在较多方面还有进一步提升的空间。具体表现在以下几个方面。

1）继续提高地理科技论文地理空间范围解析的精度。

2）继续总结地理科技论文中时间表达模式，着力解决隐含时间信息提取问题，提高地理科技论文时间范围解析的精度和适用范围。

3）采用分布式和并行计算，提高地理空间范围、时间范围和主题内容语义相关度算法的效率。

4）把地理科技论文的多维和定量化语义关联技术应用到地理资源与生态专业知识服务系统和地理学相关的文献数据库中，同时研究适合于各种科技论文定量化关联的技术，争取在更广的学科范围内，把本书成果服务于广大科学研究和工程技术人员。

# 参考文献

巴志超，李纲，朱世伟. 2016. 共现分析中的关键词选择与语义度量方法研究［J］. 情报学报，35（2）：197-207.

蔡华利，刘鲁，刘志明，等. 2010. 突发事件Web新闻中时间信息分析及抽取［J］. 计算机工程与应用，46（34）：107-110.

陈宏朝，李飞，朱新华，等. 2016. 基于路径与深度的同义词词林词语相似度计算［J］. 中文信息学报，30（5）：80-87.

陈卫静，郑颖. 2013. 基于作者关键词耦合的潜在合作关系挖掘［J］. 情报杂志，32（5）：127-131.

陈宣华，董树文，史静. 2009. 地质年代学发展历史的简要回顾及前景［J］. 世界地质，28（3）：384-396.

程蔚，线岩团，周兰江，等. 2017. 基于双语LDA的跨语言文本相似度计算方法研究［J］. 计算机工程与科学，39（5）：978-983.

丁明军，陈倩，辛良杰，等. 2015. 1999–2013年中国耕地复种指数的时空演变格局［J］. 地理学报，70（7）：1080-1090.

董振东，董强. 2001. 知网和汉语研究［J］. 当代语言学，3（1）：33-44.

费洪晓，莫天池，林青，等. 2013. 基于树状语料库的中文短语相似度计算［J］. 计算机应用与软件，30（8）：18-20.

奉国和，吴敬学. 2011. 国内机构知识库研究文献的可视化分析［J］. 图书情报工作，55（22）：95-100.

高碧红，吴雯娜. 2013. 叙词表中概念树相似度计算［J］. 情报杂志，32（5）：155-157.

郭喜跃，何婷婷. 2015. 信息抽取研究综述［J］. 计算机科学，42（2）：14-38.

郭扬，安凤桐，刘中泰，等. 1995. 地理科学叙词表［M］. 北京：科学出版社.

韩其琛，李冬梅. 2016. 基于叙词表的林业信息语义检索模型［J］. 计算机科学与探索，10（1）：122-129.

韩学仁，王青山，郭勇，等. 2017. 基于PSO-BP算法的地理本体概念语义相似度度量［J］. 计算机工程与应用，53（8）：32-37.

何炎祥，罗楚威，胡彬尧. 2015. 基于CRF和规则相结合的地理命名实体识别方法［J］. 计算机应用与软件，32（1）：179-185.

贺元香，史宝明，张永. 2013. 基于本体的语义相似度算法研究［J］. 计算机应用与软件，30（11）：312-315.

侯剑华. 2012. 国际科学合作领域研究的国家合作网络图谱分析［J］. 科技管理研究，32（9）：18-21.

侯志伟，诸云强，高星，等. 2015. 时间本体及其在地学数据检索中的应用［J］. 地球信息科学学报，17（4）：379-390.

胡俊，谭琨，吴立新. 2015. 一种基于多项式逻辑回归高光谱影像分类方法的改进［J］. 遥感技术与应用，30（1）：135-139.

胡俊峰，俞士汶．2002．唐宋诗中词汇语义相似度的统计分析及应用［J］．中文信息学报，16（4）：39-44.
华秀丽，朱巧明，李培峰．2012．语义分析与词频统计相结合的中文文本相似度量方法研究［J］．计算机应用研究，29（3）：833-836.
黄承慧，印鉴，侯昉．2011．一种结合词项语义信息和TF-IDF方法的文本相似度量方法［J］．计算机学报，34（5）：856-864.
黄德根，岳广玲，杨元生．2003．基于统计的中文地名识别［J］．中文信息学报，17（2）：36-41.
黄岚，杜友福．2016．一种基于维基百科的中文词语相关度学习算法［J］．中文信息学报，30（3）：36-45.
黄茂军．2005．地理本体的形式化表达机制及其在地图服务中的应用研究［D］．武汉：武汉大学．
黄水清，马俊岭．2009．汉语社会科学文献非相关文献知识发现的实证研究——以农业经济学文献为例［J］．中国图书馆学报，35（4）：31-38.
姜春林，张立伟，刘盛博．2014．图书情报学期刊“联锁编委”的社会网络分析［J］．情报学报，33（5）：481-490.
晋耀红．2004．基于语境框架的文本相似度计算［J］．计算机工程与应用，40（16）：36-39.
鞠久朋，张伟伟，宁建军，等．2011．CRF与规则相结合的地理空间命名实体识别［J］．计算机工程，37（7）：210-215.
康司辰，刘扬．2017．基于语义构词的汉语词语语义相似度计算［J］．中文信息学报，31（1）：94-111.
赖院根，王娜．2009．概念语义相似度计算与参数估计［J］．情报杂志，28（8）：148-152.
乐小虬，杨崇俊，刘冬林．2005．空间命名实体的识别［J］．计算机工程，31（20）：49-53.
冷伏海，王林，李勇．2011．基于文献关键词的三元共词分析方法——以知识发现领域为例［J］．情报学报，30（10）：1072-1077.
李保利，陈玉忠，俞士汶．2003．信息抽取研究综述［J］．计算机工程与应用，10：1-5.
李风环，郑德权，赵铁军．2015．基于浅层语义分析的主题事件的时间识别［J］．山东大学学报（理学版），50（11）：74-80.
李红梅，翟亮，朱熀．2009．基于本体的地理空间实体类型语义相似度计算模型的研究［J］．测绘科学，34（2）：12-14.
李连，朱爱红，苏涛．2012．一种改进的基于向量空间文本相似度算法的研究与实现［J］．计算机应用与软件，29（2）：282-284.
李霖，应申．2005．空间尺度基础性问题研究［J］．武汉大学学报．信息科学版，30（3）：199-203.
李鹏，刘胜全，刘艳，等．2014．一种基于模糊概念相似度的模糊本体构建方法［J］．计算机工程与应用，50（13）：142-146.
李树青．2013．基于三词共现分析的学者主要研究兴趣识别及个性化外文推荐服务的实现［J］．情报学报，32（6）：629-639.

刘德良 . 2011. 地球科学中时间段的定年问题——一种不同于地球化学的地球物理定年方法［J］. 中国科学技术大学学报，41（1）：1-8.
刘宏哲 . 2013. 一种基于本体的句子相似度计算方法［J］. 计算机科学，40（1）：251-256.
刘家骏，李浩然，钟翔，等 . 2015. 地理信息检索中空间相似性度量的一种模糊方法［J］. 地理与地理信息科学，31（4）：38-42.
刘凯，龙毅，秦耀辰 . 2013. 时间粒度对地理事件线性时间拓扑关系影响研究［J］. 地理与地理信息科学，29（3）：1-5.
刘龙历，薛勇，光洁，等 . 2016. 基于本体概念相似度的遥感信息服务匹配研究［J］. 计算机工程与应用，52（8）：13-18.
刘萍，郭月培，郭怡婷 . 2013. 利用作者关键词网络探测作者相似性［J］. 现代图书情报技术，12：62-69.
刘青磊，顾小丰 . 2010. 基于《知网》的词语相似度算法研究［J］. 中文信息学报，24（6）：31-36.
刘群，李树建 . 2002. 基于《知网》的词汇语义相似度计算［C］. 台北：第三届汉语词汇语义学研讨会论文集 .
刘群，李素建 . 2002. 基于《知网》的词汇语义相似度计算［J］. Computational Linguistics and Chinese Language Processing，7（2）：59-76.
刘群，张华平，俞鸿魁，等 . 2004. 基于层叠隐马模型的汉语词法分析［J］. 计算机研究与发展，41（8）：1421-1429.
刘志辉，郑彦宁 . 2013. 基于作者关键词耦合分析的研究专业识别方法研究［J］. 情报学报，32（8）：788-796.
逯万辉，马建霞 . 2011. 基于条件随机场模型的复杂时间信息抽取研究［J］. 现代图书情报技术，10：29-33.
马雷雷，李宏伟，魏勇，等 . 2017. 基于规则的中文文本时间表达式识别和规范化方法［J］. 信息工程大学学报，18（5）：560-565.
马蔚纯，赵海君，李莉，等 . 2015. 区域规划环境评价的空间尺度效应——对上海高桥镇和浦东新区的案例研究［J］. 地理科学进展，34（6）：739-748.
欧石燕 . 2012. 面向关联数据的语义数字图书馆资源描述与组织框架设计与实现［J］. 中国图书馆学报，38（202）：58-70.
欧阳宁，罗艳 . 2012. 基于领域特征词加权的文本相似度计算［J］. 计算机工程与设计，33（11）：4338-4342.
彭丽针，吴扬扬 . 2016. 基于维基百科社区挖掘的词语语义相似度计算［J］. 计算机科学，43（4）：45-9.
钱旭，秦利，王晓云 . 2017. 基于科技文献的数据挖掘与分析应用研究［J］. 情报理论与实践，40（6）：72-75.
强芳，张明军，王圣杰，等 . 2015. 基于格点数据的 1961–2012 年祁连山面雨量特征分析［J］. 地理学报，70（7）：1125-1136.
秦添轶，林蝉，宋博宇，等 . 2015. 一种实体描述短文本相似度计算方法［J］. 智能计算机与应用，5（2）：34-37.
邱均平，李佳靓. 2010. 基于社会网络分析的作者合作网络对比研究——以《情报学报》、《JASIST》和《光子学报》为例［J］. 情报研究，29（11）：1-5.
邱均平，宋艳辉. 2011. 引文分析领域研究热点前沿与高频作者的二维时空分析［J］. 图书情报知识，（6）：18-24.
仇培元，张恒才，陆锋. 2015. 互联网文本蕴含道路交通信息抽取的模式匹配方法［J］. 地球信息科学学报，17（4）：416-422.
瞿辉，王菲菲. 2015. 基于多维语义关联的学术文献展示方法研究［J］. 情报杂志，34（11）：157-161.
沈思，徐飞，吴鹏. 2017. 面向科学研究主题的文献隐含时间信息分析与挖掘［J］. 情报学报，36（4）：370-381.
盛志超，陶晓鹏. 2011. 基于维基百科的语义相似度计算方法［J］. 计算机工程，37（7）：193-195.
施萧萧，张庆普. 2017. 基于共词分析的国外颠覆性创新研究现状及发展趋势［J］. 情报学报，36（7）：748-759.
石杰，周兰江，线岩团，等. 2016. 基于 WordNet 的中泰文跨语言文本相似度计算［J］. 中文信息学报，30（4）：65-70.
石静，吴云芳，邱立坤，等. 2013. 基于大规模语料库的汉语词义相似度计算方法［J］. 中文信息学报，27（1）：1-6.
孙百亮，孙静琴. 2006. 清代山东地区的人口、耕地与粮价变迁［J］. 南京农业大学学报（社会科学版），6（4）：68-73.
孙海生. 2012. 作者关键词共现网络及实证研究［J］. 情报杂志，31（9）：63-67.
孙赫，李淑琴，吕学强，等. 2016. 微博城市投诉文本中的地理位置实体识别［J］. 山东大学学报（理学版），51（3）：77-85.
孙润志，于放. 2015. 基于《知网》的词语相似度计算方法［J］. 计算机系统应用，24（7）：155-158.
索俊锋，刘勇，邹松兵. 2017. 基于地理本体的综合语义相似度算法［J］. 兰州大学学报：自然科学版，53（1）：19-27.
索俊锋，刘勇. 2016. 基于农业本体的语义相似度算法及其在农作物本体中的应用［J］. 农业工程学报，32（8）：175-182.
唐旭日，陈小荷，许超，等. 2010a. 基于篇章的中文地名识别研究［J］. 中文信息学报，24（2）：24-32.
唐旭日，陈小荷，张雪英. 2010b. 中文文本的地名解析方法研究［J］. 武汉大学学报. 信息科学版，35（8）：930-935.
滕立，沈君，高继平. 2013. 共词知识网络中的认知结构：理论、方法与实证［J］. 情报学报，32（9）：976-989.
田久乐，赵蔚. 2010. 基于同义词词林的词语相似度计算方法［J］. 吉林大学学报（信息科学版），28（6）：602-608.

田瑞强，姚长青，潘云涛 . 2013. 关联文献的知识发现与创新研究进展［J］. 情报理论与实践，36（8）：117-123.
王开云，孔思淇，付云生，等 . 2013. 两种基于双向比较的最长公共子串算法［J］. 计算机研究与发展，50（11）：2444-2454.
王林，冷伏海 . 2012. 施引关键词与被引作者交叉共现分析方法及实证研究［J］. 情报学报，31（4）：362-370.
王升翔，汪超亮，杨维新，等 . 2017. 基于分层树模型的中文网页主题时间提取方法［J］. 计算机应用，37（S1）：270-272.
王桐，王磊，吴吉义，等 . 2013. WordNet 中的综合概念语义相似度计算方法［J］. 北京邮电大学学报，36（2）：98-101.
王小林，王东，杨思春，等 . 2014. 基于《知网》的词语语义相似度算法［J］. 计算机工程，40（12）：177-181.
王小林，王义 . 2011. 改进的基于知网的词语相似度算法［J］. 计算机应用，31（11）：3075-3077.
王秀红，鞠时光 . 2012. 用于文本相似度计算的新核函数［J］. 通信学报，33（12）：43-48.
王泽九，黄枝高，姚建新，等 . 2014. 中国地层表及说明书的特点与主要进展［J］. 地球学报，35（3）：271-276.
王振振，何明，杜永萍 . 2013. 基于 LDA 主题模型的文本相似度计算［J］. 计算机科学，40（3）：229-232.
魏韡，向阳 . 2015. 基于 2008 版《知网》的词语相似度计算方法［J］. 计算机工程，41（9）：215-219.
吴信才，曹志月 . 2002. 时态 GIS 的基本概念、功能及实现方法［J］. 中国地质大学学报，27（3）：241-250.
席运江，党延忠，廖开际 . 2009. 组织知识系统的知识超网络模型及应用［J］. 管理科学学报，12（3）：12-21.
肖和，付丽娜，姬东鸿 . 2016. 神经网络与组合语义在文本相似度中的应用［J］. 计算机工程与应用，52（7）：139-142.
徐戈，黄厚峰 . 2011. 自然语言处理中主题模型的发展［J］. 计算机学报，34（8）：1423-1437.
徐建民，粟武林，吴树芳，等 . 2015. 基于逻辑回归的微博用户可信度建模［J］. 计算机工程与设计，36（3）：772-777.
徐英卓，贾欢 . 2017. 基于树结构的本体概念相似度计算方法［J］. 计算机系统应用，26（3）：275-279.
徐永东，徐志明，王晓龙，等 . 2007. 中文文本时间信息获取及语义计算［J］. 哈尔滨工业大学学报，39（3）：438-442.
闫紫飞，姬东鸿 . 2015. 基于 CRF 和半监督学习的中文时间信息抽取［J］. 计算机工程与设计，36（6）：1642-1646.
杨家奇，哈斯 . 2016. 基于 WordNet 的语义相似度算法研究［J］. 内蒙古师范大学学报（哲学社会科学版)，45（4）：77-80.
杨娜娜，张青年，牛继强 . 2015. 基于本体结构的空间实体语义相似度计算模型［J］. 测绘科学，40（3）：107-111.
姚佳岷，杨思春 . 2013. 改进的本体概念相似度计算模型［J］. 计算机应用，33（6）：1579-1581.
姚全珠，宋志理，彭程 . 2011. 基于 LDA 模型的文本分类研究［J］. 计算机工程与应用，13：29-38.
毅超，车玫，马骏 . 2007. 求最长公共子串问题的算法分析［J］. 计算机仿真，24（12）：97-100.
游彬，严岳松，孙英阁 . 2013. 等基于 HowNet 的信息量计算语义相似度算法［J］. 计算机系统应用，22（1）：129-133.
俞鸿魁，张华平，刘群，等 . 2006. 基于层叠隐马尔可夫模型的中文命名实体识别［J］. 通信学报，27（2）：87-94.
詹志建，梁丽娜，杨小平 . 2013. 基于百度百科的词语相似度计算［J］. 计算机科学，40（6）：199-202.
詹志建，杨小平 . 2014. 基于语言网络和语义信息的文本相似度计算［J］. 计算机工程与应用，50（5）：33-38.
张超，陈利，李琼 . 2016. 一种 PST_ LDA 中文文本相似度计算方法［J］. 计算机应用研究，33（2）：375-377.
张春菊，张雪英，李明，等 . 2014. 中文文本中时间信息解析方法［J］. 地理与地理信息科学，30（6）：1-6.
张沪寅，刘道波，温春艳 . 2015. 基于《知网》的词语语义相似度改进算法研究［J］. 计算机工程，41（2）：151-156.
张沪寅，温春艳，刘道波，等 . 2015. 改进的基于本体的语义相似度计算［J］. 计算机工程与设计，36（8）：2206-2210.
张金柱 . 2013. 基于引用科学知识突变的突破性创新识别方法研究［D］. 北京：中国科学院大学.
张佩云，陈恩红，谢荣见，等 . 2014. 基于元数据与领域概念树的文本相似度计算［J］. 系统工程与电子技术，36（3）：591-597.
张硕望，欧阳纯萍，阳小华，等 . 2017. 融合《知网》和搜索引擎的词汇语义相似度计算［J］. 计算机应用，37（4）：1056-1060.
张思琪，邢薇薇，蔡圆媛 . 2017. 一种基于 WordNet 的混合式语义相似度计算方法［J］. 计算机工程与科学，39（5）：971-977.
张小川，于旭庭，张宜浩 . 2018. 一种改进的基于《知网》的词语语义相似度算法［J］. 计算机应用研究，35（8）：2285-2288.
张晓林 . 2005. 国家科学数字图书馆及其建设进展［J］. 中国科学院院刊，20（4）：343-346.
张晓艳，王挺，陈火旺 . 2005. 命名实体识别研究［J］. 计算机科学，32（4）：44-48.
张雪英，闾国年，李伯秋，等 . 2010. 基于规则的中文地址要素解析方法［J］. 地球信息科学学报，12（1）：9-16.
张自立，张紫琼，李向阳 . 2011. 基于2-模网络的科研单位和关键词共现分析方法［J］. 情报学报，30（12）：1249-1260.
章森桂，严惠君，张允白 . 2013. “国际年代地层表” （2013）介绍［J］. 地层学杂志，37（3）：349-352.
赵红伟，诸云强，侯志伟，等 . 2016a. 地理空间元数据关联网络的构建［J］. 地理科学，36（8）：1180-1189.
赵红伟，诸云强，杨宏伟，等 . 2016b. 地理空间数据本质特征语义相关度计算模型［J］. 地理研究，35（1）：58-70.
赵华，周国民，王健 . 2015. 基于元数据的数据发现和数据评价［J］. 现代情报，35（4）：65-68.
赵先贵，马彩虹，肖玲，等 . 2013. 陕西省碳足迹时空变化研究［J］. 地理科学，33（12）：1537-1542.
赵晓黎，孙济庆，李楠 . 2016. 中外文献数据库资源与知识服务探析［J］. 现代情报，36（8）：3-9.
赵玉梅，李成名，靳奉祥 . 2003. 时态地理信息系统中时间的形式化定义［J］. 测绘通报，3：19-20.
郑华川，崔雷 . 2002. 胃癌前病变低频被引论文的共词和共篇聚类分析［J］. 中华医学图书情报杂志，11（3）：1-3.
郑晓洁，张琳 . 2013. 本体映射中相似度计算的改进［J］. 计算机科学，40（12）：108-112.
郑志蕴，阮春阳，李伦，等 . 2016. 本体语义相似度自适应综合加权算法研究［J］. 计算机科学，43（10）：242-247.
周峰 . 2016. 地学文献资源的语义关联数据构建研究［D］. 北京：中国地质大学（北京）.
周俊生，戴新宇，尹存燕，等 . 2006. 基于层叠条件随机场模型的中文机构名自动识别［J］. 电子学报，34（5）：804-809.
周丽杰，于伟海，郭成 . 2016. 基于词项语义组合的文本相似度计算方法研究［J］. 计算机工程与应用，52（19）：90-93.
周雪忠，吴朝晖 . 2003. 文本知识发现基于信息抽取的文本挖掘［J］. 计算机科学，30（1）：63-66.
朱莎莎，刘宗田，付剑锋，等 . 2011. 基于条件随机场的中文时间短语识别［J］. 计算机工程，37（15）：164-167.
朱新华，马润聪，孙柳，等 . 2016. 基于知网与词林的词语语义相似度计算［J］. 中文信息学报，30（4）：29-36.
Achananuparp P, Hu X, Shen X. 2008. The evaluation of sentence similarity measures [C]. Turin: 10th International Conference on Data Warehousing and Knowledge Discovery.
Ahsaee M G, Naghibzadeh M, Naeini S E Y. 2014. Semantic similarity assessment of words using weighted WordNet [J]. International Journal of Machine Learning & Cybernetics, 5 (3): 479-490.

Aissi S, Gouider M S, Sboui T, et al. 2016. Enhancing spatial data warehouse exploitation: A SOLAP recommendation approach [C]. Shanghai: 17th IEEE/ACIS International Conference on Software Engineering, Artificial Intelligence, Networking and Parallel/Distributed Computing (SNPD).

Alexander T, Adomavicius G. 2005. Toward the next generation of recommender systems: a survey of the state- of- the- art and possible extensions [J]. IEEE Transactions on knowledge and data engineering, 17 (6): 743-749.

Alexopoulos P, Ruiz C. 2012. Optimizing geographical entity and scope resolution in texts using non-geographical semantic information [C]. Barcelona: The Sixth International Conference on Advances in Semantic Processing.

Alexopoulos P, Ruiz C, Villazon- Terrazas B, et al. 2013. KLocator: An ontology- based framework for scenario- driven geographical scope resolution [J]. International Journal on Advances in Intelligent Systems, 6 (3-4): 177-187.

Allan J, Wade C, Bolivar A. 2003. Retrieval and novelty detection at the sentence level [C]. Duisburg: The 26th Annual International ACM SIGIR Conference on Research and Development in Informaion Retrieval.

Allen J F. 1983. Maintaining knowledge about temporal intervals [J]. Communications of the ACM, 26 (11): 832-843.

Amitay E, Har'El N, Sivan R, et al. 2004. Web- a- Where: Geotagging web content [C]. Cambridge: The 27th Annual International ACM SIGIR Conference on Research and Development in Informaion Retrieval.

Amir S, Tanasescu A, Zighed D A. 2016. Sentence similarity based on semantic kernels for intelligent text retrieval [J]. Journal of Intelligent Information Systems, 48 (3): 675-89.

Andogah G, Bouma G, Nerbonne J. 2012. Every document has a geographical scope [J]. Journal of Data & Knowledge Engineering, 81-82 (4): 1-20.

Aouicha M B, Taieb M A H, Hamadou A B. 2016. Taxonomy- based information content wordnet-wiktionary-wikipedia glosses for semantic relatedness [J]. Applied Intelligence, 45 (2): 1-37.

Atemezing G, Corcho O, Garijo D, et al. 2013. Transforming meteorological data into linked data [J]. Semantic Web, 4 (3): 285-290.

Auer S, Lehmann J, Hellmann S. 2009. LinkedGeoData: Adding a spatial dimension to the Web of Data [C]. Chantilly: 8th International Semantic Web Conference.

Ballatore A, Bertolotto M, Wilson D C. 2014. An evaluative baseline for geo-semantic relatedness and similarity [J]. Geoinformatica, 18 (4): 747-767.

Ballatore A, Wilson D C, Bertolotto M. 2013. Computing the semantic similarity of geographic terms using volunteered lexical definitions [J]. International Journal of Geographical Information Science, 27 (10): 2099-2118.

Bamerjee S, Pedersen T. 2003. Extended gloss overlaps as a measure of semantic relatedness [C]. Acapulco: 18th International Joint Conference on Artificial Intelligence.

Batet M, Harispe S, Ranwez S, et al. 2014. An information theoretic approach to improve semantic similarity assessments across multiple ontologies [J]. Information Sciences, 283: 197-210.

Beard K, Sharma V. 1997. Multidimensional ranking for data in digital spatial libraries [J]. International Journal on Digital Libraries, 1 (2): 153-160.

Bizer C, Heath T, Berners- Lee T, et al. 2009. Linked data- the story so far [J]. International Journal on Semantic Web & Information Systems, 5 (1): 1-22.

Blei D M, Ng A Y, Jordan M I. 2012. Latent dirichlet allocation [J]. Journal of Machine Learning Research, 3: 993-1022.

Board N S. 2016. Science and Engineering Indicators 2016 [R]. Arlington: National Science Foundation.

Borges K A V, Davis Jr. C A, Laender A H F, et al. 2011. Ontology- driven discovery of geospatial evidence in web pages [J]. Geoinformatica, 15 (4): 609-631.

Brown P F, Pietra S A D, Pietra V J D, et al. 1991. Word- sense disambiguation using statistical methods. Berkeley: Meeting on Association for Computational Linguistics.

Bruns H T, Egenhofer M J. 1996. Similarity of spatial scenes [C]. Wangeningen: Seventh International Symposium on Spatial Data Handling.

Budanitsky A, Hirst G. 2006. Evaluating WordNet- based measures of lexical semantic relatedness [J]. Computational Linguistics, 32 (1): 13-47.

Campos R, Dias G, Jorge A M, et al. 2015. Survey of temporal information retrieval and related applications [J]. ACM Computing Surveys, 47 (2): 1-41.

Čerba O, Jedlička K. 2016. Linked Forests: Semantic similarity of geographical concepts “forest” [J]. Open Geosciences, 8 (1): 556-566.

Chen C. 2006. CiteSpace II: Detecting and visualizing emerging trends and transient patterns in scientific literature [J]. Journal of the American Society for information Science and Technology, 57 (3): 359-377.

Chen C, Ibekwe- Sanjuan F, Hou J. 2010. The structure and dynamics of co citation clusters: A multiple perspective co- citation analysis [J]. Journal of the American Society for Information Science and Technology, 61 (7): 1386-1409.

Chen C, Leydesdorff L. 2014. Patterns of connections and movements in dual- map overlays: A new method of publication portfolio analysis [J]. Journal of the American Society for Information Science and Technology, 65 (2): 334-351.

Clark B L. 1985. Individuals and points [J]. Notre Dame Journal of Formal Logic, 26 (1): 61-75.

Clementini E, Felice P D. 1996. A model for representing topological relationships between complex geometric features in spatial databases [J]. Information Sciences, 90: 121-136.

Corley C, Mihalcea R. 2005. Measuring the semantic similarity of texts [C]. Ann Arbor: ACL Workshop on Empirical Modeling of Semantic Equivalence and Entailment.

Cox S J D, Richard S M. 2005. A formal model for the geologic time scale and global stratotype section and point, compatible with geospatial information transfer standards [J]. Geosphere, 1 (3):

119-137.

Cross V, Yu X, Hu X. 2013. Unifying ontological similarity measures: A theoretical empirical investigation [J]. International Journal of Approximate Reasoning, 54 (7): 861-875.

Dan G. 1997. Algorithms on strings, trees, and sequences: computer science and computational biology [M]. New York: Cambridge University Press.

Davies C. 2013. Reading geography between the lines: Extracting local place knowledge from text [J]. Spatial Information Theory, 81 (16): 320-337.

De Andrade F G, Baptista C S. 2010. Using semantic similarity to improve information discovery in spatial data infrastructure [C]. Salvador: Brazilian Symposium on Geoinformatics.

Ding L, Lebo T, Erickson J S, et al. 2011. TWC LOGD: A portal for linked open government data ecosystems [J]. Journal of Web Semantics, 9 (3): 325-333.

Ding Y. 2011. Scientific collaboration and endorsement: Network analysis of coauthorship and citation networks [J]. Journal of Informetrics, 5 (1): 187-203.

Dudley G. 1991. Modifiable areal units and human geographical inquiry: An empitical investigation [D]. Ontarino: Department of Geography.

Egenhofer M J. 1989. A formal definition of binary topological relationships [C]. Paris: 3rd International Conference on Foundations of Data Organization and Algorithms.

Egenhofer M J, Franzosa R D. 1991. Point-set topological spatial relations [J]. International Journal of Geographical Information Systems, 5 (2): 161-174.

Egenhofer M J, Herring J R. 1990. Categorizing binary topological relations between regions, lines, and points in geographic databases [R]. Orono: Technical Report, University of Maine.

Eppler M J, Mengis J. 2004. The concept of information overload: A review of literature from organization science, accounting, marketing, MIS, and related disciplines [J]. Information Society, 20 (5): 325-344.

Finkelstein L, Gabrilvoich E, Matias Y, et al. 2002. Placing search in context: The concept revisited [J]. ACM Transactions on Information Systems, 20 (1): 116-131.

Frontiera P, Larson R, Radke J. 2008. A comparison of geometric approaches to assessing spatial similarity for GIR [J]. International Journal of Geographical Information Science, 22 (3): 337-360.

Frontiera P L. 2004. A probabilistic approach to spatial ranking for geographic information retrieval [D]. Berkeley: University of California.

Gao W, Farahani M R, Aslam A, et al. 2017. Distance learning techniques for ontology similarity measuring ontology mapping. Cluster Computing, 20 (2): 959-968.

Ghafourian S, Rezaeian A, Naghibzadeh M. 2013. Graph-based partitioning of ontology with semantic similarity. Mashhad: 3rd International Conference on Computer Knowledge Engineering.

Giray G, Unalir M O. 2013: A method for ontology-based semantic relatedness measurement. Turkish Journal of Electrical Engineering & Computer Sciences, 21: 420-438.

Glaser H, Millard I C, Jaffri A. 2008. RKBExplorer. com: A knowledge driven infrastructure for linked data providers [C]. TeneRife: 5th European semantic web conference on the semantic web: research and applications.

Golitsyna O L, Maksimov N V, Fedorova V A. 2016. On determining semantic similarity based on relationships of a combined thesaurus [J]. Automatic Documentation and Mathematical Linguistics, 50 (4): 139-153.

Goodchild M F. 1979. The aggregation problem in location- allocation [J]. Geographical Analysis, 11 (3): 240-255.

Goodwin J, Dolbear C, Hart G. 2008. Geographical linked data: The administrative geography of Great Britain on the semantic web [J]. Transactions in GIS, 12 (1): 19-30.

Harispe S, Ranwez S, Janaqi S, et al. 2015. Semantic similarity from natural language and ontology analysis [M]. San Rafeal: Morgan & Claypool.

Haslhofer B, Schandl B. 2008. The OAI2LOD server: Exposing OAI- PMH metadata as linked data [C]. Beijing: International Workshop on Linked Data on the Web.

Hill L L. 1990. Access to Geographic concepts in online bibliorgraphic files: effectiveness of current practices and the potential of a graphic interface [R]. Pittsburg: University of Pittsburgh.

Hoad T C, Zobel J. 2003. Methods for identifying versioned and plagiarized documents [J]. Journal of the American Society for Information Science and Technology, 54 (3): 203-215.

Hobona G, James P, Fairbairn D. 2006. Multidimensional visualisation of degrees of relevance of geographic data [J]. International Journal of Geographical Information Science, 20 (5): 469-490.

Hu C P, Hu J M, Gao Y, et al. 2011. A journal co-citation analysis of library and information science in China [J]. Scientometrics, 86 (3): 657-670.

International Information Standards Organization. 2011. Information and documentation- Thesauri and interoperability with other vocabularies- Part 1: Thesauri for information retrieval (ISO 25964-1) [S]. Bethesda, Maryland: NISO Press.

Iosif E, Potamianos A. 2013. Similarity computation using semantic networks created from web-harvested data [J]. Natural Language Engineering, 1: 1-30.

Ittipanuvat V, Fujita K, Kajikawa Y, et al. 2012. Finding linkage between technology and social issues: A literature based discovery approach [C]. Vancouver: Technology Management for Emerging Technologies.

Jabeen S, Gao X, Peter R. 2014. A hybrid model for learning semantic relatedness using Wikipedia-based features [C]. Thessaloniki: 15th International Conference.

Jaffri A, Glaser H, Millard I C. 2008. Managing URI synonymity to enable consistent reference on the semantic web [C]. Tenerife: Identity and Reference on the Semantic Web.

James L R, Demaree R G, Wolf G. 1993. An assessment of within-group interrater agreement [J]. Journal of Applied Psychology, 78 (2): 306-309.

James L R, Demaree R G, Wolf G. 1984. Estimating within- group interrater reliability with and without response bias [J]. Journal of Applied Psychology, 69 (1): 85-98.

Janée G, Frew J. 2004. Spatial search, ranking, and interoperability [C]. Sheffield: Workshop on Geographic Information Retrieval.

Janowicz K. 2006a. Sim-DL: Towards a semantic similarity measurement theory for the description logic ALCNR in geographic information retrieval [C]. Seaffle: On the Move to Meaningful Internet System 2006: Lecture Notes in Computer Science.

Janowicz K. 2006b. Towards a similarity-based identity assumption service for historical places [C]. Seattle: 4th International Conference on Geographic Information Science.

Jatowt A, Au Yeung C M, Tanaka K. 2013. Estimating document focus time [C]. San Francisco: 22nd ACM International Conference on Information & Knowledge Management.

Jatowt A, Au Yeung CM, Tanaka K. 2015. Generic method for detecting focus time of documents [J]. Information Processing and Management, 51 (6): 851-868.

Jiang Y C, Bai W, Zhang X P. 2015a. Wikipedia-based information content semantic similarity computation [J]. Information Processing Management, 53 (1): 248-65.

Jiang Y C, Zhang X P, Tang Y. 2015b. Feature-based approaches to semantic similarity assessment of concepts using Wikipedia [J]. Information Processing & Management, 51 (3): 215-34.

Kendall M G, Smith B B. 1939. The problem of m rankings [J]. The Annals of Mathematical Statistics, 10 (3): 275-287.

Kessler M M. 1963. Bibliographic coupling between scientific papers [J]. American Documentation, 14 (1): 10-25.

Kim H, Kang S, Oh S. 2015. Ontology-basedquantitativesimilaritymetricforeventmatching in publish/subscribesystem [J]. Neurocomputing, 152: 77-84.

Kless D, Milton S, Kazmierczak E, et al. 2015. Thesaurus and ontology structure: Formal and pragmatic differences and similarities [J]. Journal of the Association for Information Science and Technology, 66 (7): 1348-1366.

Kless D, Milton S, Kazmierczak E. 2012. Relationships and relata in ontologies and thesauri: Differences and similarities [J]. Applied Ontology, 7 (4): 401-428.

Konaka F, Miura T. 2015. Textual Similarity for Word Sequences [C]. Glasgow: 8th International Conference, SISAP.

Kostoff R N, Solka J L, Rushenberg R L, et al. 2008. Literature-related discovery (LRD): water purification [J]. Technological Forecasting and Social Change, 75 (2): 256-275.

Kruskal W H. 1958. Ordinal measures of association [J]. Journal of the American Statistical Association, 53 (284): 814-861.

Kumar A, Baldridge J, Lease M, et al. 2012. Dating texts without explicit temporal cues [J]. Computer science, 10 (11): 1-12.

Lacasta J, Lopez-Pellocer F J, Espejo-García B, et al. 2017. Aggregation-based information retrieval system for geospatial data catalogs [J]. International Journal of Geographical Information Science, 31 (8): 1583-1605.

Landauer T K, Mcnamara D S, Deniss S, et al. 2007. Handbook of latent semantic snalysis [M].

New York: Psychology Press.

LeBreton J, Burgess J R D, Kaiser R B, et al. 2003. The restriction of variance hypothesis and interrater reliability and agreement: Are ratings from multiple sources really dissimilar [J]? Organizational Research Methods, 6 (1): 80-128.

LeBreton J, Senter J L. 2008. Answers to 20 questions about interrater reliability and interrater agreement [J]. Organizational Research Methods, 11 (4): 815-852.

Levenberg K. 1944. A method for the solution of vertain problems in least squares [J]. Quarterly Applied Mathematics, 2: 164-168.

Li B, Fonseca F. 2006. TDD-A comprehensive model for qualitative spatial similarity assessment [J]. Spatial Cognition and Computation, 6 (1): 31-62.

Li H, Zhou C L, Jiang M, et al. 2012. A hybrid approach for Chinese word similarity computing based on HowNet [C]. Zurich: International Conference on Automatic Control and Artificial Intelligence.

Li Y, Bandar Z A, Mclean D. 2003. An approach for measuring semantic similarity between words using multiple information sources [J]. IEEE Transactions on Knowledge and Data Engineering, 15 (4): 871-881.

Li Y, McLean D, Bandar ZA, et al. 2006. Sentence similarity based on semantic nets and corpus statistics [J]. IEEE Transactions on Knowledge and Data Engineering, 18 (8): 1138-1150.

Liu HZ, Bao H, Xu D. 2011. Concept vector for similarity measurement based on hierarchical domain structure [J]. Computing and Informatics, 30 (5): 881-900.

Liu Z. 2005. Visualizing the intellectual structure in urban studies: A journal co- citation analysis (1992-2002) [J]. Scientometrics, 62 (3): 385-402.

Llidó D, Berlanga R, Aramburu M J. 2001. Extracting temporal references to assign document event-time periods [C]. Munich: 12th International Conference on Database and Expert Systems Applications.

Malik R, Subramaniam L V, Kaushik S. 2007. Automatically selecting answer templates to respond to customer emails [C]. Hyderabad: 20th International Joint Conference on Artifical Intelligence.

Marceau D J, Howarth P J, Gratton D J. 1994. Remote sensing and the measurement of geographical entities in a forested environment. 1. The scale and spatial aggregation problem [J]. Remote Sensing of Environment, 49 (2): 93-104.

Marquardt D W. 1963. An algorithm for least- squares estimation of nonlinear parameter [J]. Journal of the Society for Industrial and Applied Mathematics, 11 (2): 431-441.

Martinez- Gil J. 2016. CoTO: A novel approach for fuzzy aggregation of semantic similarity measures [J]. Cognitive Systems Research, 40: 8-17.

Matsubara W, Inenaga S, Ishino A, et al. 2008. Computing longest common substring and all palindromes from compressed strings [C]. Novy Smokovec: 34th Conference on Current Trends in Theory and Practice of Computer Science.

McCain K W. 1991. Mapping economics through the journal literature: An experiment in journal cocitation analysis [J]. Journal of the American Society for Information Science, 42 (4): 290-296.

McMath C F, Tamaru R S, Rada R. 1989. A graphical thesaurus- based information retrieval system [J]. International Journal of Man-Machine Studies, 31 (2): 121-147.

Medin D L, Goldstone R L, Gentner D. 1993. Respects for similarity [J]. Psychological Review, 100 (2): 254-278.

Metzler D, Bernstein Y, Croft WB, et al. 2005. Similarity measures for tracking information flow [C]. 14th ACM International Conference on Information and Knowledge Management.

Mihalcea R, Corley C, Strapparava C. 2006. Corpus- based and knowledge- based measures of text semantic similarity [C]. Bremen: 21st National Conference on Artificial Intelligence.

Miller G A, Charles W G. 1991. Contextual correlates of semantic similarity [J]. Language Cognition and Neuroscience, 6 (1): 1-28.

Miller G A. 1995. WordNet: a lexical database for English [J]. Communications of the ACM, 38 (11): 39-41.

Möller K, Heath T, Handschuh S, et al. 2007. Recipes for semantic web dog food: the ESWC and ISWC metadata projects [C]. Busan: The Semantic Web and 2nd Asian Conference on Asian Semantic Web Conference.

Monteiro B R, Davis Jr. C A, Fonseca F. 2016. A survey on the geographic scope of textual documents [J]. Computers & Geosciences, 96: 23-34.

Morris S, De Y C, Wu Z, et al. 2002. DIVA: a visualization system for exploring document databases for technology forecasting [J]. Computers & Industrial Engineering, 43 (4): 841-862.

Morris SA, Yen G, Wu Z, et al. 2003. Time line visualization of research fronts [J]. Journal of the American Society for Information Science and Technology, 54 (5): 413-422.

Nelson D L, Dyrdal G M, Goodmon L B. 2005. What is preexisting strength? Predicting free association probabilities, similarity ratings, and cued recall probabilities [J]. Psychonomic Bulletin and Review, 12 (4): 711-719.

Newman M E J. 2004. Who is the best connected scientist? A study of scientific coauthorship networks [J]. Lecture Notes in Physics, 650: 337-370.

Ngomo A C N, Auer S. 2011. LIMES- A time- efficient approach for large- scale link discovery on the web of data [C]. Melburn: 22nd International Joint Conference on Artificial Intelligence.

Ponzetto S P, Strube M. 2007. Knowledge derived from wikipedia for computing semantic relatedness [J]. Journal of Artificial Intelligence Research, 30 (1): 181-212.

Powell M J D. 1968. A Fortran subroutine for solving systems of non- linear algebraic equations [M]. London: Gordon and Breach.

Qiu H J, Yu W J. 2008. Conceptual similarity measurement of term based on domain thesaurus [C]. Kunming: 7th International Conference on Machine Learning and Cybernetics.

Openshaw S, Taylor P. 1979. A million or so correlation coefficients: Three experiments on the modifiable areal unit problem [M]. London: Pion.

Rada R, Barlow J, Potharst J, et al. 1991. Document ranking using an enriched thesaurus [J]. Journal of Documentation, 47 (3): 240-253.

Rada R, Mili H, Bicknell E, et al. 1989. Development and application of a metric on semantic nets [J]. IEEE Transactions on Systems Man & Cybernetics, 19 (1): 17-30.

Rahutomo F, Aritsugi M. 2014. Econo- ESA in semantic text similarity [J]. Springerplus, 3 (1): 149.

Randell D A, Cui Z, Cohn A G. 1992. A spatial logic based on regions and connection [C]. Cambridge: 3rd International Conference on Knowledge Representation and Reasoning.

Reid J, Waites W, Butchart B. 2012. An infrastructure for publishing geospatial metadata as open linked metadata [C]. Beijing: International Conference on Geographic Information Science.

Robinson W S. 2009. Ecological correlations and the behavior of individuals [J]. International Journal of Epidemiology, 38: 337-341.

Rodgers J L, Nicewander W A. 1988. Thirteen ways to look at the correlation coefficient [J]. The American Statistician, 42 (1): 59-66.

Rodríguez M A, Egenhofer M J. 2003. Determining semantic similarity among entity classes from different ontologies [J]. IEEE Transactions on Knowledge and Data Engineering, 15 (2): 442-456.

Rubenstein H, Goodenough J B. 1965. Contextual correlates of synonymy [J]. Communications of the ACM, 8 (10): 627-633.

Saaty T L. 1990. How to make a decision: the analytic hierarchy process [J]. European Journal of Operational Research, 48 (1): 9-26.

Salton G, Wong A, Yang C S. 1975. A vector space model for automatic indexing [J]. Communication of the ACM, 18 (11): 613-620.

Sánchez D, Batet M. 2013. A semantic similarity method based on information content exploiting multiple ontologies. Expert Systems with Applications, 40: 1393-1399.

Schwering A, Kuhn W. 2009. A hybrid semantic similarity measure for spatial information retrieval [J]. Spatial Cognition and Computation, 9 (1): 30-63.

Sderbck A, Malmsten M. 2008. LIBRIS-linked library data [J]. Nodalities, 5: 19-20.

Shakya A, Takeda H, Wuwongse V. 2009. Community-driven linked data authoring and production of consolidated linked data [J]. International Journal on Semantic Web and Information Systems, 5 (3): 23-48.

Shepard R N. 1987. Toward a universal law of generalization for psychological science [J]. Science, 237 (4820): 1317-1323.

Shirakawa M, Nakayama K, Hara T, et al. 2015. Wikipedia-based semantic similarity measurements for noisy short texts using extended naive bayes. IEEE Transactions on Emerging Topics in Computing, 3 (2): 205-219.

Shvaiko P, Farazi F, Maltese V, et al. 2012. Trentino government linked open geo-data: A case study [C]. Boston: 11th International Semantic Web Conference.

Small H. 1973. Co-citation in the scientific literature: A new measure of the relationship between two documents [J]. Journal of the American Society for Information Science, 24 (4): 28-31.

Solé-Ribalta A, Sánchez D, Batet M, et al. 2014. Towards the estimation of feature-based semantic similarity using multiple ontologies. Knowledge-Based Systems, 55: 101-113.

Stadler C, Lehmann J, Höffner K, et al. 2012. LinkedGeoData: A core for a web of spatial open data [J]. Semantic Web, 3 (4): 333-354.

Stanchev L. Creating a similarity graph from WordNet. Thessaloniki: WIMS' 14.

Stigler S M. 1989. Francis Galton's account of the invention of correlation [J]. Statistical Science, 4 (2): 73-79.

Strötgen J, Alonso O, Gertz M. 2012. Identification of top relevant temporal expressions in documents [C]. Lyon: 2nd Temporal Web Analytics Workshop.

Strötgen J, Gertz M. 2010. HeidelTime: High quality rule-based extraction and normalization of temporal expressions [C]. Uppsala: 5th International Workshop on Semantic Evaluation.

Summers E, Isaac A, Redding C, et al. 2008. LCSH, SKOS and linked data [C]. Washington: International Conference on Dublin Core and Metadata Applications.

Swanson D R. 1986. Fish oil, Raynaud's syndrome, and undiscovered public knowledge [J]. Perspectives in Biology and Medicine, 30 (1): 7-18.

Taieb M A H, Aouicha M B, Hamadou A B. 2013. Computing semantic relatedness using Wikipedia features. Knowledge-Based Systems, 50: 260-78.

Tobler W R. 1970. A computer movie simulating urban growth in the detroit region [J]. Economic Geography, 46: 234-240.

Tsatsaronis G, Varlamis I, Vazirgiannis M. 2010. Text relatedness based on a word thesaurus. Journal of Artificial Intelligence Research, 37: 1-39.

Turney P D. 2001. Mining the web for synonyms: PMI-IR versus LSA on TOEFL [C]. Freiburg: 12th European Conference on Machine Learning.

Tversky A. 1977. Features of similarity [J]. Psychological Review, 84 (4): 327-352.

Twaroch F A, Smart P D, Jones C B. 2008. Mining the web to detect place names [C]. Napa Valley: ACM Workshop on Geographic Information Retrieval.

Usery EL, Varanka D. 2012. Design and development of linked data from The National Map [J]. Semantic Web, 3 (4): 371-384.

Vargas RNP, Moura MF, Speranza EA, et al. 2012. Discovering the spatial coverage of the documents through the SpatialCIM Methodology [C]. Avignon: 15th AGILE International Conference on Geographic Information Science.

Vilches-Blázquez LM, Villazón-Terrazas B, Corcho O, et al. 2014. Integrating geographical information in the Linked Digital Earth [J]. International Journal of Digital Earth, 7: 554-575.

Vilches-Blázquez L M, Villazón-Terrazas B, Saquicela V, et al. 2010. GeoLinked data and INSPIRE through an application case [C]. San Jose: 18th ACM SIGSPATIAL International Symposium on

Advances in Geographic Information System.

Walker D R F, Newman I A, Medyckyj-Scott D J, et al. 1992. A system for identifying datasets for GIS users [J]. International Journal of Geographical Information Systems, 6 (6): 511-527.

Wei J Y, Zhong P S, Guo C F. 2011. Improved semantic similarity algorithm based on ontology. Applied Mechanics Materials, 66-68: 709-714.

Wu M, Li W, Qin L, et al. 2005. CTEMP: a chinese temporal parser for extracting and normalizing temporal information [C]. Jeju Island: Second International Joint Conference on Natural Language Processing.

Wu Z, Palmer M. 1994. Verb Semantics Lexical Selection [C]. LasCruces: Proceedings of the 32nd annual meeting on Association for Computational Linguistics.

Yazdani M, Belis P. 2013. Computing text semantic relatedness using the contents links of a hypertext encyclopedia: extended abstract [J]. Artificial Intelligence, 194: 176-202.

Yu L, Liu Y. 2013. Using Linked Data in a heterogeneous Sensor Web: challenges, experiments and lessons learned [J]. International Journal of Digital Earth, 8 (1): 17-35.

Yuan J, Yue P, Gong J, et al. 2013. A linked data approach for geospatial data provenance [J]. IEEE Transactions on Geoscience & Remote Sensing, 51 (11): 5105-5112.

Zhang Q, Jin P, Lin S, et al. 2012. Extracting focused locations for Web pages [C]. Harbin: International Conference on Web-Age Information Management.

Zhang C J, Yang Y J, Guo X Y, et al. 2014. The improved algorithm of semantic similarity based on the multi-dictionary. Journal of Software, 9 (2): 324-328.

Zhao D, Strotmann A. 2008. Evolution of research activities and intellectual influences in information science 1996- 2005: Introducing author bibliographic- coupling analysis [J]. Journal of the American Society for Information Science and Technology, 59 (13): 2070-2086.

Zhao X, Jin P, Yue L. 2015. Discovering topic time from web news [J]. Information Processing and Management, 51 (6): 869-890.

Zhu Y, Zhu A X, Feng M, et al. 2017a. A similarity-based automatic data recommendation approach for geographic models [J]. International Journal of Geographical Information Science, 31 (7): 1403-1424.

Zhu Y, Zhu AX, Song J, et al. 2017b. Multidimensional and quantitative interlinking approach for Linked Geospatial Data [J]. International Journal of Digital Earth, 10 (9): 923-943.

Zong W, Wu D, Sun A, et al. 2005. On assigning place names to geography related web pages [C]. Denver: 5th ACM/IEEE-CS Joint Conference on Digital Libraries.

Zubizarreta Á, De la Fuente P, Cantera J M, et al. 2008. A georeferencing multistage method for locating geographic context in web search [C]. Hong Kong: 17th ACM Conference on Information and Knowledge Management.

# 后　　记

时空大数据语义关联是学术界研究的前沿方向之一，虽然这个方向对于普通大众来讲可能有些艰深，但是大家在现实生活中可能都已经用到了这方面的研究成果。例如，您在电子商务平台上购买商品时，会推荐与您浏览的商品的相似商品，这就用到了一些相似度计算方法。未来随着信息化的深入推进，现实中的各个物品恐怕都要在虚拟网络上登记，到时候人类会面临更多的物品之间的关联发现需求，对时空大数据语义关联算法也会需求更加普遍，届时本研究提出的算法将会更有影响力。

本书的出版得到了国家重点研发计划项目（2020YFE0200700、2019YFE0126600）、国家对地观测科学数据中心建设和运维项目（2020000334）等项目的资助，得到了中国科学院空天信息创新研究院、中国科学院地理科学与资源研究所的支持。

本书已经把提出的模型算法全部代码化，如果读者需要相关的代码，欢迎联系作者，联系邮箱：chenzg@ aircas. ac. cn。

本书研究内容较多，限著者水平有限，难免有疏漏之处，敬请读者指正！